2020年度国家社科基金一般项目"合作治理视角下健全党全面领导社区治理的制度研究"(项目编号20BGL241)成果

华中师范大学政治学一流学科建设经费资助出版

华中师范大学政治学一流学科建设成果文库·市域治理书系

新时代社区治理模式研究

冷向明 吴旦魁 著

中国社会科学出版社

图书在版编目(CIP)数据

新时代社区治理模式研究 / 冷向明，吴旦魁著. —北京：中国社会科学出版社，2024.5

(华中师范大学政治学一流学科建设成果文库·市域治理书系)

ISBN 978-7-5227-3378-4

Ⅰ.①新… Ⅱ.①冷…②吴… Ⅲ.①社区管理—研究—中国 Ⅳ.①D669.3

中国国家版本馆 CIP 数据核字(2024)第 065976 号

出 版 人	赵剑英
责任编辑	田　文
责任校对	张　婷
责任印制	张雪娇

出　　版	中国社会科学出版社
社　　址	北京鼓楼西大街甲 158 号
邮　　编	100720
网　　址	http://www.csspw.cn
发 行 部	010-84083685
门 市 部	010-84029450
经　　销	新华书店及其他书店
印　　刷	北京君升印刷有限公司
装　　订	廊坊市广阳区广增装订厂
版　　次	2024 年 5 月第 1 版
印　　次	2024 年 5 月第 1 次印刷
开　　本	710×1000　1/16
印　　张	18.25
插　　页	2
字　　数	279 千字
定　　价	118.00 元

凡购买中国社会科学出版社图书，如有质量问题请与本社营销中心联系调换

电话：010-84083683

版权所有　侵权必究

华中师范大学政治学一流学科建设成果文库
总编委会

总编委会负责人 徐 勇 陈军亚

总编委会成员（以姓氏笔划为序）：

丁 文　韦 红　文 杰　田先红　江立华
牟成文　闫丽莉　江 畅　刘筱红　张大维
陆汉文　张立荣　陈军亚　冷向明　张星久
袁方成　徐 刚　唐 鸣　徐 勇　徐晓林
徐增阳　符 平　雷振扬

前　言

基层治理是国家治理的基石，统筹推进乡镇（街道）和城乡社区治理，是实现国家治理体系和治理能力现代化的基础工程。中国共产党领导是中国特色社会主义最本质的特征，是中国特色社会主义制度的最大优势，党是最高政治领导力量。社区治理是国家治理的"小切口"，党对社区治理的全面领导，蕴含了中国社区之治的特色方案与智慧。进入新时代以来，党全面领导的社区治理出现了许多新的发展形态、新的治理模式、新的趋势走向，对于理论研究而言，这既是挑战也是机遇。如何阐释党全面领导社区治理的逻辑原理、方法路径、条件形式等组织智慧、制度智慧、机制智慧，并同基于西方实践经验和政策话语的治理理论进行对话，提振道路自信、理论自信、制度自信、文化自信，是新时代必须回应和解决的理论和实践课题。

本书以此为研究背景，立足于党全面领导社区治理的实践基础，着眼于党全面领导社区治理的模式变化与治理优势两大维度，研究党在社区治理中的组织结构、组织方式、组织功能以及在社区空间营造、人才培育、文化治理、公共服务、克服集体行动困境、提升社区自治能力等各方面的实践机理，探讨不同条件和形式下党领导社区合作治理的实践模式和运行样态，分析影响党全面领导社区合作治理效能的现实梗阻和制约条件，总结提炼党领导社区治理的方法和优化策略，以及党全面引领社区治理的组织优势、制度优势转化为社区治理优势和治理效能的路径机理等。具体而言：

第一章"党全面领导社区治理的时代背景与动因溯源"，主要概述了党全面领导社区治理所面临的传统行政引领基层治理的"行政困境"与技术赋权下国家治理面临的"治理切口"，阐释了中国共产党作为统合基层治理核心力量的必然性以及党全面领导社区合作治理的先天优势，即组织个人链接社会与国家、权力下沉盘活社区资源圈层以及重塑社区合法性等，形成了党全面领导城市基层治理的治理格局与"党进、政转、社增、民参"的社区治理进路。

第二章"从有形到有效：党全面领导社区治理的'纵向到底'组织架构"，引入结构性视角，系统分析纵向党组织下沉的制度背景、运行机制、实践效度、现实困境以及未来发展路径。研究发现，党全面领导社区治理适应了国家治理转型的过程，在问题流、政治流和政策流的共同作用下，通过加强社区内部党组织建设、挖潜新旧治理主体、重塑治理空间和优化治理手段等方式，助推党的治理单元贯穿到底。未来，党全面领导社区治理纵向组织仍可以在有效动员、有效服务与有效治理三个方面寻求创新突破，完善党全面领导社区治理的纵向治理格局。

第三章"从职域到全域：党全面领导社区治理的'横向到边'组织模式"，以组织网络的视角分析党全面领导社区治理在横向组织结构方面的延伸与发展，揭开了"区域化党建何以有效"的难题。研究发现，基层党建从职域逐渐向区域化转型升级，通过在建构阶段进行合法性管理、在动员阶段进行责任承诺管理、在综合阶段进行冲突管理、在激活阶段进行内生动力管理，初步形成了区域化党建的互动式协同。当前区域化党建仍存在低水平联结困境，需要建立起"有领导的组织网络"，解决党全面引领社区合作治理的横向协同。

第四章"从管理到服务：党全面领导社区治理的机制创新"，基于"嵌入式治理"视角，阐释了基层党组织以组织动员嵌入、资源服务嵌入、目标价值嵌入，构建起了党建嵌入社区治理的逻辑起点、重要载体以及最终目的。研究表明，在我国城市社区治理的"一体三化"治理特征与"驭繁为简"治理趋势下，创新简约治理"一体化"机制、动态治理"高效化"机制、精细治理"类型化"机制以及自主治理"弹性化"机制，推进了党全面领导基层社会治理的主导性发展，打造出"复杂问题、简约治理"的中国特色基层治理"样板"。

第五章"选贤任能：党全面领导社区治理的干部培养模式"，分析并探讨了党全面领导社区治理的人才培养新思路与选贤任能新模式。研究表明，基于党管人才原则下的"选育用"全过程培养、一专多能需求下的"传帮带"立体化培养以及科学育才理念下的"学评比"开放式培养，打造出的"过程完备、立体开放"人才培养模式，既推动了党全面领导社区治理的人才队伍建设与主体动员整合，也保障了社区党建育才的科学运行与持续发展，更彰显了中国社区治理的显著优势与鲜明特色。

第六章"党领共治：党建引领构建社区治理共同体"，以合作治理与元治理的理论视角分析社区治理主体之间的关系。研究表明，在我国社区治理的实践中，各地基本形成了"一核多元"治理结构，基层党组织以"促进居民参与、巩固居民自治"为本位，通过发挥党组织在"平台搭建、自治引领、联动整合"等方面的核心作用，实现"引外助内、以外活内、共融共治"，推动社区治理体系和治理能力现代化。

第七章"党领文化：社区'软服务'与'软治理'的双维提升"，从文化治理视角切入，深入剖析党建引领社区文化治理的原理与逻辑。研究发现，党建引领社区文化治理能够实现政治、经济和社会三重面向下的治理目标，其原理在于通过政治文化维护政治制度和政治秩序，增强社区政治认同；通过党员带动社区居民，使社区居民内部培植和生长出符合社会主义先进文化的社区文化；通过党组织统筹协调监督，克服行政主导下的粗放式文化服务供给。针对目前仍面临的治理机制、治理能力、理念认知差异等挑战，须对症下药，完成社区治理方式和技术的功能性转换，达成"软服务"与"软治理"的双维提升。

第八章"党塑空间：社区公共空间生产与社会重塑"，以空间生产视角为切入点，观察社区公共空间改造过程中党进行社区公共空间建构的路径与机制。研究发现，党通过顶层整体规划、搭建议事平台、融合志愿服务、空间文化营造等策略，借助权力体系、参与体系与文化体系等实现条件，促进了社区公共空间建构的进程，增加了国家—社区—居民之间的互动，实现了物理、政治、社会与情感空间的融合，共同构成了社区公共空间，完成了"党建社会"的使命。

第九章"党领自治：社区公共事务自主治理的中国之道"，在自主治理理论的基础上分析党组织有效介入社区治理并促进社区自治的内在逻辑，揭示社区作为"共治"场域如何通过中国特色的治理机制突破公共事务有效治理困境的内在逻辑。研究表明，党通过组织动员引导社区制度供给、嵌入达成社区可信承诺、裁判助推社区监督，实现了党建赋权社区，推动了社区自治的形成、公共事务的解决和集体行动的达成，为克服自主治理的内生性困境贡献了中国方案和智慧。

第十章"党培能力：基于'公益创投'项目制的一个考察"，基于动态能力理论，解释了基层党组织对于社区的"行动赋能"过程，包含"外部静态要素输入"与"内部力量整合"两大维度，建立了要素输入、组织学习、建构合作网络、有效激励四大行动赋能机制。研究表明，社区组织能力深深嵌入资源、制度、文化等组织内外部环境中，资源、制度等外部要素的输入经过组织学习等内部力量的整合之后，便可以转化为组织内生的动力与核心资产，由此完成了党建引领社区实现能力提升的过程。

综上，本书系统揭示了全面深化改革的新时代背景下，逐步形成了党全面领导社区治理的合作治理新模式。首先，党建引领统筹多元主体，构建社区合作治理格局。研究突破了传统的"国家—社会"二分法的解释，揭示了党"有效在场"，并扎根社区、联结主体、凝聚资源、协作互动的合作治理体系。其次，党建引领助推社会成长，完善社区合作治理体制。党建引领社区，打通了国家、社区与民众之间的链接渠道，逐渐形成了以社区党员群众服务中心为核心的交流链条，进而形成了以党为领导核心的治理共同体。最后，党建引领优化服务体系，打造合作治理的中国模式。党全面引领社区治理助推党委政府、社会以及公众进行资源、利益与情感的交流与联系，从而破解了集体行动困境，形成了党建引领下的城市社区合作治理模式。

本书注重以实践路径观察党全面领导社区治理格局的形成与变化，同时注意理论的关切，具有较强的理论与实践意义。第一，本书有助于理解党全面领导社区治理的概念、内容以及特征。本书在学界研究的基础上，对党全面领导社区合作治理的各个维度进行了细致的剖析，对党全面领导社区治理有了比较清晰、全面的认知，也有助于实践管理者准确抓住党全面领导社区治理的"牛鼻子"，在借鉴其他地区经验的基础上，完善升级党全面领导社区治理的格局。第二，本书有助于学界追踪党全面领导社区治理的实践动态。本书立志于追踪党全面领导社区治理的前沿变化，对党全面领导社区治理过程中的新现象、新变化进行了过程追踪，并以适恰的理论视角与框架进行解释分析，从而进一步提炼党全面领导社区治理的经验现象。第三，本书有助于开拓中国治理情境下的党全面领导社区治理原创理论。从理论角度而言，本书致力于探索中国治理语境下党全面领导社区治理的实现路径与内在逻辑。针对当前研究的国际对话薄弱问题，本书围绕政党治理和民主治理开展中西学术对话，回应和矫正政治偏见和意识形态偏见，这有助于我们增强道路自信、理论自信、制度自信、文化自信。第四，本书试图从克服人类集体行动困境这一问题出发，基于合作治理理论的基本思路，观察我们党全面领导社区治理的实践事实，解释中国共产党全面领导社区治理的优势，形成了关于这一问题的理论对话。

目　录

绪　论 …………………………………………………………（1）
　　一　研究背景与研究意义 ……………………………………（1）
　　二　文献综述 …………………………………………………（4）
　　三　研究框架 …………………………………………………（13）
　　四　研究方法 …………………………………………………（15）

第一章　党全面领导社区治理的时代背景与动因溯源 …………（17）
　　一　行政引领基层治理的现实困境：治理"破题" …………（17）
　　二　技术赋权背景下的社区治理：治理"切口" ……………（19）
　　三　理论范式变革：从"国家与社会"到"政党、
　　　　国家与社会" ………………………………………………（22）
　　四　党建引领社区治理的先天优势：政党"进场" …………（24）
　　五　本章小结 …………………………………………………（28）

**第二章　从有形到有效：党全面领导社区治理的
　　　　　"纵向到底"组织架构** ………………………………（29）
　　一　问题提出与文献回顾 ……………………………………（29）
　　二　从无形到有形：党全面领导社区治理纵向组织
　　　　下沉的运作与表达 ………………………………………（34）
　　三　从有形到有效：党全面领导社区治理纵向组织
　　　　下沉的困难与局限 ………………………………………（41）
　　四　从有效到长效：党全面领导社区治理纵向组织的
　　　　未来发展思路 ……………………………………………（43）

第三章　从职域到全域：党全面领导社区治理的
　　　　"横向到边"组织模式 ……………………………… (48)
　　一　问题的提出 ……………………………………………… (49)
　　二　文献回顾与分析框架 …………………………………… (50)
　　三　从职域到区域：作为横向组织模式的区域化
　　　　党建实践 …………………………………………… (55)
　　四　互动式协同：区域化党建的网络管理逻辑 …………… (59)
　　五　低水平联结：区域化党建面临的突出问题 …………… (62)
　　六　完善有领导的网络结构与管理：区域化党建
　　　　深化的发展之道 …………………………………… (64)
　　七　总结与讨论 ……………………………………………… (66)

第四章　从管理到服务：党全面领导社区治理的机制创新 ……… (68)
　　一　研究问题与文献综述 …………………………………… (69)
　　二　理论基础与分析框架 …………………………………… (73)
　　三　"一体三化、驭繁为简"：党全面领导社区治理
　　　　机制的创新探索 …………………………………… (77)
　　四　党全面领导社区治理整合机制的现实困境 …………… (83)
　　五　从管理到服务：党全面领导社区治理机制的
　　　　未来进路 …………………………………………… (86)

第五章　选贤任能：党全面领导社区治理的干部培养模式 ……… (90)
　　一　文献回顾与问题提出 …………………………………… (91)
　　二　社区党建育才的实践创新："过程完备、
　　　　立体开放"的人才培养模式探索 ……………………… (94)
　　三　社区党建育才的深层逻辑：选贤任能 ………………… (100)
　　四　完善社区党全面领导的人才培养模式的政策建议 …… (109)
　　五　本章小结 ………………………………………………… (114)

第六章　党领共治：党建引领构建社区治理共同体 ……………… (116)
　　一　文献综述与理论基础 …………………………………… (117)

二　党领共治：主体与关系 …………………………………… (125)
　三　党领共治：制度与机制 …………………………………… (130)
　四　党领共治：问题与成因 …………………………………… (136)
　五　党领共治：对策与展望 …………………………………… (141)
　六　本章小结 …………………………………………………… (146)

第七章　党领文化：社区"软服务"与"软治理"的
　　　　双维提升 ……………………………………………… (148)
　一　问题提出与文献综述 ……………………………………… (149)
　二　理论基础：文化治理理论 ………………………………… (153)
　三　党建引领社区文化治理的实践路径：基于一个
　　　街道的案例分析 …………………………………………… (159)
　四　党建引领社区文化治理的基本原理 ……………………… (163)
　五　党建引领社区文化治理的现实挑战 ……………………… (166)
　六　党建引领社区文化治理的优化策略 ……………………… (168)
　七　结论与讨论 ………………………………………………… (171)

第八章　党塑空间：社区公共空间生产与社会重塑 ………… (174)
　一　文献综述与研究问题 ……………………………………… (175)
　二　空间生产视角下的党全面领导社区治理的逻辑 ………… (177)
　三　党全面领导社区空间治理的实践观察 …………………… (181)
　四　多维空间：党建引领社区空间治理的新格局 …………… (188)
　五　"党建社会"：社区公共空间重塑路径与
　　　机制分析 …………………………………………………… (190)
　六　本章小结 …………………………………………………… (195)

第九章　党领自治：社区公共事务自主治理的中国之道 …… (197)
　一　问题提出与文献综述 ……………………………………… (198)
　二　自主治理和公共事务解决的内生性困境 ………………… (203)
　三　突破社区公共事务治理的内生性困境：党组织
　　　全面领导公共事务有效治理的实践表达 ………………… (206)

四　政党引领性自主治理：党组织引领社区公共事务
　　　　自主自治的中国化方案 ················(215)
　　五　本章小结 ································(222)

第十章　党培能力：基于"公益创投"项目制的一个考察 ······(225)
　　一　文献综述 ································(226)
　　二　动态能力理论与分析框架 ··················(229)
　　三　研究设计 ································(233)
　　四　案例分析："公益创投"过程中的动态能力生成 ········(235)
　　五　结论与意义 ······························(243)

尾声　走向党全面领导的社区合作治理 ··················(246)
　　一　党全面领导的社区合作治理：新时代社区治理
　　　　新格局 ·································(246)
　　二　党全面领导的社区合作治理的深层逻辑 ········(248)
　　三　本书的理论意义、政策启示与未来展望 ········(253)

主要参考文献 ··(258)

后　记 ···(275)

绪　　论

一　研究背景与研究意义

基层治理是国家治理的基石，统筹推进乡镇（街道）和城乡社区治理，是实现国家治理体系和治理能力现代化的基础工程。中国共产党领导是中国特色社会主义最本质的特征，是中国特色社会主义制度的最大优势，党是最高政治领导力量。党的十九届四中全会提出，必须坚持党政军民学、东南西北中，党是领导一切的，坚决维护党中央权威，健全总揽全局、协调各方的党的领导制度体系，把党的领导落实到国家治理各领域各方面各环节。社区治理是国家治理的"小切口"，党对社区治理的全面领导，是党全面领导中国特色社会主义事业的具体实践，其中蕴含了中国社区之治的特色方案与智慧。2015年，中共中央办公厅、国务院办公厅印发《关于深入推进农村社区建设试点工作的指导意见》，要求"完善在村党组织领导下、以村民自治为基础的农村社区治理机制"。2017年，中共中央、国务院发布《关于加强和完善城乡社区治理的意见》，对发挥基层党组织在城乡社区治理中的领导核心作用进行了顶层设计。2019年，中共中央办公厅印发《关于加强和改进城市基层党的建设工作的意见》，指出"充分发挥街道社区党组织领导作用"。党的十八大以来，党在社区治理上呈现两大特点：一是党组织在城乡社区治理中的作用更加突出。一些地方探索出社区大党委制、区域化党建等经验，进行了"党支部书记与（村）居委会主任一肩挑"、红色物业、党支部建在小区里等探索，通过党的组织动员、资源链接、服务链接等机制，引领社区治理。二是社区治理更加突出高位推动。国家层面展开了部级联席会议、典型城市等实践探索，党领导社区治理体现出从"政策体系建设"的被动模式向"积极改革、构建体系"的主动探索转变。总之，进入新时代以来，党全面领导社区治理出现了许多新的发展形态、新的治理模式、新的趋势走向，对于理论研究而言，这既是挑战也是机遇。如何阐释党全面领导社区治理的逻辑原理、方法路径、条件形式等组织智慧、制度智慧、机制智慧，并同基于西方实践经验和政策话语的治理理论进行对话，提振道路自信、理论自信、制度自信、文化自信，是新时代必须回应和解决的理论和实践课题。

从党的理论创新角度来看：长期以来，西方发达国家垄断了民主概念的定义权、民主标准的制定权、民主理论的阐释权以及民主争议的评判权，不断利用其话语霸权对西方式民主进行包装，为其披上"普适性"的外衣，并运用其所谓的民主话语和民主标准对中国共产党的全面领导进行审视与批判。实则，以利益博弈为基点的西方式民主以"竞争性选举"为中心来设计民主制度，导致民主走向对抗化、冲突化和虚无化。当前人类亟待探索一种与一国特有的社会结构、文化底色、历史传统与时代需求等相匹配，且能有效治理社会公共事务的新型民主制度。党的十八大以来，以习近平同志为核心的党中央把马克思主义的普遍真理同我国的具体实际结合起来，坚持党的集中统一领导，不断革新民主制度、丰富民主理论、拓展民主实践，形成具有中国特色、中国风格、中国气派的民主话语体系和实践模式。党全面领导社区治理是基于社区现实问题和现实条件的制度选择。党是长期执政、嵌入政治结构中的治理常量，也是凝结各方力量、构建治理合力的核心。"以吸引人们归依并信奉其理念为主要目的，而非以扩大选民支持而赢得公职选举为主要目标"的使命型政党，是中国奇迹的关键所在，也是党建引领取得治理成效的关键所在。

从学术对话的角度来看：将政党角色、政党功能、政党使命等命题纳入社区治理研究之中，对于重构当代中国社区治理研究的话语体系，将当代中国社区治理现代化的本土经验提升为中国地方治理的理论贡献具有重要意义。具体而言，一是有助于围绕政党治理和民主治理开展中西学术对话，回应和矫正政治偏见和意识形态偏见，增强道路自信、理论自信、制度自信、文化自信。阐释党全面领导社区治理的基本原理是开展学术对话的前提，深刻揭示党领服务、党领文化、党塑空间、党领自治、党培能力背后的深层逻辑与原理，有助于开展科学客观的全球社区治理制度和模式比较研究。二是有助于修正治理理论，完善合作治理理论框架。产生于西方治理思潮的合作治理理论框架，缺失政党治理的维度。中国的社区治理实践表明，党全面领导社区合作治理是行之有效的。因此，将政党纳入合作治理，有助于完善和拓展合作治理理论的空间适用场域和适用条件，也为人类有效解决集体行动困境提供了理论工具。三是有助于开拓原创理论，形成具有中国特色的基层社会治理理论体系。理解中国共产党运用价值引领、利益协调与组织动员等举措开展社区治理的实践模式与理论原理，总结凝练中国社区治理语境下的多维学术概念，从而深化党全面领导社区治理的理论认识，形成具有中国特色的原创性、阐释性、创新性的知识与理论体系。

从为实践提供智力支持的角度来看：立足于中国共产党全面领导社区治理的实践基础，研究党在社区治理中的组织结构、组织方式、组织功能以及在社区空间营造、人才培育、文化治理、公共服务、克服集体行动困境、提升社区自治能力等各方面的实践机理，探讨不同条件和形式下党领导社区治理的实践模式和运行样态，分析影响党全面领导社区治理效能的现实梗阻和制约条件，总结提炼党领导社区治理的方法和优化策略，能够进一步把党的全面领导落实到最基层，把党建引领基层治理延伸到社区最末端，把党组织领导下的居民组织推进到最前沿，把党的组织优势、制度优势转化为社区治理优势和治理效能。完善党全面领导社区治理的制度体系和政策体系，将进一步优化基层社会治理的组织体系、队伍建设、治理机制、基础保障，发挥社区党建引领社区治理的整体效应，调动基层各类组织、各类群体的积极性，整合各方面力量资源，为建设和谐有序、富有活力、幸福宜居的现代化社区提供坚强组织保证，持续推进国家治理体系和治理能力现代化，增强中国特色民主政治的制度优势与治理效能。对世界各国社区治理而言，中国之治结合中国国情提供了可供操作的中国方案，贡献了中国智慧，使世界各国必须重视社区治理中的政党之维，进一步发掘政党在社区治理中具有普适性的经验。

二 文献综述

党的十八大以来,逐步明确了党对社区治理的领导核心作用。党的十九届五中全会进一步提出,坚持和完善党的领导制度体系,把党的领导落实到国家治理各领域各方面各环节;在社区治理中充分发挥党建引领的核心作用,依靠基层党组织汇聚多方主体,整合治理资源。对于党全面领导社区治理,即党为何要领导社区治理、党领导社区治理的逻辑原理以及怎样全面领导社区治理,学者们进行了广泛探讨,产生了丰富的研究成果。梳理已有研究可知,主要形成了以下四种代表性的研究进路。

(一) 历史—过程视角下的党全面领导社区治理研究

历史—过程视角下的党全面领导社区治理研究主要解决和回应的是"党领导社区治理的历史动因、现实缘由以及实践演变"问题。

一是经济转型和社会结构变化说。大部分学者认为随着改革开放和市场经济的发展,社会实践的变化需要党来引领社区治理。社会整体性、多层面的现代化转型,各级各类不同性质机构组织的出现,价值理念、社会阶层、社会需求、治理主体更加多元化,需要实现党组织融入社会、服务社会、凝聚社会、整合社会的战略目标。社区治理体系和治理能力现代化作为国家治理体系和治理能力现代化的基础性构成,其内涵也较传统的管理和服务有了根本性的提升和转变。进入新时代,在基层党建引领下,社区治理更加强调社区治理主体的多元化、社区治理手段的法治化、社区治理过程的服务化、社区治理机制的精细化,共建共治共享成为社区治理和服务的基本导向。[①]

二是政党合法性和政党使命说。学者指出,社区在本质上不是行政性的组织,而是社会性的公共组织,是社会成员的自我组织,具有很强的公共性和自主性。这决定了党促进社区发育和成长不可能,也

---

① 曹海军:《党建引领下的社区治理和服务创新》,《政治学研究》2018年第1期。

不应该用行政资源来推动，而应该用党自身所拥有的政治资源来推动。① 中国共产党作为区别于西方"选举型政党"的"使命型政党"，通过与时俱进的意识形态话语生产机制、密切联系群众的民意吸纳机制、以党领政的执政创新机制以及从严治党的权力监督机制，实现了对国家的有效治理，并巩固了长期执政的合法性。② 中国共产党是一种能够有效组织社会的使命型政党，在市场化转型的今天，共产党仍然要寻找新的有效方式加强对社会的组织。

三是社会风险说。这一观点认为，中国在现代化进程中已经步入风险社会，社会在加快转型的同时带来了更多的复杂性和不确定性。这在社区层面表现得尤为直接和频繁，需要加强党的政治建设、巩固集中统一领导。③ 加强党的全面领导以不断增强市民对中国共产党执政的政治认同；深入推进民主建设以不断增强市民对中国民主的政治认同；坚持全面依法治国以不断增强市民对法治中国的政治认同，如此才能使我国政治制度的优势转化为党执政的政治效能，才能不断增强中国社会的凝聚力及市民对党执政的政治认同，从而顺利化解城市各种社会矛盾和社会问题，从容应对城市各种政治风险和公共危机。④

四是行政成本说。寻找克服社区治理行政化的弊端的方式，有学者注意到政党的作用。社区行政化是一种不经济、不可持续的社区发展机制，中国城市社区建设需要寻找社区行政化的替代性方案，需要从行政化阶段转向治理阶段。⑤ 行政化治理导致基层社会陷入"行政有效，治理无效"的治理危机，表现为治理碎片化、治理

---

① 林尚立：《社区党建：中国政治发展的新生长点》，《上海党史与党建》2001年第3期。
② 张紧跟：《论使命型政党的治理机制》，《四川大学学报》（哲学社会科学版）2019年第2期。
③ 兰旭凌：《风险社会中的社区智慧治理：动因分析、价值场景和系统变革》，《中国行政管理》2019年第1期。
④ 孟天广、王烨：《国家治理现代化的"新叙事"：转型中国的党建与国家建设》，《华中师范大学学报》（人文社会科学版）2020年第6期。
⑤ 陈伟东、李雪萍：《社区行政化：不经济的社会重组机制》，《中州学刊》2005年第2期。

封闭化和治理等级化，需要打破行政科层组织的结构性壁垒，破解行政化治理造成的基层治理困境。执政党通过发挥政党的组织和政治优势，依托政党的政治整合功能和社会整合功能，促进治理与服务的有效融合，在基层治理场域形成了一种强调政党引领的"超行政治理"模式。①

历史—过程研究视角的主要结论是：党全面领导社区治理是在中国不断进入新阶段的现代化进程中发生的，也是中国共产党在长期执政的条件下主动顺应改革开放带来的社会变迁而作出的战略选择。党建引领治理的本质是党对如何应对国家发展与社会变迁的再思考，蕴含着党整合社会的实践与价值的统一。

（二）组织—结构视角下的党全面领导社区治理研究

这一研究视角拟解决的主要问题有：党组织在社区治理结构中的位置，党组织如何嵌入社区治理的结构之中，党组织如何实现社区治理的再组织化。首先，学者们普遍认同社区管理到社区治理这一变化过程中，党组织在社区治理主体结构中始终处于中心位置。多中心秩序容易导致无秩序，为了避免"治理失灵"，在社区治理的多中心秩序中需要把多中心因素整合到社区善治的目标导向中去，社区党组织在其中负有整合和统领的责任。② 在元治理视域下，我国城市社区治理主体结构应该是"一核多元"的治理结构，"一核"就是中国共产党的领导，在众多的参与主体中，党是唯一的领导核心，是唯一的元治理主体。③ 从城市社区治理的本质来看，"党建引领的政治逻辑、治理重心下移的管理（行政）逻辑、选择性参与的生活逻辑"互相交织，共同催生了社区复合体的结构形式。④

---

① 彭勃、杜力：《"超行政治理"：党建引领的基层治理逻辑与工作路径》，《理论与改革》2022年第1期。
② 张洪武：《一个关于社区治理的新思考》，《理论研究》2006年第3期。
③ 张平、隋永强：《一核多元：元治理视域下的中国城市社区治理主体结构》，《江苏行政学院学报》2015年第5期。
④ 吴晓林：《治权统合、服务下沉与选择性参与：改革开放四十年城市社区治理的"复合结构"》，《中国行政管理》2019年第9期。

"结构性嵌入"被视为党建引领社会治理的实现机制,以嵌入性党建引领社会治理,要依据顶层设计,以主体嵌入、制度嵌入和目标嵌入等多重结构性嵌入机制,实现党建对社会治理的有效引领。① 党组织从结构、功能、关系、认知四重维度嵌入社区治理,多重嵌入成为党建引领城市社区治理的有效实践。② 基于"嵌入"功能的维度,有学者将党领导基层社会治理的逻辑概括为"嵌入式治理",即执政党运用自身的组织资源或者社会精英掌握的组织资源,通过渗透、动员、宣传等方式对整个社会及其群体与个人施加影响,进而将社会纳入有序化的政治参与过程。③

有学者研究发现,社区党组织通过规则制定和组织观念塑造,以再组织化机制将原先隐蔽的社会力量激活;社区居民借助党组织搭建的项目化平台,以自组织化机制参与到社区公共事务治理之中,提升了党建引领社区治理的效能。④ 新形势下的区域化党建、网格化党建、智慧党建等突出共建共享、资源整合,呈现为再组织化的另一种形式。⑤ 城市社区再组织化是新时代城市社区党建引领社区治理的核心目标。新时代城市社区再组织化面临着社区"去组织化"、社区居民之间"弱联系化"和社区党组织作用"边缘化"等问题。为此,以社区团队为党组织的嵌入点,以社会成员需求为发挥党组织和党员作用的导向,强化党建的服务功能,是党建推动社区再组织化实现的重要探索。还有研究发现,社区以再组织化的方式整合党员资源力量,有效地嵌入柔性化介入、精准化管理和多元化支持等多元机制,从根本上改变了传统"单位党组织—党员"的单一管理模式,形成了党员

---

① 许爱梅、崇维祥:《结构性嵌入:党建引领社会治理的实现机制》,《党政研究》2019年第4期。

② 王东杰、谢川豫:《多重嵌入:党建引领城市社区治理的实践机制——以A省T社区为例》,《天津行政学院学报》2020年第6期。

③ 程熙:《嵌入式治理:社会网络中的执政党领导力及其实现》,《中共浙江省委党校学报》2014年第1期。

④ 徐选国、吴佳峻、杨威威:《有组织的合作行动何以可能?——上海梅村党建激活社区治理实践的案例研究》,《公共行政评论》2021年第1期。

⑤ 祝灵君:《再组织化:中国共产党引领基层治理的战略选择》,《长白学刊》2016年第6期。

"工作在单位、服务在基层、奉献双岗位"的双重管理模式。①

（三）角色—功能视角下的党全面领导社区治理研究

角色—功能视角下的党建引领社区治理研究的核心议题在于讨论"基层党组织在社区治理中的角色定位和治理功能"。就基层党组织在社区治理中的角色而言，有学者认为，社区党组织在联动社区治理主体，共同整合社区治理要素，在实现社区治理目标的过程中形塑了"联动枢纽"的角色。② 运用政党生态分析范式，得出党组织功能转型的路径：领导功能转型——由领导核心转向政治核心与社会核心并举；社会角色转型——由纵向领导到纵向领导与横向服务互动；利益协调转型——由利益表达转变为利益表达与利益整合并重；工作方式转型——由权威和指令的方式向制度治理和民主协商转变。③ 办好中国的事情，关键在党。社会治理是执政党不可或缺的社会职能，这就决定了党在社会治理中的领导地位和引领作用。④

一是整合功能。通过党的纵向整合与横向协调，有效整合各方资源、协调各方利益，促进多方协同的社区治理。城市基层党组织可以充分发挥社会整合功能，通过利益整合、结构整合和价值整合达成稳固党的基层政权、提升社区可治理性和强化社区凝聚力等目标，以此实现政党领导和治理绩效之间双向促进的良性循环。⑤ 二是动员功能。在新的社会背景下提高基层党组织活力，需要结合动员、组织、利益聚合与协调多重政治功能，尤其需要政党组织履行利益聚合与协调的政治功能。在利益协调中建设和谐社会，为执政党谋求政治支持。三

---

① 詹国彬、江智灵：《组织再造、机制嵌入与党员参与基层社会治理——基于N市B区"红领之家"个案的分析》，《行政管理改革》2021年第11期。
② 张铮、谭婷婷：《联动枢纽：治理视域下社区党组织的角色分析》，《西安交通大学学报》（社会科学版）2023年第1期。
③ 罗新阳：《生态变迁与基层党组织功能转型——基于对城市化进程中"村改居"社区的分析》，《领导科学》2012年第32期。
④ 陈东辉：《基层党建引领社会治理创新的探索与路径》，《理论与改革》2019年第3期。
⑤ 王立峰、潘博：《社会整合：新时代推进党建引领城市基层治理的有效路径》，《求实》2020年第2期。

是协调功能。社区面临功利化、空心化和碎片化的治理危机，要求政党介入社区治理，并根据社区居民的需求和参与程度的不同，分别通过"主导式""协商式""自治式"等不同模式，实现高效的党建引领。① 四是建构功能。社区党组织应当以社区共同体为重要突破口，通过构建身份共同体、利益共同体、文化共同体，实现强化党的民生服务功能、加强社区内部关系协调、形成社区公共价值观的目标，从而形成基层党建、公共治理和居民自治的良性互动。② 五是补充功能。对于整个社会而言，也只有执政党有资格、有能力、有意愿推进社会资本的积累和增值，进而推动各项制度的建设和执行，在突破社区集体行动困境中，党建引领能够发挥渗透超越与制度补全功能。③

（四）体制—机制视角下的党全面领导社区治理研究

体制—机制视角下的党建引领社区治理研究注重社区治理体系的优化和治理机制的完善，学者们从不同维度提供了系统的解决方案。社区治理体系要求基层党建发挥引领和统率作用，通过有效整合不同社区治理主体的资源，统筹社区资源联合协作，改进社区治理方式，推进社区治理的体制机制创新。基层党的建设应打破过去"各自为政"的局面，打开基层党组织自身形成的封闭党建体系，打通各个领域与各个层级之间的联系，构建横向到边、纵向到底、纵横联动的工作机制，构建党组织统一领导、各类组织积极协同、广大群众广泛参与的基层治理体系，形成一种更加有效的"整体治理"，提供更有质量的"一站式"服务。④ 为促进基层党组织治理转型，首先要实现党内治理改革，包括推进"条块党组织关系"法治化、制度化和规范化进程，要求大党委委员由基层党员选举产生，改革社区管理体制

---

① 陈毅、阚淑锦：《党建引领社区治理：三种类型的分析及其优化——基于上海市的调查》，《探索》2019年第6期。
② 王世强：《构建社区共同体：新时代推进党建引领社区自治的有效路径》，《求实》2021年第4期。
③ 刘厚金：《基层党建引领社区治理的作用机制——以集体行动的逻辑为分析框架》，《社会科学》2020年第6期。
④ 邓善凤：《新冠肺炎疫情视阈下的城市基层党建引领社区治理创新——以广东省深圳市为例》，《西华师范大学学报》（哲学社会科学版）2020年第6期。

等，同时，要加强党外合作治理。① 从一定意义上说，党建体制机制的完善和创新，就是要以社区党建创新为引领，创新社区治理体系，不断提升社区自治和社区服务能力，建立和完善多元主体参与的现代城乡社区治理体制机制，推进社区治理现代化，实现社区公共利益最大化。② 构建社区党建扁平化领导体制能够促进社区党建工作的社会化、区域化、网格化和信息化，有效整合社区党建资源，提高社区党建工作效能，以社区党建带动社区建设，是实现社区治理目标的理性选择。③

由于新时代的社区治理转型迫切需要构建超能型引领主体、中枢型决策平台和整体性运行机制，只有将"授权赋能"理念嵌入社区治理全过程，才能有效回应当前社区治理中的重心下移、激发活力和高质量发展的时代趋势。④ 社区党建的"社会化"机制对于"党与社会的链接"至关重要。⑤ 通过政治动员，党组织有效地激活基层社会治理资源，为基层社会治理注入动力；通过结构嵌入，党组织有效地建立起与基层社会治理结构的链接，为基层社会治理提供组织支撑；通过资源整合，党组织有效地重组基层社会治理资源，为基层社会治理赋予能量。⑥ 党建引领城市基层治理以组织嵌入政府破解"碎片化"问题，通过党建共同体的合作治理机制以破解封闭性问题，通过技术治理机制形成扁平化治理网络以破解等级化问题。⑦ 从技术治理

---

① 杨涛：《基层社会区域化党建的治理转型运作探索——以南京市华侨路街道为例》，《中南大学学报》（社会科学版）2012年第4期。

② 沈跃春：《以社区党建创新为引领推进社区治理现代化》，《唯实》2014年第10期。

③ 孙肖远：《社区复合治理与社区党建领导体制创新——以南京市鼓楼区社区治理实践为例》，《理论导刊》2012年第6期。

④ 姜晓萍、田昭：《授权赋能：党建引领城市社区治理的新样本》，《中共中央党校（国家行政学院）学报》2019年第5期。

⑤ 吴晓林：《党如何链接社会：城市社区党建的主体补位与社会建构》，《学术月刊》2020年第5期。

⑥ 孔凡义、阮和伟：《动员、嵌入和整合：党组织引领基层社会治理的三种机制》，《学习与实践》2022年第2期。

⑦ 张振洋：《破解科层制困境：党建引领城市基层社会治理研究——以上海市城市基层党建实践为例》，《内蒙古社会科学》2020年第3期。

的维度，有学者提出"智慧党建""数字党建""互联网党建"在基层治理的运用上取得了成效，但也存在信息平台杂乱无章、线上线下分割、整体效应不佳等问题。积极探索党建引领基层治理的新路径，就要注重激发基层活力，通过智慧党建把群众有序引导到社会治理的活动中来，形成党组织领导、各类组织协同、广大群众参与的基层治理体系，激活党的肌体"神经末梢"。[①] 基于目标、主体、内容、制度等方面的重合性，社区党建与社区治理具有融合发展的有利条件。区域化党建和智慧化党建作为社区党建与社区治理复合体系两大有效实践方式，在目标、策略、机制与话语等方面阐释了新时代社区党建创新的核心内涵。

面对党全面领导社区治理这一新的时代课题，学界进行了大量研究，从不同角度进行了广泛探讨，产生了丰富的成果。首先，对于党要领导社区治理的动因，学界的认识是相对全面和深刻的。既有外部环境因素的考量，也有内部治理要素的探讨，既有对"国家—社会"关系的宏观思考，也有社区内部资源和治理条件的微观切入。总之，党全面领导社区治理是政治因素、社会因素、经济因素、风险因素、政策因素等多重要素的影响和推动下的现实选择。其次，学者们对于党组织如何进入社区治理场域进行了系统研究，既探讨了党组织在社区治理结构中的位置，也分析了党组织如何嵌入社区治理的组织结构之中，还探讨了党组织运用再组织化的手段，重塑和建构社区治理的组织结构。再次，学者们对党组织在社区治理中的角色定位与治理功能进行了分析，研究发现，党组织因具备整合资源、组织动员、协调利益、建构共同体、补充制度等多重功能属性，理应在社区治理中发挥核心枢纽作用，承担领导者、组织者、协调者等多重治理功能。最后，根据加强和创新社会治理体系的现实需要，学者们还着重探讨了党领导社区治理的体制机制创新方式和路径，并结合党领导社区治理的具体经验和实践案例，对优化党全面领导社区治理的体制机制提出了很多富有创造性的对策，给出不少具有可操作性的建议。总体来

---

① 张志明、郑寰：《用系统生态理念重构智慧党建模式——南京市浦口区党建引领基层治理的探索》，《中国领导科学》2020年第6期。

看，当前学界从历史到现实、从宏观到微观、从理论到实践对党全面领导社区治理进行了较为系统的研究，为学界贡献了丰硕的研究成果，为后续研究奠定了坚实基础。

但从党全面领导社区治理的研究体系和实践动态来看，当前研究仍然存在着短板、不足或空缺。具体而言：

一是当前研究的内容仍然缺乏整体性。党全面领导社区治理是一项系统工程，学界普遍认同的是当前党的全面领导已然不是统治和管控范式下的"全面领导"，而是治理范式下的组织、引领、协商、合作，"全面领导"的理念转变并没有提供理论清晰、方法明确、系统完备的研究体系，党全面领导社区治理的哪些内容、哪些方面，如何抓住社区治理的"牛鼻子"，仍然存在分散化、碎片化研究的情形。因此，针对党全面领导社区治理的关键内容，例如，党全面领导社区治理的组织体系、空间营造、文化治理、治理队伍、治理能力、公共服务，等等，从社区治理的整体性出发，体系化地研究党全面领导社区治理是对当前研究的有益补充。

二是当前研究对于现实追踪不足。新时代，在推进和拓展中国式现代化的征程中，党全面领导社区治理在理论和实践上不断寻求创新突破，社区治理的实践方式和实践模式百花齐放，出现了诸如党员干部下沉、区域化党建、商圈党建大联盟、红色物业等"将政权的工作体系延伸到距离民众最近的地方"的多种形态和样式的实践探索。当前研究一定程度上还停留在"国家—社会关系""他治与自治""多元主体协商"等旧范式的探讨框架之中，对于这些新变化、新动态、新趋势关注不够，经验凝练不全，理论提升不足。事实上，党整合人、财、物等资源为城市社区提供精准服务供给，已经产生了许多新的方式、模式和经验，亟须学界给出新的经验解释和理论建构。

三是当前研究的国际对话性不强。学界在阐释党全面领导社区治理的逻辑与原理方面，揭示了很多道理，探明了很多原因，分析了很多机理，但对于从理论上回答社区合作治理中党的领导能够带来什么以及何以可能等基础性问题，认识依然有待深化。本项研究就试图从克服人类集体行动困境出发，立足中国场景，解释中国共产党全面领导社区治理的优势与机理。

三 研究框架

本书从中国共产党全面领导社区治理和服务体系建设的实际出发，立足于"党全面领导社区合作治理"这一核心议题，充分挖掘中国基层治理场域下党全面领导社区合作治理的党建逻辑与治理逻辑，从组织结构、治理体系、社区空间和社区文化等九个维度进行系统分析，全面阐释中国共产党全面领导社区合作治理的原因、优势、挑战和结果，进而提出优化党全面领导社区合作治理的中国方案。本书的研究思路可概括为"一个理论命题""两重分析层面"和"九大核心内容"。

"一个理论命题"。合作是人类生存所必需面对的问题之一，在我国，社区不是一个单维的自治单元或行政空间，社区治理是国家政权组织与其他各类社区主体进行协商、合作以及在此基础上集体行动的过程。治理的复合性对于多元主体间的关系提出了新要求，合作治理成为必然趋势。笔者从合作治理的维度系统阐释党全面领导社区治理的政治优势和制度优势，剖析党全面领导社区治理的组织体系、治理体系、服务体系、人才体系的基本原理及其在空间、文化、集体行动等维度下的治理机制、方法手段和实践策略，深刻阐释党在全面领导社区治理中所发挥的特殊优势，揭示党的领导破解合作治理困境的路径与原理，以及推进合作治理有效实现的独特功能及内在逻辑。

"两重分析层面"。即从党建与治理两个层面，对党全面领导社区治理的逻辑与原理进行深入探讨。一是从党建逻辑出发，探讨党全面领导社区治理的制度模式变化。主要是从政党建设层面来把握党建引领社区治理，即试图通过创新党建的价值理念、结构功能、组织体系、方式方法以及体制机制等，或加强党的组织力、政治功能和平台机制等方面建设，来实现对社区治理现代化的有效引领，其中包括党全面领导社区治理的时代背景与动因溯源、党全面领导社区治理的组织架构的实践演变、党全面领导社区治理的服务模式的调整、党全面领导社区治理人才队伍的建设以及党同多元主体的合作治理体系。二是从治理逻辑出发，探讨党全面领导社区治理在不同维度和场域下的

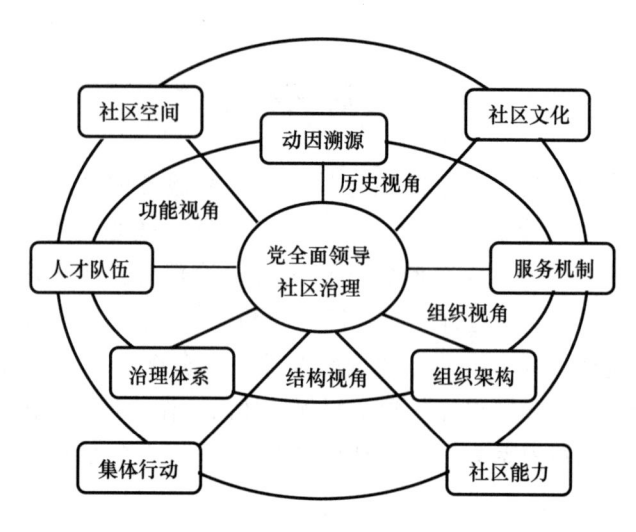

图 1.1 研究框架

治理优势及原理。治理逻辑更侧重基层党建对社会的"授权赋能",希冀通过厚培社会治理网络中的社会资本存量,激发不同群体参与社会治理的主动性,如各地出现的价值引领式、平台搭建式、资源整合式以及机制保障式等治理经验,均是在探索一条既能够将政党融入社会、又能够激发社会活力和保持社会秩序的社区治理现代化新路,内容涉及党在社区空间营造、社区文化治理、社区集体行动困境解决和社区治理能力提升等实践中的优势、挑战与不足对其进行分析并提供相应的对策建议。

"九大核心内容"。党全面领导社区治理中的"全面"蕴含了对系统化、体系化研究的期待与要求,为此,笔者运用历史视角、组织视角、结构视角、功能视角等对九个不同专题进行深入剖析,指出党全面领导社区治理中应抓住的"牛鼻子"。虽然不同专题研究的视角存在差异,但是不同视角下的研究重点和论证中心始终是"党为何以及如何实现社区合作治理",总体研究视角是合作治理视角。九个不同专题分别是指:第一章,党全面领导社区治理的时代背景与动因溯源;第二章,从有形到有效:党全面领导社区治理的"纵向到底"组织架构;第三章,从职域到全域:党全面领导社区治理的"横向到边"组织模式;第四章,从管理到服务:党全面领导社区治理的机制创新；第五章，选贤任能：党全面领导社区治理的人才队伍建设体系创新；第六章，党领共治：党建引领构建社区治理共同体。第七章，党领文化：社区"软服务"与"软治理"的双维提升；第八章，党塑空间：社区公共空间生产与社会重塑；第九章，党领自治：社区公共事务自主治理的中国之道；第十章，党培能力：基于"公益创投"项目制的一个考察。通过对九大专题的系统论证和全面梳理，得出走向党全面领导的社区合作治理最终结论。

四 研究方法

本书研究的方法范式，总体上讲属于实证研究的范式。课题组遵循问题导向，即以研究问题为本，以适配性、可行性为原则，选择相应的研究方法。在相关问题的研究上，既注重选择合适的方法工具，又注重理论推演与实证检验相结合，最大可能地增强研究的科学性。具体而言：

1. 历史分析

本书在研究梳理社区治理的起源、发展和演变历程中，加入时间维度，做历时性考察，对于不同时期的社区治理制度进行过程分析，发现不同时期党在社区治理中面临的问题，总结党在不同时期的社区治理经验，探寻在"党进、政转、社增、民参"的社区治理新格局下，党全面领导社区治理的时代背景与实践动因，总结提炼新时代党全面领导社区治理的历史逻辑和时代使命。

2. 田野调查

课题组针对本项研究内容的需要，划分不同专题小组奔赴全国多省市社区一线开展实地调研，收集资料并总结提炼相关模式经验。同时，本项研究重点以"百社十年"项目为依托，派驻观察员入驻街道、社区进行了为期2年多的参与式、体验式观察，同街道、社区工作人员以及居民建立了良好的关系，获取了大量实证资料。例如，对湖北省武汉市武昌区南湖街道下辖的6个社区进行了长期驻点观察，对党全面领导社区治理制度的实践运行情况和现实挑战进行跟踪记录，收集了"党员干部下沉""区域化党建""邻里党支部""红色物业""红色志愿者"等一手调研资料,并同参与社区治理的多方主体进行深入访谈,听取相关做法和经验。

3. 案例研究

案例研究法是实地研究的一种,要求从观察者的角度和立场客观地描述研究对象,不偏不倚地再现研究对象的具体情况、处境和观点,以供读者研判。本项研究在党全面领导社区合作治理这一理论命题的指引下,通过进驻社区开展实地观察,重点检视社区治理主体的日常行为、互动方式、观念认知等,广泛收集相关文件资料,在对相关研究资料进行审查后,提炼出不同专题板块下党全面领导社区合作治理的理论命题,并基于现实观察、逻辑抽象和分析归纳给出客观的描述和科学的解释。

4. 比较研究

本书将在广泛收集和系统整理资料的基础上,选取不同地区、不同类别、不同形态的社区进行比较研究,特别是对一些做法成熟、体系完备的社区治理典型案例进行深入剖析。通过纵向的历史比较与横向的类型比较,探讨党全面领导社区治理模式的地方差异、政策差异、方式差异、条件差异等,找寻差异背后的行为逻辑和科学原理,从而深化对党全面领导社区治理的实践差异性的认知,加强对党全面领导社区治理总体特征和一般规律的提炼,使得研究结论具有更强的实践支撑性和理论阐释性。

第一章

党全面领导社区治理的时代背景与动因溯源

当前,伴随时代的变迁,城市基层治理场域也发生着一系列重要变化,集中表现为社区治理从以行政主导为特征的1.0版向以共建、共治、共享为特征的2.0版本转型,城市社区组织体系日趋完善、公共服务日益体系化、治理主体逐渐多元化,形成了"党进、政转、社增、民参"的社区治理新格局。[1] 这一格局的形成有着深厚的时代背景,是城市社区治理场域中的各个主体与时代背景下的生产要素相互作用的结果。具体而言,在城市基层治理场域中,政府以传统行政力量引领的基层治理出现了前所未有的问题与困境,而在互联网与大数据飞速发展的新时代背景下,则需要一个强有力的组织体系引领城市社区治理的发展。理论与现实的双重逻辑表明,政治体系的制度化水平与政治体系的关键性组织,即政党的能动性与主体性程度是密不可分的[2],而中国共产党作为我国国家权力与组织体系的核心,全面领导城市社区治理是时代赋予的使命与应有之义。

一 行政引领基层治理的现实困境:治理"破题"

长期以来,城市社区承担了大量行政事务,行政的条块分割导致

---

[1] 郭圣莉、张良:《不断优化社区发展治理体系》,《解放日报》2018年9月4日。
[2] 唐亚林:《新中国成立以来中国共产党领导的制度优势与成功之道》,《复旦学报》(社会科学版)2019年第5期。

社区面临巨大的压力,由此出现了社区行政化困境,以及"行政有效、治理无效"的基层治理困境。[①] 与此同时,脱离了单位制的社区面临着难以凝聚与动员居民个体的困境,在公共事务解决上常常出现集体行动的困境。

(一) 行政碎片化困境:条块分割下的社区治理格局

所谓行政碎片化困境是指因部门职能与权责设置的重叠性,存在多头管理、职能交叉、权责不一、效率不高等问题,出现诸如环境资源领域、工业等行业管理领域和涉外经贸、市场监管、文教卫生等领域的职责交叉和关系不顺等问题。[②]

在城市社区治理场域中,表现为:一方面,"上面千条线、下面一根针",城市社区任务过重;另一方面,各职能单位分工不明、职责不清,缺少联动机制,难以形成治理合力,导致城市社区处于疲于应付"条条"繁重任务的困境中,无法形成强大的基层组织合力。[③] 总而言之,行政力量无法实现城市社区治理的统领合力,急需寻找一种新的整合力量来解决社区任务的碎片化问题。

(二) 集体行动困境:社区治理的组织与动员情境

改革开放以来,传统的单位制解体,我国社区经历了由传统单位制向现代社区制的转变。伴随着社会治理格局与社会结构的转型,社区的权力来源、获取资源的方式以及内部组织结构发生了相应的变化与调整。随着单位制的衰落以及社会组织化的结构变化,大量的原子化个体失去了组织通道与体制身份[④],这表现为居民参与度低、社区凝聚力低等问题。社区是社区居民的主要生活场所,社区中的公共服

[①] 林闽钢:《超越"行政有效,治理无效"的困境——兼论创新社会治理体系的突破点》,《中共浙江省委党校学报》2014年第5期。

[②] 李侃如:《治理中国:从革命到改革》,中国社会科学出版社2014年版,第188—190页。

[③] 汪玉凯:《从习近平治国使命看全面深化改革》,《人民论坛·学术前沿》2015年第13期。

[④] 张静:《社会治理为何失效?》,《复旦政治学评论》2016年第1期。

务是由社区居民与社区居委会共同提供的，从这一意义上而言，社区与居民是相互依存的主体。然而，社区长期以来作为行政力量的触角[①]，以完成上级布置的任务为主要工作，忽视了对于社区居民的组织与动员，缺乏社区居民自治组织的培育机制，社区与居民之间的距离越来越远。久而久之，形成了居民对于社区"无事不登三宝殿"的敬而远之的态度，甚至有相当一部分社区居民不知道社区居委会的存在以及社区的职责与作用。这种"社会资本"匮乏的状态，也导致大量社区公共事务治理中，社区居民集体行动难的现象时有发生。

综上所述，长期以来，行政引导城市社区治理的模式导致社区被来自纵向与横向的各种行政力量所分割，亟须整合，因而呼唤一种新的基层治理格局，以实现"国家—社区—个人"之间的有机联结。中国共产党作为国家政治生活中各种政治力量的联系纽带，具有强大的政治统合力量，能够对各种政治组织与力量进行统一协调与商议，以避免各个权利主体之间的冲突，弥合政治系统内部的主体间嫌隙。"国家治理体系是由众多子系统构成的复杂系统，其核心是中国共产党。"加强党的全面领导是基于建设现代国家治理体系的要求，处于领导核心地位的党应统合各决策单位的权力资源，进而提高决策效率。习近平总书记指出，加强党的领导目的是充分发挥党的领导的制度优越性，要"坚持发挥党总揽全局、协调各方的领导核心作用"，"切实防止出现群龙无首、一盘散沙的现象"。[②]

二 技术赋权背景下的社区治理：治理"切口"

改革开放以来，互联网与信息技术飞速发展，推动国家进行数字政府建设。对于政府组织变革过程而言，技术是一项重要的生产要素，数字政府建设的过程实际上就是技术嵌入组织的过程，在这个过

[①] 向德平：《社区组织行政化：表现、原因及对策分析》，《学海》2006年第3期。
[②] 《习近平谈治国理政》第2卷，外文出版社2017年版，第289—290页。

程中，信息技术是组织发生变革的"赋能者"[①]，因此我们通常也将这一背景称为技术赋权背景。在这一背景下，技术以其独特的逻辑结构特征赋予组织结构、组织成员以新的组织模式与思维模式，技术的嵌入使得组织结构、理念、人员、制度等方面的变革成为可能，也促使组织实现能力的迭代升级，从而促进组织的变革。[②] 因此，技术与组织之间存在着千丝万缕的逻辑关系，技术使得组织的变革成为可能，而组织对于技术的适应度也是其变革成功的关键所在。在城市社区治理过程中，技术与组织的关系集中体现为技术对于城市基层组织的组织能力、组织结构、组织模式等方面的影响。

（一）技术嵌入组织能力变革

城市社区治理若想实现善治与创新，需要积极利用信息技术带来的优势，以实现技术逻辑与制度逻辑的有效联结，从而将技术转化为更强的治理能力，提升政府与社区的治理能力。这一优势主要体现在：第一，深挖技术优势，充当基层治理的"技术探头"。第二，线上线下结合，融合基层治理的平台。大数据时代，线上治理的势头日渐兴盛，充分利用好线上治理，建立"微平台"等，实现线上治理与线下治理相结合，是实现城市基层治理精细化的重要步骤。第三，技术赋能管理，规范城市社区内部管理能力。通过技术进一步规范社区治理平台、制度体系以及运作流程，提高社区利用信息技术进行数据分析利用的专业化能力，同时，建立数据技术考核机制，将技术充分应用到社区干部考核与监督过程中来，在城市社区中"用好""用活"[③]技术。

（二）技术嵌入组织结构变革

技术嵌入组织的关键在于促进组织结构变革，数字政府在塑造政

[①] 邵娜、张宇：《政府治理中的"大数据"嵌入：理念、结构与能力》，《电子政务》2018年第11期。

[②] 王绪、王敏：《技术嵌入与组织吸纳：党的全面领导与数字政府建设的双向塑造——基于A县级市"最多跑一次"改革的分析》，《理论月刊》2022年第6期。

[③] 高恩新：《技术嵌入城市治理体系的迭代逻辑——以S市为例》，《江苏行政学院学报》2020年第6期。

府组织结构的同时还构建了一种新型的政府—社会关系、政府—市场关系,通过技术嵌入科层组织内部进行组织结构变革。这集中体现在两个方面:第一,技术分权推动科层结构扁平化。在城市社区治理场域中,智能技术的加入有效促进了不同类型、不同层次的知识、资源等要素的转化,实现了数据、知识与权力在城市基层治理场域的开放流动,从而形成了技术分权。[1] 在技术分权的大背景下,各治理主体被赋予了相应的技术与权力,在治理信息的获取与表达、参与社会管理能力等方面不断提升自身的权力,从而破解了传统的以政治权力为中心的科层格局。换言之,科层式的格局更加扁平化,各社会主体有权进入政府权力网络中,实现权力与技术之间的互构。第二,数据技术整合横向部门与职能体系。数据技术的加入,改变了原有科层制内部的职能工作体系。在基层治理场域内,通过加入技术全面整合各横向部门的业务系统,完善数据资源采集、管理与共享机制,从而进一步提升各部门、各领域、各单位之间的协同能力,同时,也降低了传统行政科层制带来的横向碎片化风险。这为社区处理涉及不同单位的任务与工作带来了巨大的便利。

(三) 技术嵌入组织模式变革

区别于传统的社会治理方式,在智能的数据技术时代,不仅政府职能与组织结构、模式得到了较大的革新机会,技术在城市基层社会中的融入也改变了普通民众之间的联结方式。一方面,智能技术的融入改变了城市社区民众对于"个体—个体""个体—组织"之间链接方式的认知,塑造了人与人之间、人与组织之间的组织方式,使得人与人之间的联系与交流除了传统的单位制联系,还有更为灵活、弹性的线上选择。另一方面,信息技术时代所赋予城市基层治理场域的还有多元化、共享性的信息沟通与传导机制,这种共享性的信息与知识体系使得不同的民众集合到同一平台上进行交流成为可能,同时也使得这种交流更加便利、成本更低。由于技术的嵌入,社会组织民众的方式发生改变;社会公众参与国家与社会的

---

[1] 马俊:《论智能技术对社会治理变革的影响》,《行政论坛》2022年第4期。

公共服务事项的同时，也进一步激发与强化了各个主体的治理能力，从而开辟了新的关系模式，在城市社区治理场域中形成了一种新的动员模式，增强了社会公众对于政府治理的认同感，这对于破解集体行动困境具有重要意义。①

三 理论范式变革：从"国家与社会"到"政党、国家与社会"

国家与社会关系范式是我国国家治理长期以来依赖的研究范式，在解释城市基层治理场域中的国家力量与社会力量强弱的比较以及关系等方面的研究中占有重要位置。从学术演化的角度看，国家与社会关系分析范畴形成于西方社会，从黑格尔、马克思关于市民社会的讨论到韦伯对国家概念的经典界定，大致勾勒了这一现代范畴的起源脉络。② 在这一范式的影响下，我国国家与社会关系的研究引发了政治学、社会学、管理学等诸多学科在这一问题上的交叉讨论，出现了一系列新的解释，如"强国家—弱社会""强国家—强社会""社会中的国家""政府中心主义""社会中心主义""制度与生活"等③，试图对新时代背景下的国家与社会力量的对比态势进行解释。事实证明，这些解释在当时确实产生了一定的影响力，也在一定程度上反映了当时我国国家与社会的实际。但近年来，越来越多的学者开始批判并修正"国家与社会关系"范式，这是大势所趋，也是时代的要求。

（一）社区治理实践亟须"中国方案"

在西方话语体系中，"国家"更多的是指政府，西方话语体系中的政党（party）与国家（state）是分开的，在我国，政党与国家不能

---

① 刘威、王碧晨：《流量社会：一种新的社会结构形态》，《浙江社会科学》2021年第8期。

② 景跃进：《将政党带进来——国家与社会关系范畴的反思与重构》，《探索与争鸣》2019年第8期。

③ 侯利文：《国家与社会：缘起、纷争与整合——兼论肖瑛〈从"国家与社会"到"制度与生活"〉》，《社会学评论》2018年第2期。

简单地一分为二。① 基于中国国家治理的实际情境来解释党、国家与社会之间的关系，是当前学术研究的重要方向与思路。在城市基层治理的研究中，也要切合党、国家与社会在社区中的作用发挥与优势进行解释，寻求贴合中国基层社会治理的"中国方案"。

（二）社区治理实践催生"新的"理论解释

近年来，中国共产党的组织、领导与统合力量在国家治理实践特别是基层治理实践中日渐凸显，传统的"国家与社会关系"研究范式并没有充分关注到这一新形势与背景的变化。党的组织体系并不只是平行于行政与社会的网络，而是统筹行政与社会的、具有整合力量的网络，这是"国家与社会"分析范式解释中国国家治理实践特别是基层治理实践的一个主要缺陷。在技术赋权与全面深化改革的新时代，这样的新变化也催生了政党、国家与社会关系的新的解释模式。②

（三）政党"在场"的理论解释呼之欲出

城市社区是政党、国家与社会共同作用的治理场域，各种力量在此聚集并在日常任务执行、公共服务供给过程中交互作用。因此，关于治理主体之间的关系以及主体所携带的资源等要素的讨论是重要话题。在社区治理场域中，长期以来的行政化带来了社区社会组织在自主性上的缺失，这是基层社会难以成长的现实障碍，形成了"政府不放手、社会没成长"的尴尬情境。因此，在社区治理场域中，"将政党带回来"是时代的理论要求，或者说，政党一直"在场"但一直未受到重视是长期以来的理论研究现状。当前理论研究的重要课题就是要用理论描述当前政党"在场"这一重要现实，通过描述党建引领基层治理鲜活的实践模式与机制，解释中国共产党在国家治理情境特别是基层治理实践中所发挥的作用，这是实践对于理论提出的要求。

---

① 景跃进：《党、国家与社会：三者维度的关系——从基层实践看中国政治的特点》，《华中师范大学学报》（人文社会科学版）2005 年第 2 期。

② 朱健刚、王瀚：《党领共治：社区实验视域下基层社会治理格局的再生产》，《中国行政管理》2021 年第 5 期。

四　党建引领社区治理的先天优势：政党"进场"

在全面深化改革的新时期，党全面领导机制的实现体现在国家与社会治理的方方面面，城市基层治理也是其重要的领导场域之一。2021年7月出台的《中共中央 国务院关于加强基层治理体系和治理能力现代化建设的意见》指出，基层治理是国家治理的基石，要完善党全面领导的基层治理制度，健全基层党的领导体制。实然，中国共产党作为使命型政党，肩负代表、表达、整合、分配、引领五大工具理性功能，以及使命与责任两大价值理性功能，统领国家和社会的理性、效率、民主、公正、法治五大价值理性功能，以及执政党在国家与社会发展中的领导地位和领导力量的主体理性功能等的有机结合，共同塑造了"使命—责任体制"新型政治形态的复合结构基础。[①] 在引领社区治理中，中国共产党也有其先天优势，具体体现为以下几个方面：

（一）组织个人链接社会与国家

中国共产党在城市基层治理场域中具有强大的组织力。从"功能—结构"主义的视角来看，中国共产党的组织力主要包括组织能力与治理能力两大方面，其中，组织能力主要包括中国共产党在基层的领导力、动员力、管理力与执行力等；而治理能力则主要包括濡化其他主体的能力、协调各主体的能力、提供公共服务的能力等。[②] 在城市基层治理场域中，中国共产党以其强大的组织能力，将社区中的个体、组织凝聚到一起，链接国家与社会。

第一，厘清社区治理主体的权力与责任范畴。在城市基层治理场域中，中国共产党充分发挥自身组织与协调各个主体的能力，通过对

---

① 唐亚林：《使命型政党：从概念到理论范式的生成过程》，《开放时代》2023年第1期。
② 肖剑忠、朱斌荣：《党员志愿服务的探索和创新——对宁波市北仑区"红领之家"的调查》，《观察与思考》2015年第5期。

各个社区治理主体的职责与权力进行规定，厘清社区治理的权力责任格局。基层党委政府主要承担社区治理事务的宏观调控、社区公共服务供给的种类与数量以及其他社区社会治理事项等，切实转变政府职能，理顺"区—街道—社区"之间的任务链条，并科学界定彼此的职责范围，推动形成新的社区治理主体权力与责任格局，进而推动形成各主体权责明确、协调有力的现代社区治理体系。

第二，切实加强党建引领社区居民自治制度。建立健全基层党组织领导的充满活力的基层群众自治机制，切实保障人民群众享有更多更切实的民主权利，这是在中国共产党的领导下深化城市社区自治的核心要义。[①] 对于社区自治而言，自治制度的确立与完善是关键，党引领社区建设，首要一步就是要支持和保证社区不断完善探索社区自治制度，通过红色物业、五社联动等方式将居民融入社区公共事务的治理过程中来，从而为居民参与社区公共事务的治理提供必要的参与舞台。通过此种方式，中国共产党不断完善"横向到边、纵向到底"的网络化基层组织，以解决民众需求为导向，促进党组织与群众双向互动交流，从而最大限度地凝聚人心、汇聚力量，不断把党的事业推向前进。[②]

第三，党建推动社区社会组织成长。党建引领社区建设要积极引领社区社会组织的成长，对于社区社会组织而言，国家的资源、政策支持是其活力萌发的重要来源，通过政府购买服务、公益创投服务、公益募捐以及其他各种灵活的形式，积极推动社区社会组织参与到城市社区的建设过程中来，在赋予社会组织活力的同时，社会组织的参与也会赋予社区发展的活力。此外，社区社会组织由于其本身所具有的灵活性与弹性，可以为社区以及社区居民提供更加多样化的公共服务，丰富社区公共服务种类。

（二）资源伴随权力下沉至基层

中国共产党引领城市社区建设意味着党的建设进一步延伸到了社

[①] 曹海军：《党建引领下的社区治理和服务创新》，《政治学研究》2018年第1期。
[②] 张紧跟：《论使命型政党的治理机制》，《四川大学学报》（哲学社会科学版）2019年第2期。

区，权力下沉自然带来的是资源的下移，国家治理资源赋权于社区，这是党组织引领社区治理的先天优势之一。

第一，权力下沉盘活社区资源圈层。在全面深化改革的现代化进程中，中国共产党领导一切，意味着党具有配置与调动资源的能力，这也是中国共产党重要的作用之一，对于社区而言，党的组织建设在社区的进一步延伸意味着权力的下移，而资源也随之下移。当然，作为城市社区治理场域内的统领力量，中国共产党对于场域内的资源进行整合与组织，将系统内的资源进行统一调配，形成齐抓共管社区的强大合力。目前，各地积极尝试并做实"区域化党建"，这是全面提升社区党组织资源统筹能力与系统服务能力的重要举措，通过将区域内的各个主体凝聚起来，调动并协调主体间资源的流动与交互，对于其他主体而言，增加了自身的资源储备力量，对于社区而言，增加了整体治理的效果。

第二，多元共治打造社区"支持网络"。除党组织外，城市社区治理场域中存在很多其他主体，对于后者而言，参与社区公共事务治理的前提是要有一个行动舞台，而党组织就是搭建这个行动舞台的重要主体。社区中的其他治理主体，特别是社会组织，需要权力与资源的双重支持。党的十九大报告指出，建立健全"党委领导、政府负责、社会协同、公众参与、法治保障"的社会治理体制。这要求党在社区治理中，要秉持多元共治的理念，吸纳社会力量参与社区治理，引导社会力量成长，培育社会组织活力，并构建各主体间资源链接、交流与沟通的渠道，助推党委政府、社会组织、社区居民共同形成社区的集体行动合力，形成党建引领下的共建、共治、共享新格局，这就是构建中国共产党基层"支持网络"的意义所在。

（三）政党权威重塑合法性认同

党建引领城市基层治理的过程，也是中国共产党不断提升、重塑自身合法性认同的过程。在城市基层治理场域中，中国共产党通过规范自身制度建设、完善价值引领、强化公共服务职能等方式实现了自我认同、社会认同与公众认同。

第一，规范建设，自我认同。中国共产党在引领城市基层治理

第一章　党全面领导社区治理的时代背景与动因溯源

的过程中，不断强化组织内部的制度化建设，以实现组织内部成员对于组织与自身身份的认同。在任何一个组织中，身份认同都是成员获得组织归属感和凝聚力的核心要素，而组织内部的制度化建设是获得身份认同的重要机制。在基层治理实践中，党通过组建网格党支部、楼宇党支部、楼栋党小组、党员中心户、党员责任区等方式，有效地将组织内的成员动员起来，从而确保社区党组织的工作不留一处死角。同时，被组织起来的党员也在组织中提升了自我身份的认同，时刻以一名社区党员的身份来要求自己，形成了建设社区的重要人力保障。

第二，价值引领，社会认同。"群众靠发动，发动靠活动"，社区日常活动的组织与开展在党组织的职责与任务中扮演着重要的角色。在党建引领社区治理的过程中，党通过组织党建活动对社区居民、社会组织等进行价值引领。通过开展与组织活动，个体、组织与社区党组织的联系渠道被打通，社区中的个体与组织有了更多的舞台来参与社区公共事务的治理。在这些活动的开展与举办过程中，中国共产党也将自身的理念与思想传递给社区中的个体与组织，从而潜移默化地强化了对于社区的价值引领。这种基于价值理性的塑造也摆脱了传统的基于成本—收益的工具理性的考量[①]，从而使得社区中的组织与个人乐于参与社区公共事务的治理。

第三，服务强化，公众认同。全心全意为人民服务是中国共产党的根本宗旨与一贯追求。对于基层党组织而言，为广大社区居民提供优质的社区公共服务、建设基层服务型党组织就是贯彻落实根本宗旨的举措。"为了使共同体中的成员能够认为统治者的地位是具有合法性的，那么就需要政府明确地表现出它所具有的公共福祉的活力。"[②] 近年来，基层党组织的建设任务逐渐从维稳转向民生保障，社区居委会更名为"社区党员群众服务中心"就是一个最好的例子，从字面意思上来看，社区党员群众服务中心意味着社区的主

---

① ［德］马克斯·韦伯：《经济与社会》（第1卷），阎克文译，上海人民出版社2010年版，第68页。
② ［法］让·马克·夸克：《合法性与政治》，佟心平、王远飞译，中央编译出版社2002年版，第47页。

要服务对象是社区里的党员与群众，而社区的主要任务则是为其提供社区公共服务。显然，中国共产党公共服务职能的强化，使得越来越多的公众对于社区的认同感提升，公众通过服务与社区、与国家建立了情感联系，极大地增强了政党在城市社区的合法性权威。[①]

五 本章小结

风险社会的来临意味着我国城市治理面临着重要的挑战。近年来，城市基层治理场域也发生着一系列变化，权力结构、组织模式的变化是最为显著的，这集中表现为城市基层治理场域中不同主体间的关系。长期以来，传统的行政引领城市基层治理出现了行政碎片化与社区集体行动的问题，也形成了条块分割的城市基层治理格局，造成了基层治理的组织与动员困境，这是当前城市基层治理的难题所在。技术赋权背景下，国家与社会中的组织与个体面临着巨大挑战，同时也存在机遇，技术嵌入可以带来组织能力的变革、组织结构的变革以及组织模式的变革，对于优化城市基层治理体系而言，这是重要的治理"切口"。同时，理论研究范式从"国家与社会"到"政党、国家与社会"的演进，为社区治理变革中政党"在场"提供了理论支持。

在此背景下，中国共产党凭借自身的先天优势成功进入了城市基层治理场域。首先，通过厘清社区治理主体的权利与责任范畴、加强党建引领社区居民自治制度、带动社区社会组织成长等，链接社会与国家，克服了集体行动困境的重要短板。其次，通过权力下沉盘活社区资源圈层，并通过多元共治打造社区"支持网络"，实现了资源伴随权力下沉至基层。最后，通过规范建设、价值引领、强化服务等方式不断完善与提升自我认同、社会认同与公众认同，实现了党建引领社区的合法性重塑。由此，党全面领导城市基层治理的合作治理格局建立起来，形成了"党进、政转、社增、民参"的社区治理新进路，擘画党建引领社区治理的新蓝图。

[①] 陈秀红：《从"治理共同体"到"生活共同体"：党建引领基层治理的社会整合功能实现逻辑》，《北京行政学院学报》2022年第3期。

第二章

从有形到有效：党全面领导社区治理的"纵向到底"组织架构

2015年6月，习近平总书记在贵州调研时指出："党的工作最坚实的力量支撑在基层，经济社会发展和民生最突出的矛盾问题也在基层，必须把抓基层打基础作为长远之计和固本之策，丝毫不能放松。要重点加强基层党组织建设，全面提高基层党组织凝聚力和战斗力。"① 基层党组织的第一要务是服务群众，应把党的组织覆盖更多地转向政治功能的覆盖。中国共产党是一种通过有效组织社会取得革命胜利和社会主义建设成就的使命型政党。② 组织覆盖是新中国70多年基层党组织建设的实践逻辑。"扩大覆盖面"一直是党在农村和城市地区基层党组织建设的主线，在垂直方向上强调"延伸到底"，在水平方向上强调"横向到边"，以此为基础嵌入社会当中，建立起紧密的政党—社会关系。③

一 问题提出与文献回顾

基层党建是党全面领导与长期执政的根基，始终贯穿党的百年征

---

① 《习近平：看清形势适应趋势发挥优势善于运用辩证思维谋划发展》，新华网（http://www.xinhuanet.com/politics/2015-061181c_1115663598.htm），2023年10月23日。
② 叶敏：《政党组织社会：中国式社会治理创新之道》，《探索》2018年第4期。
③ 徐明强、许汉泽：《组织覆盖：新中国70年基层党组织建设的实践逻辑》，《中国延安干部学院学报》2019年第4期。

程，在党领导的革命、建设和改革时期都起到了至为关键的重大政治作用。[①] 新中国成立后，随着党的工作重心由农村转入城市，城市基层成为党建工作的重要场域。1950年，中共中央发布了《关于发展和巩固党的组织的指示》，提出"将党的发展工作重点放在城市"。1956年，党的八大修改的《中国共产党章程》使用了"党的基层组织"这一表述方式。随着计划经济体制的建立，单位制成为社会主要组织形式，城市基层党建也以此为基础逐渐形成。改革开放后，社会结构和经济结构发生转型，传统单位制党建方式逐渐不能满足多元的城市治理需求。由此，党建工作的重点开始向街道、社区转移。然而，在社会自主性和社会力量不断生成和壮大的背景下，部分基层党组织陷入了"边缘化"处境，执政党整合社会的能力下降。党的十八大以来，以习近平同志为核心的党中央紧紧围绕"治党兴国"的战略理念，把加强基层党的建设、巩固党的执政基础作为贯穿社会治理和基层建设的主线。社区党建也顺应时代变革，回应整合社会和管党治党需求，不断改善党的执政方式。在实践中党组织不断向社区内的网格、小区、楼栋等延伸，党全面领导社区治理的纵向组织架构逐步建立起来，基本实现有形覆盖。为什么要将党在居民区的基层组织向纵向延伸？如何实现党全面领导社区治理的有形覆盖？党组织要通过社区纵向组织实现何种目标？组织的有形覆盖不等于有效覆盖，从有形覆盖到有效覆盖面临哪些困难？未来中国基层治理中执政党基层组织建设如何有效并长效？

（一）"纵向到底"的宏观环境视角

近年来，党和政府有关文件多次提出要"推动治理重心下移"，治理重心下移是推进国家治理体系和治理能力现代化的重要方向，也是社区治理纵向结构调适的宏观背景。学者围绕这一主题开展了系统深入的研究，并取得了丰硕成果。整体来看，学界对治理重心下移的

[①] 包心鉴：《创新基层党建 打牢执政根基——〈新时代基层党建创新形态研究丛书〉评介》，《当代世界社会主义问题》2021年第3期。

研究归纳为两大路径：一是治理重心下移与治理效能的关系。有研究发现"治理重心下移"通过治理结构调适促进了"治理效能"。① 与治理重心下移相关联的是基层治理单元重构，有学者从历史梳理中发现行政化与社会性的平衡是古今均要应对的相近问题，并提出"党建+单元矩阵"模式能够发挥"引领性"和"实践性"作用。② 治理单元涉及治理规模与治理有效性问题，适度规模能够促进行政能力与共治能力的再生产，从而提升治理效能。③

二是治理重心下移与党建引领的内在逻辑。一方面，既有研究强调治理重心下移与党全面领导社区治理有着密切关联，基层党建引领社区治理是实现制度优势向治理效能转化的重要路径。基层党组织是我们党在社会基层组织中的战斗堡垒，治理重心下移离不开基层党组织的作用。社会治理重心下移到哪里，党的基层组织就应建设到哪里。治理重心下移与社区党建有着耦合与互促关系，社会治理重心下移驱动村级党建面向乡村社会，进行社会构建，引领集体行动；村级党建则支撑社会治理重心寓于农村基层，再造乡土自治性，重塑治理格局。④ 另一方面，党建引领社区治理的实现机制是理论和实践关注的重点，"强组织的低成本撬动"机制的内容之一是党建引领进入小区，缩小基层群众自治的单元，降低群众自治的规模成本。⑤ 从具体实践看，各地纷纷探索党组织下沉的多种形式，如深圳罗湖区小区党建、上海"巷邻坊"党建服务点等。这些党全面领导社区治理的纵向组织创新获得了学者们的广泛认可，如吴晓林认为，社区党建发挥了"主体补位"和"社会建构"的功能，投射了党"二次构建社会"

---

① 刘凤、傅利平、孙兆辉：《重心下移如何提升治理效能？——基于城市基层治理结构调适的多案例研究》，《公共管理学报》2019年第4期。

② 梁敏玲：《治理单元重构视角下城市基层治理的困境与进路——基于历史脉络的思考》，《中国行政管理》2022年第2期。

③ 熊竞、陈亮：《城市大型社区的治理单元再造与治理能力再生产研究：以上海市HT镇基本管理单元实践为例》，《中国行政管理》2019年第9期。

④ 许晓、季乃礼：《村级党建、治理重心下移与乡村振兴——基于Y村党员"包片联户"制度的田野调查》，《西南民族大学学报》（人文社会科学版）2021年第3期。

⑤ 吴晓林、谢伊云：《强组织的低成本撬动：党建引领城市基层群众自治制度效能转化的机制》，《广西师范大学学报》（哲学社会科学版）2021年第1期。

的意志①；韩冬雪、胡晓迪超越基于西方经验的国家与社会关系，从党、国家与社会关系理论出发，剖析小区党支部的运作机理和治理效能。②

（二）"纵向到底"的中观结构视角

社区治理体系的完善是社区治理的关键问题，而治理结构则是社区治理体系的核心。社区治理结构是指社区内不同治理主体依靠资源，开展互动、相互作用的权力模式。③ 具体有两层含义：一是构成整体结构的组成部分，即社区治理的参与主体；二是治理主体间的组合方式，即相应的制度与机制。

从整体层面上，现有研究主要聚焦于国家与社会关系变迁背景下社区治理结构重构。以市场化为取向的经济体制改革引发了社会整体结构的变迁，城市社区建设要基于合作的新型政府与社会关系，重构社区治理结构以替代传统的单位制和居委会制。城市社区治理网络有两大发展趋势：一是向上扩展，换句话说是政府通过各种渠道和形式进入社区；二是向外扩展，即多主体参与形成多中心治理秩序。

城市社区初步形成了以社区党组织为核心，社区居委会、业主委员会、物业公司、社区民间组织等"多元主体"共同参与的"一核多元"社区治理结构。④ 各个参与主体在对治理资源进行选择的基础上，在权力、权利、利益和责任等方面建构起一系列多样的关系。如社区党组织全面领导社区治理，社区党组织书记和居委会主任"一肩挑"；社区居委会既是基层群众性自治组织，也是政府联系群众的桥梁；社区两委接受街道办事处等上级政府的指导、支持和帮助。社区两委对业委会和物业公司具有指导、监督和建议的权力，业委会和物业公司签订服务购买合同，对物业公司工作进行监督，对全体业主负

---

① 吴晓林：《党如何链接社会：城市社区党建的主体补位与社会建构》，《学术月刊》2020 年第 5 期。

② 韩冬雪、胡晓迪：《社区治理中的小区党组织：运作机理与治理效能——基于党、国家与社会关系的研究》，《行政论坛》2020 年第 3 期。

③ 夏建中：《中国城市社区治理结构研究》，中国人民大学出版社 2011 年版，第 101 页。

④ 张平、隋永强：《一核多元：元治理视域下的中国城市社区治理主体结构》，《江苏行政学院学报》2015 年第 5 期。

责；物业公司向业主收取物业费、提供物业服务，接受业主监督；业主大会有解聘和更换物业公司的权力。社区居民可以自发成立各类志愿组织、兴趣组织等，向社区报备；社区两委向居民提供服务，接受居民监督。

然而，由于社区治理中国家与社会关系的动态发展以及模糊性，各个主体间存在着一定程度的冲突。[1] 冲突的根源有观念性的、制度性的，但本源是利益性的。社区治理多元主体间的利益冲突严重制约了社区治理效能的提高，直接关系到社区治理的成效。[2] 有学者倡导要从合作治理视角重塑社区治理体制，加快形成社区主体共同参与和合作治理的格局。[3]

（三）"纵向到底"的微观单元视角

已有研究关注到社区治理实践中划小治理单元这一新型治理方式，大多是从自治的视角进行分析，赵秀玲最早将其定义为"微自治"[4]，研究认为这一举措通过行政下沉和自治下沉来解决社区以下层级治理单元中存在的各类问题，从而有针对性地满足社区成员的多元化需求。[5] 李华胤发现农村基层建制单元也有自治单元下沉现象，并区分了不同的路径。[6] 有学者还注意到社区治理结构"逆扁平化"层级扩张这一现象，发现很多地方在社区治理单元内设小治理单元，社区治理结构内部增级。研究在总结社区治理情境独特性的基础上，探索了社区治理结构调整的内在逻辑。[7] 对于治理单元划小何以促进治理效能，徐勇从组织

---

[1] 李浩昇：《城市社区治理结构中的主体间冲突及其协调》，《东岳论丛》2011年第12期。
[2] 赵浩华：《利益分析视角下社区治理主体间的冲突及其化解》，《行政论坛》2021年第4期。
[3] 陈家喜：《反思中国城市社区治理结构——基于合作治理的理论视角》，《武汉大学学报》（哲学社会科学版）2015年第1期。
[4] 赵秀玲：《"微自治"与中国基层民主治理》，《政治学研究》2014年第5期。
[5] 刘锐远：《社区"微治理"研究》，博士学位论文，中共中央党校，2021年。
[6] 李华胤：《走向治理有效：农村基层建制单元的重组逻辑及取向——基于当前农村"重组浪潮"的比较分析》，《东南学术》2019年第4期。
[7] 李兆瑞：《社区治理结构"逆扁平化"层级扩张的逻辑研究》，《宁夏社会科学》2021年第3期。

权力的角度分析，村委会行政权与村民自治权的分离是关键。谢正富从集体行动理论出发，认为单元下沉可以获得较小的自治单元、较高的文化认同、较为紧密的利益联结和有选择的激励。① 对于社区治理具体单元的设置，有学者认为，应考虑在不同层级单元中调适政府管理和群众自治对自治单元的矛盾性要求。② 也有一些学者对社区治理层级下移保持冷静思考，如陈明认为，未来中国农村的自治方向不是"单元下沉"而是"单元上移"。③ 汤玉泉和徐勇认为，村民自治不能沉迷小共同体，完全回归到过去的村落小共同体，既不现实也不可能。自治下沉是为了探索有效的自治单元，提升自治效果，而非向传统体制回归。④

既有研究对党全面领导的社区治理结构做了较为丰富的研究，系统地阐明了治理重心下移与党建引领社区治理的内在关联，揭示了治理重心下移带来的治理规模调整对治理效能的促进作用；也有研究较为清晰地从主体关系的角度展现了"一核多元"的社区治理结构；社区治理层级扩张有其积极作用，但同时应认识到层级单元增设现象背后的逻辑。上述研究对于理解社区治理重心下移、社区治理结构调整积累了一些有益的资料，但是这些分析都是从某一特定角度进行的，相对而言较为零散。其实，不论从实践还是从理论入手分析，党全面领导社区治理纵向组织何以下沉需要进一步剖析，笔者拟在既有研究基础上，引入结构性视角，系统分析纵向组织下沉的制度背景、运行机制、实践效度、现实困境以及未来发展路径。

二　从无形到有形：党全面领导社区治理纵向组织下沉的运作与表达

随着计划经济转向市场经济，"社区制"代替"单位制"成为城

---

① 谢正富：《集体行动理论视角下的"微自治"有效性分析》，《云南行政学院学报》2015年第6期。

② 胡平江、刘思：《便于自治：探索村民自治基本单元的组织基础》，《内蒙古大学学报》（哲学社会科学版）2018年第2期。

③ 陈明：《村民自治："单元下沉"抑或"单元上移"》，《探索与争鸣》2014年第12期。

④ 汤玉权、徐勇：《回归自治：村民自治的新发展与新问题》，《社会科学研究》2015年第6期。

市基层社会基本组织形式，社区治理实践中存在基层治理协同难题、自治组织行政化、社区治理体系高成本、社区居民自治程度较低等问题。2017年，党中央提出"社会治理重心向基层下移"。这些举措是适应国家治理转型、实现治理体系和治理能力现代化的有益尝试。

（一）党全面领导社区治理纵向组织下沉的制度背景

1. 问题流：社区趋于"行政化"，内部缺乏组织化力量

随着城市化进程加快，多元社会群体不断向城市涌入，流动人口集聚区、拆迁安置区、村改居社区等人口密度大、人员构成复杂的大社区大单元在治理中暴露出许多问题，如人员底数不清、组织运转不畅通、力量支撑不足、资源统合不够等。这些问题导致社区服务居民的水平受到影响，社区往往被动地在党群服务中心受理居民的上门诉求，即使日常巡楼、下访也受限于工作时间和人员配置无法做到第一时间处置矛盾纠纷。此外，社区资源来源单一，通常是街道按人口面积下放一定金额，用以提供居民所需多样化服务时往往捉襟见肘。这些问题表明社区内部缺少组织化力量，在实际生活中，居民仅仅是在"行政化"社区管理下的松散的产权联结组织，但是产权之下是各自的业主委员会和物业公司提供日常生活服务。而业主委员会和物业公司遵循的是权利逻辑和市场逻辑，社区难以有效动员和组织其参与社区治理。

2. 政治流：夯实党的执政根基，提升基层民主水平

从执政党建设来看，通过基层党组织下沉，加强内部组织建设，解决基层党组织"悬浮化"问题，夯实党的执政根基。党的二十大报告指出，要"加强城市社区党建工作，推进以党建引领基层治理，持续整顿软弱涣散基层党组织，把基层党组织建设成为有效实现党的领导的坚强战斗堡垒"。党建引领基层治理是基层党组织领导党员与群众运用各种具体制度管理基层社会事务的实践，在推进国家治理体系和治理能力现代化、提升基层党建质量与满足人民美好生活需要等方面具有重要的现实意义与时代价值。党在社区的基层组织发挥着吸纳社区精英、动员社区群众、维持社区和谐稳定、为居民提供服务的多维功能。

从社会参与来看，通过社区自治组织下沉，以加强小区楼栋自治为中心，弥补基层共同体的缺失，重塑基层社会的公共理性和公共精

神。社区承担了大量上级下派的行政任务，同时随着经济社会发展，社区这一治理单元不利于群众参与公共事务，一定程度上影响了居民自治效果。调整自治单元可以促进行政和自治剥离，从而强化群众的主体性，提高社区治理效能。

3. 政策流：社会治理重心下移，社区治理单元再造

自2014年习近平总书记参加上海代表团审议时强调社会治理重心必须落到城乡社区，治理重心下移进入了高层决策视野，陆续发布各类文件，进一步细化治理重心下移。党的十九大报告首次将"推动社会治理重心向基层下移"写入党的重要文件。在《中共中央 国务院关于实施乡村振兴战略的意见》中对治理重心下移的内容做了扩展，提到把"资源、服务和管理下放到基层"，随后的《中共中央关于深化党和国家机构改革的决定》中也再次提到这三个下放要素。治理重心下移是关乎基层政权建设的重要内容，有助于夯实国家治理体系和治理能力。社区治理重心下移不仅指在社区场域中治理活动的重心任务和首要目标由高治理层级向低治理层级转变，而且指治理活动性质偏向服务和自治的方向。社会治理重心下移为社区治理单元的设定和划分提供了一扇"政策之窗"，使其得以疏解过载的治理任务，在多重治理逻辑中应对治理有效的战略目标。各地根据地方实情开展各类重心下移治理实践。

表2.1　　　　　　　　　　政策文件表

时间	文件会议名称	重要内容
2014.03	全国两会习近平总书记参加上海代表团审议发言	社会治理的重心必须落到城乡社区，社区服务和管理能力强了，社会治理的基础就实了。
2017.10	《决胜全面建成小康社会夺取新时代中国特色社会主义伟大胜利——在中国共产党第十九次全国代表大会上的报告》	加强社区治理体系建设，推动社会治理重心向基层下移，发挥社会组织作用，实现政府治理和社会调节、居民自治良性互动。
2018.01	《中共中央　国务院关于实施乡村振兴战略的意见》	推动乡村治理重心下移，尽可能把资源、服务、管理下放到基层。
2018.02	《中共中央关于深化党和国家机构改革的决定》	构建简约高效的基层管理体制，实行扁平化和网格化管理，推动治理重心下移，尽可能把资源、服务、管理放到基层。

第二章 从有形到有效：党全面领导社区治理的"纵向到底"组织架构

（二）党全面领导社区治理纵向组织下沉的运行机制

1. 治理单元下移：做强社区内部党组织，自治单元伸向底端

以往城市基层治理层级仅到社区，社区内部管理与服务依靠社区工作人员划分网格包片负责，网格便于管理，具有较为浓厚的科层化管理思维，这与社区异质性情境和参与治理理念相冲突。为破解这些管理负效应，全国各地纷纷在社区内部增设层级，强调小区、院落、楼栋组织的建设。

湖北省H区开展党建引领基层治理深根工程，推动建立街道大工委、社区大党委、小区党支部、楼栋党小组、党员中心户五级纵向组织。成都崇州市崇阳街道建立"六级一联"工作体系，建立健全街道"微网实格"治理大工委、社区总网格大党委、一般网格党支部、微网格党小组、专属网格党支部、党员包干联户的治理体系，切实将党建引领社区治理落实到细枝末节。上述组织均是在社区单元内部扩展纵向层级的创新实践，遵循的是"便于组织、便于活动、便于居民参与"的原则，通过符合居民日常生活习惯的组织设置将社区治理末梢延伸到最末端，体现了治理单元下移的逻辑。

2. 治理主体扩展：内部挖潜新旧精英，外部引入下沉力量

社区治理层级向下延伸带来层级增加的问题，导致社区原有力量不足。全国各地社区治理组织下沉实践一般通过两种方式扩充治理力量，一是内部挖潜，重点吸收社区内的党员、退役军人、退休干部、乡贤等传统精英和物资团购"团长"、邻里互助群"群主"、志愿服务队"队长"等新兴骨干；二是外部引入，壮大挂点联系社区力量，完善党建指导员、主任助理、人大代表、政协委员等进社区机制，推进机关企事业单位党员、居住地党员下沉社区包保小区，引导下沉党员在小区和楼栋任职发挥作用。内部挖潜的社区力量较为熟悉社区情况、热心公益事业、群众基础较好，在政策宣讲、矛盾调解、社情民意收集、互帮互助方面具有独特优势。外部联系的下沉党员、挂职结对干部队伍拥有丰富的专业知识和社会资源，能够为社区治理提供新理念、新资源。例如，武汉南湖街道党工委善于通过各类活动发掘社区能人，创设"了不起的居民"系列活动之寻找"社区能人""社区

善治合伙人",举办文艺创作、比赛汇演等活动,广泛挖掘了基层党建能人、红色物管能人、志愿服务能人、邻里协调能人、社区规划能人等十大类能人共计180位,社区能人库涵盖了各类社区治理草根精英,为社区治理人才储备了"源头活水"。

3. 治理空间重塑：以党领共治为核心,推动治理尺度再造

一方面,街镇受管理权限、机构设置、人员配置等体制的限制,治理重心难以下沉到大型社区,一些街镇社区的人口面积超过常规标准；另一方面,作为自治单元,法理上村居的工作重心应当在社区上,但事实上村居主要是作为街镇的附属机构而存在,其主要精力集中在应对街镇下派的行政事务,对于社区出现的基本公共服务供应不足等问题难以作出有效的回应。为了破解治理空间过大带来的街镇政府"无法直接管"、村居"没有能力管"的现实问题,采用治理尺度再造的方式将人口数量、空间规模划分到一个合理的区间,以此标准在原有的空间上再造新的治理空间,从管理学和组织学的角度看,相当于在"街镇—社区"两层结构上再造新的非行政性治理层级。

武汉汉阳区推动小区党群服务驿站提质扩面,依托红色物业、业委会办公点或其他公共空间新建一批小区党群服务驿站,确保距离社区党群服务中心较远的小区驿站设置全面覆盖,方便群众在家门口办事。长沙市望城区按照科学选址、合理布局原则打造标准化、规范化的家门口雷锋驿站,雷锋驿站是"三级"网格小区党支部的工作站点,为居民提供便民服务和活动空间。

4. 治理手段优化：治理资源任务匹配,分层推进精细治理

社区治理组织下沉不仅仅是增设层级,组织结构背后更重要的是通过治理单元调整构建合适的利益结构、权力结构和规则结构,由此区分服务类型,优化服务配置。全国社区组织下沉实践中增加的治理单元普遍是非行政层级,大致有两种类型：一是党组织,包括党支部、党小组等；二是居民自治组织,包括居民理事会、院落自治议事会等。非行政层级的设置能够较好地实现社区自治与行政事务的分离,使服务归位、服务到位。

层级增设符合目标分解原则,不同的层级对应不同的责任、权力和能力需求,这是管理学中的法则。在社区治理中,不同层级的治理

单元则有不同的治理重点和服务目标。社区层级直接与街道乡镇对接，为社区居民提供政务党务服务；小区楼栋院落层级范围小、人口按照产权聚居、利益关联度高，与居民利益密切相关的志愿服务、矛盾调解等服务能够在社区党委的领导下自主供给。

（三）党全面领导社区治理纵向组织下沉的实践效度

1. 社区内治理结构重塑

社区内成立小区、院落、楼栋小组等实际上缩小了社区治理单元，突破了将社区作为初级治理单元的路径，构建了"社区—小区/院落—楼栋/居民小组"的社区治理结构。有学者将其概括为住宅小区为自治单元、社区为行政单元，行政与自治适度分离的"双层治理结构"。[①] 这一结构重塑了社区内部的权力关系，社区内组织建设丰富和完善了社区治理主体，在治理功能上，小区党支部、楼栋长、院落长、党员中心户的设置能更好地提高社区服务质量，并且可以依托上述主体的在地化优势较低成本地解决上下层级间的信息不对称导致的居民需求和服务供给不匹配的问题。

2. 基层党组织末端覆盖

基层党组织体系更加完备，小区楼栋党支部发挥"元治理"作用。社区党组织下沉到小区楼栋意味着党组织领导和治理方式的调整和创新，使其从社区治理场域的"幕后"步入"台前"，从"身边"走到"跟前"，党组织自身建设转化为党建与社区管理、服务和居民生活的联动与共振。在小区、楼栋党组织、"党群服务中心"、党员信息公开联系制度等的支持下，党组织与社区居民建立起"面对面"的日常联系，党组织与居民之间的时空距离被缩短。正因为直面群众，社区下沉党组织在履行政治—行政—服务职能时，愈加突出服务供给。2022年6月合肥市出台了《关于深化党建引领城市基层治理的若干举措》，明确把"支部建在小区上"，将党组织延伸到小区、楼栋、党员中心户，让群众在家门口就能找到党组织，做到第一时间

[①] 张雪霖：《支部进小区：党建引领社区双层治理体系再造》，《求索》2022年第6期。

服务居民群众，打通服务群众"最后一米"①。由此，党组织链条由社区延伸到小区、楼栋，党的领导实现末端覆盖、尖端发力，越来越多的居民小区从"群龙无首"到"核心引领"，日常管理也由"简单粗放"走向"精耕细作"。

3. 社区治理趋向精细化

社区内部具有差异性和复杂性，体现为社区居民的人口结构、不同群体及其利益诉求的多样性，要求社区治理要及时有效地回应社区居民多样化的社会治理和公共服务需求。分类治理是复杂事务治理的一种科学方法和策略。社区治理纵向组织下沉，丰富了社区治理层级，在社区内部形成的多级治理结构，为社区公共事务分类治理提供了重要的实现路径。太原市小店区紧扣"小区党组织实体化运行"，推动分类处置机制，小区"小事"快速响应，小区"大事"协商共议，小区"难事"提级共解。山东省济宁市选派市县干部组建"民情书记"团队，定期下沉基层，在工作机制上，健全民意诉求收集、分办、督办、回访全闭环机制，对简单问题即时办理、专业问题分类转办、难点问题重点督办。

4. 社区居民获得感提升

社区精细化治理离不开社区资源，在外部资源有限的情况下，内部资源的挖潜在很大程度上影响治理效果。在下沉治理单元中，居民个人利益与公共利益的重叠度提高，维护自身利益的需要使得居民必须关心集体事务。由此居民对小区的认同感和归属感日益提升，并愿意为之投入时间精力和个人资源。居民主体的回归汇聚起有效团结居民、发动居民、引导居民的力量。武汉南湖街道水域天际小区凉亭修缮过程中，小区业委会多次召开业主大会征集民意，居民们根据自己的需要纷纷提出要求，大家的意见经过讨论一一得到采纳，改造费用从小区停车、广告等公共收益中支出，社区居民自觉遵守凉亭文明娱乐规约，并积极维护秩序。正如社区居民所言："改造花的是自己的

---

① 《强基铸魂 擎旗奋进——党的十八大以来合肥市党的建设工作综述》，《合肥日报》2022年10月21日第5版。

钱，当然要维护好。"①

三 从有形到有效：党全面领导社区治理纵向组织下沉的困难与局限

党全面领导的社区治理纵向组织下沉实践在全国范围内如火如荼地开展，是当前社区居民组织体制与社区治理体系的一项探索。在这些实践中，党全面领导社区治理纵向组织的组织架构、制度规范、职责权限有了明确规定，组织和工作在形式上得到全覆盖。但是要想实现党全面领导社区治理纵向组织有效运行，必须认识到体制上、组织上、财政上和人事上仍存在诸多困难和问题。

（一）体制上的障碍

社区治理纵向组织下沉遵循的还是传统科层思维，试图在纵向上构建自治单元。自治单元仍是在体制或准体制内垂直上下移动。从治理体制上存在弊端：一是纵向层级间存在等级感，小区、楼栋、院落、单元等是有上下层级关系的，层级之间容易形成不平等，低层级和高层级的话语权不一致。同一层级较容易自治，不同层级的互动交流受层级影响难以平等开展。二是横向联系缺失，整体性治理格局形成难。同一社区不同小区的居民很难交流，容易造成碎片化并加剧封闭状态。此外，同一社区被分割成多个小区、楼栋，以往日常的社区活动可能被小区、楼栋的治理活动所代替，跨小区、楼栋的横向交流容易被阻隔。三是社区治理组织的"行政化"倾向。我国城乡社区治理中面临的一个重大问题是政府与社区的关系不顺，社区行政化严重，行政挤压了村居自治空间。随着社区治理单元下沉，原有的体制性问题也有可能下沉，在新的治理单元中，行政吸纳自治的现象仍会存在。四是法律法规尚不健全，为提升社区治理水平，实践中往往要求小区党组织统领业委会与物业企业，但是这一举措缺乏法律法规的

---

① 《破旧凉亭焕然一新，为居民提供舒适休闲环境》，武昌文明网（http://wmb.wuchang.gov.cn/root/content/content_ 16529469395268.html），2022年12月21日。

支撑，在实际操作中往往只能依靠组织权威和党支部书记个人的人格魅力，缺乏规范化、法制化的手段。

（二）党建上的问题

一是小区楼栋党组织建立难。全国许多地方在社区党组织基础上建立小区党支部、楼栋党小组，然而有些社区党组织基础薄弱，自管党员数量少、年龄老化、青黄不接；也有的社区虽然党员数量不少，但是大多数党员的组织关系在工作单位，导致小区党员数量更少，甚至没有党员。按照文件规定，小区党支部设置一般要求在册正式党员达3名（含）以上，而对于在册正式党员人数不足3人，或基础工作较薄弱的居民小区，一般是与相邻居民小区联合组建。对于小区党组织建设而言，这一过渡方法只是治标不治本的临时措施。

二是小区楼栋党组织组织力有待提升。组织力是社区基层党组织建设的核心要义。基层党组织组织力分为政治领导、组织动员、服务群众，三者相辅相成，共同影响基层治理成效。其一，小区楼栋党组织的领导核心作用彰显难，一方面由于小区楼栋党组织层级低，能够调动和协调的资源和服务有限，另一方面在业主委员会和服务企业的协同共治中缺乏足够的权威和话语权。其二，小区楼栋党组织的动员组织缺乏抓手，小区党支部书记、楼栋党小组组长是小区、楼栋能否高效运转的关键，但是在现实中，群众威信高、工作能力强的合适人选往往比较少。此外，小区楼栋党组织党员队伍素质水平参差不齐，党员先进性有待提高，在社区矛盾与利益纠纷中难以发挥引领带动作用。其三，小区楼栋党组织在服务群众、凝聚人心方面能力较弱。群众服务的理念与方式落后，只是将灌输政策方针与联系群众等同起来。对于群众的困难与需求掌握不够，即使了解情况也受限于体制与资源不足，从而难以疏解群众困难。

（三）资源上的困难

资源是组织可持续运转和社区有效治理的关键要素。首先，组织运行经费关乎组织的正常存续与功能的有效发挥，社区内党组织基本依靠上级党委提供经费，能够在一定程度上缓解资源与居民服务需求之间的张力。山西省离石区在贯彻抓党建促基层治理能力提升专项行动部署中，靶向聚焦居民小区治理，实现居民小区党支部全覆盖。在区党委领导下，全区683个小区全部成立党支部，组织覆盖率100%，区委对小区党支部书记每人每月发放200元通信补助，并为每个小区党支部拨付10000元工作经费和5000元阵地建设补助，强力推动小区党支部建设。按照这一标准，全区共计需要在小区党支部建设上花费上千万元。但是这一情况在全国并不普遍，大多数小区楼栋党组织缺乏长期可持续的制度性资源下沉。此外，社区自治组织、社会组织、志愿组织等缺乏稳定的资源。

其次，社区有效治理的资源缺乏，包括权威资源和人力资源。权威是权力和政治认同的结合，能够促使客体认同权威主体并在行为上遵从。韦伯将权威分为三种类型，即传统权威、超凡魅力权威和法理权威，三者分别建基于习惯、情感和法律之上。小区楼栋党组织和自治组织的权威基础较为薄弱，在习惯上，社区是居民习以为常的服务供给者，相较于新出现的小区党群服务中心，居民更倾向于前往社区党群服务中心办事。以情感为基础的超凡魅力权威需要小区楼栋干部增加与居民的交流频率，居民在熟悉接纳的情况下才能进一步对小区楼栋层级给予认可与信任。

在人力资源上，首先是小区居民参与社区治理内生动力不足。小区居民参与小区治理普遍存在"搭便车"心理，其治理过程常常陷入集体行动困境，普通居民有效参与程度不高。其次是小区业委会大多被小区内精英占据，在小区治理中与小区居民协商不足，往往成为小区居民与物业企业牟利的工具。最后，小区物业服务企业参与小区治理的内生动力较弱。物业企业遵循市场逻辑，逐利性是其根本属性，社区服务质量提升与成本增加是一致的，企业为了盈利往往压缩成本导致小区服务水平上不去。

四 从有效到长效：党全面领导社区治理纵向组织的未来发展思路

上述困难与问题凸显出党全面领导社区治理纵向组织建设仅实现

了有形覆盖，在有效覆盖方面仍存在诸多困难与挑战。笔者认为未来党全面领导社区治理纵向组织要突破有效覆盖难题，实现长效覆盖，需要做到有效动员、有效服务与有效治理。

（一）有效动员：主体与资源协同共进

"动员"是对人们参与特定活动或工作的一种发动行为，最早产生于军事领域。在现代化进程不断推进的背景下，动员的视角也从统治逻辑向管理逻辑与今天的治理逻辑转变。参与治理的行动者的目标认同、利益和资源是塑造治理能力的基础，动员过程和动员策略则在凝聚认同、激励参与和盘活资源中起着十分重要的作用。[①] 笔者认为党全面领导社区治理纵向组织的有效动员是指围绕社会治理目标，以组织形式对权力、资源和参与治理的（潜在）多元主体进行发动和再组合并构造出一种协同体系的行动。有效动员是将形式覆盖转化为有效覆盖的重要中间机制，能够激发治理主体积极参与，缓解人力资源匮乏状况。

组织要通过多种方式激发潜在治理主体参与动机，促使他们进入治理过程。参与可以按照参与者态度分为主动参与与被动参与，按照参与程度分为深度参与和浅层参与，由此构建出四种参与类型，主动深度参与往往意味着参与者能够将时间、精力、情感甚至个人资源投入社区治理中，进而意味着良好的治理效果。具有内生动力的主动参与才能持久，因此参与动员要争取治理主体主动深入地参与到社区事务中。

第一，社区治理应该减少治理主体参与社区治理的障碍，遇到的障碍越大，治理主体越有可能不会参与社区治理。如社区召开活动时考虑到治理主体的时间，让居民牺牲上班时间来社区参与活动是不大可行的。另外，考虑到参与主体的年龄、工作、知识水平等情况，应该积极利用信息技术，拓展多种参与途径。

第二，降低社区治理参与的机会成本，提升治理主体的收益。如

[①] 符平、卢飞：《制度优势与治理效能：脱贫攻坚的组织动员》，《社会学研究》2021年第3期。

果居民认为自己参与社区治理可能获得的收益微乎其微,那么其参与的可能性就比较小。因此社区应提升居民参与社区治理的满足感,包括过程性的直接满足,如社区成员履行公民自治义务的意识、同邻里社交的乐趣、同领导干部来往或接触内部信息所产生的自尊心的提高;也包括结果性的助益,这方面可以以小区为单位对小区内资产进行清理确权,搭建资产经营平台,以经济利益驱动业主参与,由此参与社区治理不仅可以收获个人或家庭的状况改善,而且也能得到楼栋、小区或社区的环境、治安等集体收益。

第三,增强社区治理主体的主体意识。居民参与意愿不强,可能是因为认为自己的所作所为无足轻重,因此社区干部平时要多倾听居民意见,做到事事有回音、件件抓落实,从居民身边小事入手,积累起居民对社区的信任,由此带动更多居民参与社区公共事务治理活动。

(二) 有效服务:理念与内容与时俱进

小区楼栋党组织的服务功能既是基层党组织自身属性和宗旨的内在要求,也是基层党组织加强自身与社会互动的现实需要。有效服务是指党全面领导的社区治理组织要在服务有效性的基础上,丰富服务内容和服务种类。

首先要更新服务理念,建构完善的服务体系。社区党组织要明确边界,强化组织影响力,建立主体多元、内容丰富的社区服务体系。社区党组织要明确自身职责边界,在服务主体多元化背景下适度而为和量力而行,避免陷入党组织"统管"的低效服务供给。社区主体的多样性决定了社区服务无法由任何单一组织供给,随着市场力量、社会力量以及居民自身力量在社区治理中发挥越来越大的作用,社区党组织要及时调整服务理念,准确认识自身在社区服务格局中的地位,做好该做的,与其他主体共同提供公共服务,切勿贪多求全。社区党组织要强化主导作用,增强组织力,发挥领导核心作用来规范和引导社区其他公共服务供给主体,扮演好"裁判员"和"监督者"角色,保证服务的质量和有序性。社区党组织要注意培育多种类型的服务组织,填补服务对象或服务内容的空白,增强社区公共服务的层级性。

其次要动态调整服务内容，增强服务活动渗透性。优化推进党委政务服务办理下沉，改进基本民生服务和兜底服务流程，加大力度关爱特殊困难群体。深化志愿服务，提升志愿服务的专业性，挖掘社区能人建立服务队伍，着力打造"平时服务、急时应急、战时应战"的志愿服务队伍体系，推进志愿服务常态化、规范化、专业化。持续推进"红色物业"服务高质量持续发展，加强物业企业党组织建设，以党组织稳固物业队伍。持续推进物业服务由"低水平、保基本"向"高质量、可持续"转变，改善居民居住环境。做强家门口民事调解服务。吸纳整合小区党员、楼栋长、热心居民等力量，推动矛盾纠纷妥善化解，实现"小事不出小区"。

（三）有效治理：体系与能力双向耦合

有效治理是推进社区治理现代化的重要目标，社区治理体系和治理能力建设有助于治理有效。

完善体制，理顺关系。只有在结构与制度相耦合的状态下，才能实现基层治理效能。首先，制定明确清晰的规制性制度，社区治理纵向组织之间的关系需要制度规范，赋予小区楼栋组织民生事务代办权、"吹哨"会商权、资源调度权、现场处置权等，并推动小区楼栋与社区数据共享。由此减少层级带来的不平等现象，与此同时提升矛盾纠纷处置效率。加强监督指导，防止社区行政事务过度下放小区楼栋，建立以服务水平、治理效能为内容的考核奖惩机制。其次，通过规范性要素加强社区内小区、楼栋常态化互动，以集体活动、公共事务为纽带，建立起社区共商机制。最后，通过文化宣传手段，推动集体意识生成，凸显友邻睦里的文化氛围。培养参与社区治理的模范，引领社区范围内形成以服务居民、多元共治为荣的风气。

提升治理能力。治理能力是推动社区治理有效的关键要素，从过程视角将社区治理定位为闭环的能量循环：要求的输入—对协同压力的反应—作为协同结果的产出。共建共治共享的社会治理格局要求多元主体参与到社区治理过程中，因此治理能力中最重要的是协同治理能力。面对不同治理主体提出的异质化要求，首先，应从价值角度培养治理主体的认同感，这种认同是对协同治理方式的认可，主体之间互相理解信任，坚信协同治理是解决问题的最佳选择，这一信念有助于将协同治理持续下去。其次，要重视共识的培养，包括社区建设的共同目标、愿景的描画、文化的塑造等，一方面能够激发社区治理主体责任意识，另一方面也会在无形中建立一种内在规范。最后，协同产出能够缓解协同压力，激发治理主体的参与动力。因此，在社区协同治理中需要形成一些阶段性成果或基本共识，以此为基础推动新一轮协同并实现最终目标。

第三章

从职域到全域：党全面领导社区治理的"横向到边"组织模式

中国共产党基层组织建设的基本经验，是将党的组织建立贯彻到其他一切经济和社会组织细胞中去。这一建党原则在革命、建设、改革等历史时期始终作为党在城市工作中一以贯之的组织原则。随着改革开放以来流动社会的出现，城市基层党建开始从单一的职域党建走向以单位为基础，同时注重以社区、楼宇、园区等为单元共同推进的新阶段。[①] 区域党建开始成为城市基层党建中的新现象、新趋势和新重点。区域化党建是指不同单位、不同类型党组织进行党建联建、互联互通、共建共享的具体工作机制。1997年上海市委《关于加强和改进社区党的建设工作的若干意见》第一次提出"社区党建"概念时，就明确指出"社区党建工作是以街道党工委和居民区党支部为主体，由街道辖区内各机关、企业、事业单位基层党组织共同参与的区域性党建工作，是街道党建工作的延伸与拓展"。社区党建最初就是"街道—社区"党建，具有区域性特征。对城市党建工作体系的探索、社区融合中党建实践工作的发展以及城市党建对"全域党建"布局的考虑，使得城市党建必须从社区党建上升到整体的"城市基层党建"。所谓城市基层党建，就是以街道社区党组织为核心，有机联结单位、行业及各领域党组织，实现组织共建、资源共享、机制链接、功能优化的系统建设和整体建设。与街道社区党建相比，城市基

---

① 李威利：《从职域到区域：中共百年城市基层组织建设的转型发展》，《党政研究》2021年第2期。

第三章 从职域到全域：党全面领导社区治理的"横向到边"组织模式　49

层党建的内涵和外延，都有极大丰富和拓展，更加注重全面统筹，更加注重系统推进，更加注重开放融合，更加注重整体效应。而区域化党建就是城市基层党建发挥联动机制的显著成果。

一　问题的提出

单位制党建是新中国成立后中国共产党为了谋求社会整合和推进现代化，与此同时确立和巩固党对国家的全面领导核心地位，延续了革命战争年代"支部建在连上"的党建原则，依托"单位社会"的特殊社会结构形态而构建起来的。[①] "单位社会"时期实行计划经济体制，除了蜂窝状的单位外，没有社会或其他组织形态存在，居委会仅作为补充力量负责少量单位外成员。因此，这一时期的党建基本特征是纵向整合的同时实现横向整合。改革开放后，伴随着多元化资源分配机制的出现和资源获得可替代性的发展，中国社会发生了结构性的变迁，形态固化、主体单一、纵向垂直、相对封闭的"单位社会"逐渐向形态流动、主体多元、横向扁平、相对开放的"后单位社会"转变。社会结构的深刻改变，日益解构了单位制党建所契合的社会基础，导致了单位制党建在新的时代背景下的不适应，出现了党的基层组织横向整合不足的困境。为应对上述问题，基于社会形态的深刻变迁，区域化党建作为中国共产党在长期执政建设的实践过程中产生的一种新模式应运而生，具体而言是按照区域统筹、资源整合的理念，在一定的区域范围内统筹设置基层党组织、统一管理党员队伍、通盘使用党建阵地，形成以街道党工委为核心、社区党组织为基础、其他基层党组织为结点的网络化体系。[②] 2004 年起，上海、宁波等率先采取了区域化党建的新举措，在全国引起广泛的关注。

管理是单一主体，治理是多元主体，区域化党建就是通过一个

[①] 唐文玉：《从单位制党建到区域化党建——区域化党建的生成逻辑与理论内涵》，《浙江社会科学》2014 年第 4 期。

[②] 张云翔：《区域化党建的治理价值》，《党政论坛》2017 年第 12 期。

机制使多元主体实现共治,街道党工委在其中发挥领导核心作用。中国的社会治理是党组织领导下的社会治理,基层党组织是天然的共治的主导力量,通过创新机制,把多元主体整合起来,通过协商民主的办法形成契约,大家共同遵守、共同治理、共建共享,最后达到社会治理精细化。基于此,笔者提出以下研究问题:区域化党建何以推进基层善治?尤其是区域化党建如何通过有效管理推进协同共治?下文将在回顾文献的基础上建立分析框架,以全国各地区域化党建实践,深描区域化党建对社区治理的形塑机制,揭示深层组织逻辑。

二 文献回顾与分析框架

(一)区域化党建研究的文献梳理

区域化党建是基层党建引领基层社会治理的有益尝试。以区域化党建创新基层党组织建设,把区域内的各类企事业单位、社会团体和党员组织起来,从而推动基层党组织建设与社会治理相互促进。

第一,治理视域下的区域化党建的生成逻辑。治理视角认为,区域化党建之所以受到重视并在实践中广泛推开,是因为其内在逻辑与治理相契合。学界已经充分认识到党建与治理之间的紧密关系,"对党建的战略把握不能仅仅停留于对党建的重视本身,其关键在于能够将党的建设与国家、社会建设发展的战略需求紧密结合"[①]。现有研究认为,作为基层党组织创新实践的区域化党建与社会治理同样具有耦合关系。区域化党建的区域性、统筹性、开放性与社会治理区域性、多元理念、多元主体广泛参与有机统一,城市基层党建从以往依赖行政手段包揽一切,转向依赖协调和服务来整合社会和服务社会。区域化党建与社会治理所遵循的互动、协商、同意的原则相通相近。[②] 正是由于这种深度契合,区域化党建成为

---

① 韩福国:《开放式党建:协商民主与群众路线的融合》,上海人民出版社2013年版,第1页。
② 万雪芬:《社会治理下的区域化党的建设思考——基于浙江的实践》,《理论探索》2013年第3期。

构建社区党建与社区党建复合体系的关键策略。① 此外，有研究从转型社会背景下单位社区再组织化的角度阐述，区域化党建通过解决基层社会治理中的成员动员、统筹协调和资源整合等问题，推动我国基层社会治理。②

第二，整合视角下的区域化党建的功能逻辑。与单位制党建的"机械团结"相比，区域化党建对社会的整合是一种"有机整合"模式。③ 有学者认为城市基层区域化党建是基层党建生态环境转换背景下的重要制度创新，扮演着重要的"整合中心"角色，承担着政党内部整合、社会整合、行政整合和网络空间整合的功能。具体而言，通过整合区域基层党建资源④，区域化党组织能够有效重组基层社会治理资源，在组织整合、权力整合和制度整合等方面为基层社会治理赋予能量。⑤

第三，空间视角下的区域化党建的运作逻辑。区域化党建是空间意识推动下的党建规划⑥，从空间实践来看，其与传统基层党建工作的实践逻辑的区别在于：地理空间的边界突破与立体连通、资源空间的深入挖掘与有力整合、关系空间的合作互动与良性优化、权力空间的结构创新与下沉稳定。⑦ 党组织以各类地域空间为依托进行党建工作，从而在单位体制弱化、人员流动性加强的背景下，能够凭借党的组织网络和政治权力，将资源和人员相对地"固定"在各类地域单

---

① 李浩、原珂：《新时代社区党建创新：社区党建与社区治理复合体》，《科学社会主义》2019年第3期。
② 王杨：《单位社区再组织化的网络建构逻辑——对北京市海淀区学院路街道的案例研究》，《北京行政学院学报》2021年第2期。
③ 唐文玉：《区域化党建与执政党对社会的有机整合》，《中共中央党校学报》2012年第1期。
④ 杨妍、王江伟：《基层党建引领城市社区治理：现实困境、实践创新与可行路径》，《理论视野》2019年第4期。
⑤ 孔凡义、阮和伟：《动员、嵌入和整合：党组织引领基层社会治理的三种机制》，《学习与实践》2022年第2期。
⑥ 王磊：《从空间整合到服务供给：区域化党建推动城市基层治理体制创新》，《中共天津市委党校学报》2020年第6期。
⑦ 尹文、高晓林：《空间视角下城市区域化党建的实践逻辑》，《上海党史与党建》2021年第6期。

元中，并以党组织为核心，加强了新城市空间中不同企业、行业和部门之间的横向联系，并塑造和强化新城市空间中的某种共同身份认同和利益诉求。① 区域化党建力图打破空间行政层级体系的科层化的党组织管理方式，将区域内的各种机关、社区、"两新"组织吸纳进当地党委的统一部署之下，开展党建活动，以此解决城市空间的复合性和流动性对基层党建造成的问题。②

综上所述，三种视角从不同理论进路阐释了区域化党建的治理特质、整合功能与空间逻辑，为理解区域化党建与基层治理奠定了坚实的理论基础。同时，现有研究仍有不足。首先，治理视角强调区域化党建的内在特质对社会治理的促进作用，但仅仅停留在理念、原则等抽象概念上，无法从学理上回答区域化党建何以促进善治的问题；其次，整合视角准确地捕捉到区域化党建承担的整合功能，包括主体和资源类型两种角度的分析，在一定程度上有助于解释上述问题，但是对于区域化党建整合功能背后的结构性因素未有深入研究；再次，空间视角提示我们不能忽略区域化党建的地域性特征，同样对空间互动何以可能的环境要素缺乏深挖。

基于此，笔者引入组织间网络视角，弥补当前分析缺陷，建构网络管理分析框架，揭示区域化党建如何进行结构重组与环境塑造，进而促进政党凝聚力与治理绩效的提升。

（三）区域化党建的组织网络视角

20世纪70年代末开始，随着全球范围内市场化、城市化和信息化进程的逐渐加快，人类社会进入前所未有的复杂时代。解决复杂问题是各国必须面对的新的时代课题。相比较前工业时代线性、静态和清晰的社会问题，复杂问题更加具备关联性、模糊性和跨部门特征。20世纪90年代以来，作为继科层制、市场制之后的第三种模式，网络和网络治理逐渐成为中心议题，并为复杂治理提供了新的理论方案。网络治理

---

① 张汉：《地域导向的党组织建构与中国新城市空间的治理——对宁波天一广场的个案研究》，《人文地理》2012年第2期。
② 成为杰：《从空间意识到党建规划：党的建设的空间政治视角解析》，《中共福建省委党校学报》2016年第6期。

是指多元的、具有行动能力的组织，通过相互协作实现那些既不能由单个组织完成，也难以通过市场制或科层制实现的目标。由于组织间网络的独特优势，网络治理日益被广泛应用于实践中，笔者认为区域化党建是以所在基层区域内建立不同组织间联合的治理网络为主要路径的，因此，一个包括街道、社区、辖区企事业单位、社会组织等各类组织在内的治理网络有效运转是区域化党建的关键议题。

网络作为一个重要的跨组织治理形式，已经得到学者和实践者的广泛认可。在公共部门和私人部门治理中，网络协调具有巨大优势，包括促进学习、资源高效利用、增强规划和解决复杂问题的能力、提高竞争力和服务质量。[①] 组织间网络有别于层级和市场两种传统的组织方式。首先，网络不同于传统的层级制。层级制以权威为基础，通过命令和服从来协调行为。而网络中的组织是独立自主的，没有正式的权威关系。其次，网络与市场也不一样。市场以契约关系为基础，通过价格机制影响彼此行动，行动者有高度自主性。网络中的组织行为不是完全个体化的，而是以共同价值为基础，通过协商一致进行合作。因此，网络不是组织间建立在契约关系上的交易活动，而是组织间基于社会资本的合作行为。

网络描述了组织间的一种制度安排，以解决单个组织所不能解决或解决不好的问题。它意味着在多组织的关系中，基于互惠互利的价值，跨越单个组织的边界共同合作，以实现共同目标。区域化党建即是为了解决区域范围内单个组织难以解决的社会治理问题而形成的，借由多组织合作，实现区域善治目标。

表3.1　　　　　　　　层级、市场、网络的比较

核心特征	层级	市场	网络
基本规范	雇佣关系	契约和产权	优势互补
沟通媒介	规则	价格	关系

[①] Keith G. Provan and Patrick Kenis, "Modes of Network Governance: Structure, Management, and Effectiveness", *Journal of Public Administration Research and Theory*, Vol. 64, No. 2, 2008, pp. 229–252.

续表

核心特征	层级	市场	网络
冲突解决方式	行政命令	契约履行	互惠互利
灵活性	低	高	中
参与者的承诺度	中到高	低	中到高
文化	正式的、官僚的	精准的、猜疑的	开放的、互利的
行动者的偏好或选择	从属	独立	相互依存

资料来源：Walter W. Powell, "Neither Market nor Hierarchy: Network Forms of Organization", *Research in Organizational Behavior*, Vol. 12, 1990, p. 300. 转引自田凯《组织理论：公共的视角》，北京大学出版社2020年版，第40页。

克里金等人发现，如何管理网络比如何建构网络更为重要，对网络的最终效用也有更大影响。[①] 对网络进行有效管理可以为网络活动的开展创造有利条件，有助于网络目标的实现。阿格拉诺夫和麦奎尔认为网络管理主要包括以下四项基本活动：激活、建构、动员和综合。[②] 米尔沃德和普罗文则提出网络管理的五项主要任务是责任的管理、合法性的管理、冲突的管理、设计的管理和承诺的管理。笔者根据区域化党建网络的特点将上述两者进行综合得出新的研究框架。

第一，建构，即搭建起网络的基本架构。建立和维护网络结构，促进网络中组织就网络的基本架构达成共识，包括网络的结构、行动规则、目标和文化等。这一部分的核心是对合法性进行管理，合法性关乎网络的存在、稳定和发展。网络的内在合法性体现为网络内组织对于网络价值的判断，而外在合法性则描述了其他利益相关者对于网络价值的判断。

第二，动员，即鼓励网络中组织对网络的持续参与和支持。网络建构起来后需要创造激励，使网络中的组织不断认可网络的价值，并保持对网络活动的参与和投入。这一部分的核心是责任和承诺的管

[①] Erik-Hans Klijn et al., "Trust in Governance Networks: Its Impacts on Outcomes", *Administration & Society*, Vol. 42, No. 2, 2010, pp. 193 – 221.

[②] Robert Agranoff, Michael McGuire, "Big Questions in Public Network Management Research", *Journal of Public Administration Research and Theory*, Vol. 11, No. 3, 2001, pp. 295 – 326.

理，建立组织对网络目标的承诺并确定相应结果的负责人，不仅能够监督组织对网络活动的参与，还可以避免"搭便车"现象。确保组织因参与网络活动而获得外部肯定和内部自身绩效的改善，由此激励和强化组织对网络目标的遵守。

第三，综合，即促进网络中组织间的良性互动。网络管理者为组织间的互动创造良好的环境，并致力于加强组织间的联系和信任关系的建立与维护。良性互动的关键是冲突的管理，从根本上解决冲突的方式是确保决策反映网络整体的目标，而非单个组织的利益。预防和化解冲突的有效方式是建立常态化的协调沟通机制和冲突解决机制。

第四，激活，即发现有助于网络目标实现的相关组织，并将其纳入网络中。激活贯穿于网络管理的全过程。网络管理者应该分析现有网络的不足，并发现可以弥补这些不足的潜在对象。这些组织往往拥有现有网络所缺乏的资源（如知识、信息、资金、经验、合法权威等）。网络管理者不断激活潜在协作对象，对网络活动的开展是有益的。

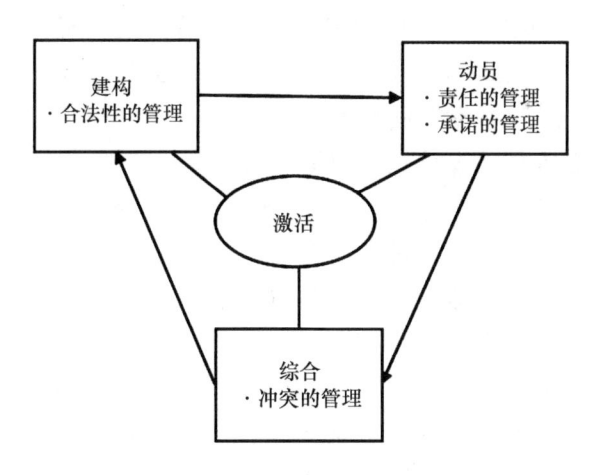

图 3.1　区域化党建网络管理分析框架

三　从职域到区域：作为横向组织模式的区域化党建实践

一直以来，党的基层组织建设的最大特征是"职域党建"，即按照职域、区域将社会整体分为不同领域，逐步推进党建工作的覆盖和拓展。在新的历史条件下，随着"党领导一切"原则的确立，城市中党的基层组织进一步推广到城市工作的全部领域，强调建设整体性的党建格局。区域化党建就是整体性党建格局在城市基层的生动实践。

（一）搭建共建平台

党的十九届四中全会提出："建设人人有责、人人尽责、人人享有的社会治理共同体。"社区治理共同体是社会治理共同体的基础单元，社区治理共同体建设的制度化程度直接关乎社会治理现代化的制度化水平和总体质量。[①] 区域化党建是指在一定地域范围内，地方党组织领导并整合驻区单位、居民区和辖区范围内各种组织，使之形成一个区域共建共治共享同盟。这体现了地方党委党建工作从"纵向管理"转向"横向协同"，从"条块分割"转向"条块融合，以块为主"。将一定地域内不同类型组织资源整合在一起，实现党的领导对社会各领域的"全覆盖"和社会治理效能的提升。这一目标的实现首先需要依托主体联动平台的搭建。

在南京市鼓楼区委统一领导下，区、街、社建立三级联动体系，构建"党建引领、共驻共建"的区域化党建格局。区、街、社分别建立"党建联席会和社区建设发展委员会"，把隶属于不同系统、掌握不同资源、彼此联系松散的驻区（省、市）机关、部队和企事业单位，联结为紧密型党建共同体，发挥区委"统揽全局、协调各方"的作用。街道建立"大工委"，在组织任命专职委员的基础上，聘请驻区单位党组织负责人担任兼职委员，强化街道党工委统筹协调功能，有效引领带动、联结各类组织，实现大事共议、实事共办、要事共决、急事共商，发挥街道"资源统筹、条块整合"作用。完善社区"大党委"，聘请驻区单位组织负责人、社区党员民警、业主委员会党员代表等担任社区党组织兼职委员，动员引导社会力量参与社区

---

① 曹海军、鲍操：《社区治理共同体建设——新时代社区治理制度化的理论逻辑与实现路径》，《理论探讨》2020 年第 1 期。

第三章 从职域到全域：党全面领导社区治理的"横向到边"组织模式 57

建设，共同解决社区建设难题，发挥社区"上下沟通、左右联动"的独特作用。

（二）健全共治机制

主体联动平台的搭建有助于辖区内各类组织在党组织的统一领导下整合资源、协同共治，对于提升党的领导能力、巩固党的执政基础发挥了重要作用。但是党建联盟组织的建立并不必然导向集体行动。制度体系是区域化党建有效运行的关键，配套机制对相关主体的行为能够起到规范和激励作用，从而促进区域化党建的有效运转。

街道"大工委"社区"大党委"工作机制。为构建"区域统筹、资源整合、优势互补、共建共享"的区域化党建新格局，广东清远市清城区把推行街道"大工委"社区"大党委"作为街道和社区党组织在区域内发挥各项事务领导统筹协调作用的重要抓手。清城区制定出台了《清城区关于推行街道"大工委"和社区"大党委"工作机制的实施方案（试行）》的通知，明确工作目标和范围、委员设置原则和职责任务、运行机制和工作要求，全面实行"挂图作战"，分阶段制定推行计划，科学分解工作任务，形成上下贯通、一抓到底的工作机制。

联席会议制度。基层党组织是党在社会基层组织中的战斗堡垒，加强基层党建工作事关党在人民群众心中的形象。然而，在基层党建领域中，因组织隶属关系不同，存在资源配置不平衡、分布不均等问题。成都华阳街道制定片区党工委联席会议制度，明确成员由辖区内机关、社区、学校、"两新"组织等单位党组织组成，职责主要包括对辖区党建和社区发展治理中的重大事项、共性问题进行协商讨论，协调驻区成员单位及党员参与社区发展治理工作，解决广大居民反应强烈的热点难点问题。制度中还规定了沟通协商机制，包括定期会晤机制和日常联系机制，以确保成员单位之间的信息互通和共同协商的制度化。

清单项目制。资源、需求、项目清单是区域化党建的有力抓手，清单制使区域化党建目标得以清晰有效落地。东营市东营区广泛发动社区工作者征询社区居民、驻区单位、非公和社会组织、商户等意见建议后，列出包括党建活动、专业技术培训、场地开放、群众团队建设、交通出行等五大类625个需求。社区党群服务中心以及辖区各单位根据自身情况提供场地、人才、资金、活动等423项服务及资源。社区党组织将需求和资源进行有效对接，按照项目化运作的方式，提出服务单位、服务居民的213个项目。社区党组织主动为辖区各类单位、组织和党员搭建平台、提供服务；辖区各类单位、组织和党员也主动参与社区公益性、社会性和群众性工作，为社区提供服务，在清单中建立起组织对网络目标的承诺，并且由此确定了项目责任人，以结果督促组织参与网络活动。

（三）共享治理成果

以区域化推进大融合，在开放中推动各领域党组织共驻共建、互联互动。从组织间网络视角出发，网络的绩效是指组织通过网络结构取得了任何单个组织所无法实现的积极效果。区域化党建的绩效是实现了资源开放共享，解决了原有难题，延续了组织间协作机制。

共享区域资源。街道社区和驻区单位相互开放、统筹使用党建、教育等场所、活动设施。南京市鼓楼区开放辖区内渡江胜利纪念馆、颐和路社区将军馆等23个党组织活动阵地，为区域内各级各类党组织和党员提供多样化、开放式的学习教育平台；江苏省军区等多家驻区单位主动拿出自有场地，无偿提供给社区使用。除了阵地空间资源外，区域化党建还通过党员共管促进区域人才队伍共享。省、市、区各级共有977个党组织、2.1万名党员到社区报到，建立党员在社区服务管理清单，发挥在职党员资源优势和自身特长，认领"微心愿"，提供"微服务"。

共解区域难题。随着经济社会发展，社区利益和需求趋于多元化，面临老人看病难、白领吃饭难等民生问题。许多问题光靠政府一家难以解决，只有在区域化党建的平台上，通过专业化力量才能找到解决之策。比如，上海市静安区卫生资源丰富，集中了华东医院、华山医院、儿童医院、一妇婴等多家三级甲等综合性医院和专科医院。为了充分发挥区域卫生资源充足的优势，加强三级、二级、一级医院的联系，区卫生计生党工委在2014年组织32家成员单位推出11项服务项目，举办"三二一健康行动大型义诊"系列活动，服务居民1万余人次。受疫情影响，上海市潍坊新村街道的大型餐饮企业和星级酒店亟须拓宽销售途径，而商务楼宇员工的基本工作生活需要必须得到保障。潍坊市场监督管理所主动联合潍坊新村街道，利用区域化党建平台打通了企业与市场间的信息不对称，帮助餐饮企业和楼宇对接，有效解决白领吃饭难题，也提升了辖区餐饮企业品牌影响力。

延续协作机制。从2015年到2021年，上海市"心联鑫"金山区域化党建漕泾镇联席会从71家结对单位扩展到135家。漕泾镇区域化党建"朋友圈"不断扩大，功能不断强化，逐渐实现了组织联建、资源联用、服务联动，区域化党建工作迸发出新的活力。

四　互动式协同：区域化党建的网络管理逻辑

区域化党建是党根据社会变迁实际，对条块之间、体制内外的党建资源进行横向再组织化的一项重大工程，旨在构建"大党建"格局，提高党建整体效应，以实现党建科学化和现代化。区域化党建在全国范围内得到普遍实践，但是其内在的成功经验亟须从学理上进行提炼总结。笔者认为，这一隐含的逻辑可以借助组织间网络管理理论进行解释。

（一）建构阶段的合法性管理

合法性是指根据社会所建构的规范、价值、信仰和定义系统，组织性实体的行为被认为是可取的、适当的。[1] 网络的基本架构的存续主要取决于其合法性受网络内外组织认可的程度。网络架构搭建过程中合法性管理在两个层面展开，一是网络层面的管理，一方面建立和维护网络价值、网络结构、网络参与的合法性，另一方面吸引正面的宣传、资源、新的组织成员等。二是对网络中组织的管理，一方面强

---

[1] Mark C. Suchman, "Managing Legitimacy: Strategic and Institutional Approaches", *The Academy of Mana-gement Review*, Vol. 20, No. 3, 1995, pp. 571–610.

化自身组织的合法性，另一方面向其他组织展示参与网络活动的价值。从区域化党建来分析，在网络层面上，区、街、社分别建立"党建联席会和社区建设发展委员会"这一网络结构，并通过正式程序聘请辖区联盟成员单位成为街道"大工委"和社区"大党委"的兼职委员，网络中组织获得正式身份参与区域内发展和治理事务，在解决网络参与的合法性问题的同时以整体性凝聚网络目标和价值共识。在网络中组织的管理上，区域化党建实践中通常以治理实效强化和展示组织的合法性，比如项目清单的完成切实满足了居民、单位职工的生活工作需求，让社区居民和驻区单位享受到区域党建带来的红利。

（二）动员阶段的责任承诺管理

网络活动本质上是一种协作行为，如果网络中的组织相互信任，作出可信承诺，厘清责任，网络的效用可能大幅增加，网络活动也可能进一步深入。网络中组织对网络的持续参与和支持很大程度上来源于其不断认可网络的价值，而网络价值的展示需要阶段性小成果来具象呈现。大多数区域化党建活动的落实依靠清单制和项目化运作来实现，清单制度由权力清单扩展到公共服务供给领域。[①] 在区域化党建网络中建立资源和需求清单是承诺和责任管理的具体技术，清单使供需两头"可视化"以提升匹配效率，激发网络中组织对网络活动的参与动力。清单制定是项目化运作的前提。项目是一种事本主义的运作机制，它需要为完成特定工作目标而整合人力、财力、物力资源。街道在帮助供需双方匹配后，发挥监督和激励作用。一方面，在驻区单位和居民区完成项目签约后，街道负责对项目实施提供监管，确保项目保质、按时完成；另一方面，街道通过对参与区域化党建的党支部和先进个人予以精神奖励和正面宣传，邀请私企负责人参与到区域公共事务治理中等一系列激励手段，促使驻区单位自愿提供人力、物力、财力。

---

① 张振洋、王哲：《行政化与社会化之间：城市基层公共服务供给的新尝试——以上海 C 街道区域化大党建工作为例》，《华中科技大学学报》（社会科学版）2017 年第 1 期。

(三) 综合阶段的冲突管理

网络多样性是网络这种组织形式存在背后的基本原理的核心，多样体现在文化、组织特征以及具体组织目标的不同。在多样性中创造统一、预防和管控冲突摩擦是需要网络予以高度重视的。综合阶段致力于促进网络组织的良性互动，组织间的互动需要有良好的环境，信息沟通不畅可能会阻碍团结。联席会议制度通过定期集会和日常交流建立起对话和互动空间，有助于组织之间传播信息，成为网络中组织沟通协调的桥梁。此外，网络中的信任不仅能够促进组织间资源和知识的交换，还能降低组织互动的复杂性，减少冲突发生的可能性。组织间的信任是指组织间能够相互依赖，并忠实地履行责任和进行具有可预见性的行动。[①] 区域化党建中的冲突管理更多是在各组织间协商中寻求共识，在正式和非正式联系中增进互信。如通过吸纳街道"大工委"兼职委员参与党建联盟重大工作事项协商决策机制，定期沟通交流成员单位党建等各方面工作开展情况，街道领导主动逐家走访联盟单位，在日常工作中给予帮助等方式构建和强化组织间的信任关系。

(四) 激活阶段的内生动力管理

激活即发现有助于网络目标实现的相关组织，并将其纳入网络中。激活贯穿于网络管理的全过程。如果新组织不断进入网络，那么网络关系将得以维持并继续扩大。反之，网络就会失去活力，进而影响其正常运转。区域化党建一般是以行政辖区及其派出机关街道为界限展开的组织间横向联结机制，因此参与单位以地理边界为依据在各自辖区活动。激活最为关键的是内生动力的培育，尽管网络是为了达成组织的共同目标而建立的，但是只有在照顾网络中组织利益的基础上才能发展和维持。[②] 因此，就单个组织而言，它们参与网络的动机

---

① Ranjay Gulati et al., "How Do Networks Matter? The Performance Effects of Interorganizational Networks", *Research in Organizational Behavior*, Vol. 31, 2011, pp. 207 – 224.

② Ann Marie Thomson and James L. Perry, "Collaboration Processes: Inside the Black Box", *Public Administration Review*, Vol. 66, 2006, pp. 20 – 32.

往往是在通过参与网络实现共同目标的同时促进自身利益增长。区域化党建建立起资源开放共享平台,促进区域内难题共解,由此实现网络中组织共享治理成果。具体而言,在政治激励方面,有研究证实,政治关联可以帮助企业更好地获得政府的保护,在外部环境意义上促进其稳定发展。① 区域化党建在实践中重视示范引领,对支持党建工作的企业和先进分子予以表彰,能为企业和个人带来政治荣誉;在经济激励方面,通过共享区域党建平台资源解决驻区单位实际问题。

五 低水平联结:区域化党建面临的突出问题

经过多年的探索和实践,区域化党建呈现出党的坚强领导与社会活力充分释放的积极态势,尤其是在一定程度上对我国城市社会治理突破条块壁垒、理顺党政关系有所贡献,因而逐渐发展成为一项全国性的城市基层社会治理战略。然而,区域化党建实践尚属低水平联结阶段,仍面临诸多问题和挑战。

(一)区域化党建理念思路不清晰

区域化党建是党根据社会变迁实际对条块之间、体制内外的党建资源进行横向再组织化的一项重大工程,旨在构建"大党建"格局,提高党建整体效应,以实现党建科学化和现代化。然而,一些地方推进区域化党建过程中在认识上仍有误区。一是将区域化党建与属地化混同,为便于管理,区域化党建的"区域"往往以行政权力范围为边界,将辖区范围内的不同系统、部门、行政级别的松散党组织联系起来。这往往使得街道、社区承担主导责任,负责联系其他党组织促成共建项目,而其他党组织尤其是区域内行政级别更高的机关企事业单位成为"帮扶单位",共建共治共赢的"共同"成色不足。二是将区域化党建行政化,有些地方在实践中认为区域内的街道党工委、社区党组织是领导者和管理者,由此导致区域内各级各类党组织仍沿用

---

① 杨其静:《企业成长:政治关联还是能力建设?》,《经济研究》2011年第10期。

和依赖行政手段包揽一切、决定一切，在行政化逻辑指导下开展区域化党建工作，建组织、设制度、配人员、喊口号，忽视了区域化党建主体是相互独立、互不隶属、信任互利的网络关系。

三是将区域化党建全能化。有的驻区单位认为在区域化党建中参与活动就可以代替或省去单位党建，区域化党建实质上是区域内不同党建主体之间一种外联式的活动机制，不能代替党建主体的内部建设。

（二）区域化党建组织架构不稳定

区域化党建合作单位之间是"合作"而非"隶属"关系，街道党工委作为行政辖区的"领导者"在区域化党建中扮演"协调者"角色，没有实质上直接约束合作单位的权力，却承担着区域化党建的工作绩效考核责任。为激发和引导驻区单位参与区域化党建，街道或社区可利用的体制内正式资源有限，往往依靠政策和资源便利为合作单位提供更便捷的服务，给予积极参与单位优秀称号等。由于区域化党建的合作性质，驻区单位在区域化党建工作上没有约束机制。因此，对于拒不配合的驻区单位，街道和社区束手无策。在资源和绩效压力下，基层干部只能利用非正式资源动员驻区单位，通过特定干部之间的私人关系、人情"面子"等社会资本建立起合作关系。但是这种"人情式"的"联谊关系"不是制度化的安排[1]，会随着特定人员的关系变化而影响合作的程度，甚至合作关系在很大程度上因个别人员的调动而名存实亡。这一情况的存在本质上是因为区域内组织间的内在价值、信任互惠没有建立起来。从组织行为学的角度来看，相互依赖是组织共赢解决问题的策略。这种组织间的相互依赖要求网络的发展建立在相互满足、互惠的基础上。[2] 正是组织间缺乏相互性，区域内组织的治理目标不一，导致难以形成共治合力，持续运转也存在困难。

---

[1] 刘笑言：《党治社会：区域化党建过程中的内卷化倾向研究》，《社会科学》2020年第6期。

[2] 田凯：《组织理论：公共的视角》，北京大学出版社2020年版，第54—55页。

（三）区域化党建主体参与非均衡

目前，全国范围内的城市社区通过开展区域化党建，普遍形成了"党政社"多方主体参与社区共治的良好局面，但需要指出的是，多方主体参与城市社区共治过程中，区域化党建的积极性与热情具有一定的差异性、非均衡性，呈现出"冷热不均"的现状。一是党政参与积极性高，社会力量参与度偏低。随着基层治理重心下移，越来越多的社区共治项目被纳入政绩考核指标体系中，各级党政力量参与社区共治的积极性被激发，从而催生了大量的社区共治项目。这一现象，表面上是多元主体共同探索的结果，实际上是党政主导下行政吸纳社会力量的"动员式参与""非均衡式参与"。二是居住群体参与积极性较高，工作群体参与热情度较低。社区共治中交错存在着居住群体和工作群体两种类型，居住群体对城市社区共治中涉及自身利益的治理议题表现出较高热情，成为区域化党建中的积极行动者；与之相反的是，工作群体参与城市社区共治的积极性和热情度普遍偏低。这既有时间、精力等因素有关，但更本质的是城市社区共治议题与工作群体利益关联度不高。三是居住群体中老年人参与积极性较高，年轻人以及外来人口参与热情度较低。根据实地调研情况来看，老年人对社区事务参与积极性较高，外来人口或租户存在"旁观""过客"思维，对城市社区共治事务比较冷漠。

六 完善有领导的网络结构与管理：区域化党建深化的发展之道

从组织理论来看，一系列彼此依赖的独立组织之间的关系构成了网络结构，由于网络的复杂性，网络中的组织需要大量的协调和整合工作，因此网络的治理结构直接影响网络的运行和效果。根据普罗文和凯尼斯的网络治理研究，区域化党建是一种组织间网络，其治理结构是一种领导组织治理模式，即由网络中的街道社区党组织来承担管理和领导的责任，负责网络的正常运转。

(一) 树立共建理念，从行政逻辑走向"一核多元"共治

在城市社区共治的过程中开展区域化党建，是中国特色政党制度"党治国家"模式下开展社区共治的一大特色。一方面，城市社区共治需要一个强有力的组织载体，发挥统筹、整合与引领的作用。因此，在新时代推动城市社区共治过程中，必须坚持党的领导核心地位，坚持党建引领这一主线。另一方面，适应形势的变化，树立"多元共治"理念，打造共建共治共享格局。驻区单位、社会组织、居委会等单位和组织的有关领导和工作人员应深刻认识到，未来在城市社区共治的过程中开展区域化党建，应该更多地体现在公共价值引领、共治平台搭建、治理资源整合、多方行动协调等基本业务上，而不是把主要精力放在城市社区共治具体业务的干预上，最终实现从行政主导走向"一核多元"共治的转变。"一核多元"共治的党建理念下，区域化党建工作应该更多地注重联结单位、行业及各领域党组织，从而形成区域统筹、条块协同、上下联动、共建共享的城市社区共治新格局。

(二) 健全体制机制，从联谊式关系走向制度化互动

区域化党建应进一步建立健全合作共治机制，在区级及以上层级出台统一的制度规范，赋予街道社区一定的权限。在以街道为中心开展的区域化党建工作中，进一步减少街道的行政任务，落实街道的社会服务职能，在"条块结合、以块为主"的治理逻辑下，区域化党建主体之间将面临更多的需求和供给等利益碰撞，只有让基层政府摆脱自上而下的绩效标准，实现权与责的匹配，才能真正激发基层治理创新的活力。建立健全"轮值"制度，街道社区可以积极联动各成员单位，结合自身特色、优势与资源，开展专业化、精细化服务供给，此举在赋权成员单位的同时也能够激发组织间的创造力。建立区域化党建工作的反馈机制，让辖区内百姓真正参与到对党建引领社会治理工作绩效的考核与评价中来，让街道真正走近群众，接受群众监督。这样不仅能保证区域化党建的顺利开展，也能有效避免形式主义。

（三）深化互惠互信，从组织动员走向自发协作

根据上文分析，区域化党建是一种组织间网络，其遵循的是优势互补、互惠互利的基本规范，区别于层级组织依赖雇佣关系和行政命令，也与市场组织通过契约和产权运作有着本质不同。组织间网络建基于若干组织追求彼此间重复和持久的交换关系，因此未来区域化党建应注重挖掘和培养组织间的相互性。一方面，需要扩大各类主体参与，区域化党建活动应从社区居民、驻区单位生活工作中的小事入手，通过阶段性的小成果来展示各主体协作的价值，从而形成共建共治共享的共同体意识，进而增强彼此的信任和对网络活动的参与意愿。湖北省"共同缔造"即是以与社区居民密切相关的房前屋后等环境改造出发激发群众参与的内生动力。另一方面，要进一步深化协同程度。区域化党建不仅是街道社区与驻区单位进行资源需求对接的项目式协作，也需要从文化价值等角度培育组织间共同的目标认同，持续发展组织间关系，增强内在合法性，维护区域化党建持续运作。

七　总结与讨论

笔者的旨趣是探究区域化党建的实践机制，揭示党建促进区域横向组织协作治理的网络管理逻辑。首先，我们将区域化党建界定为一种组织间网络。当两个以上独立的组织基于共同的目标，协调彼此的行动并密切合作时，这些组织间呈现为网络状。[①] 区域化党建主要是以街道党工委为核心，以社区党组织为基础以其他驻区单位、企业党组织为结点，各党建主体相互独立、互不隶属，区域内的街道党工委、社区党组织不是领导者、管理者，而是网络的"搭台者"和"中介者"。与传统的层级制相比，网络中的组织是平等的合作关系，不存在命令—服从关系。根据米尔沃德和普罗文的分类，区域化党建兼具服务提供和社区能力建构两类目标。在《学习时报》刊发的《习近平在上海》采访实录中，原上海市委组织部副部长冯小敏提

---

① 田凯：《组织理论：公共的视角》，北京大学出版社2020年版，第39页。

出，区域化党建是将不同层次、不同线性结构的单位，通过创新机制实现互联互补，把各种资源有效整合起来，共同服务于这个区域的经济社会发展。因此，区域化党建网络的目标之一是更有效地提供服务。[①] 资源和服务是区域化党建的目标，但是更深层次以及更持久的是社区能力建构。社区能力建构型网络主要用于构建社区中的社会资本，网络的目的是提升社会解决问题的能力。

其次，区域化党建的关键是对组织间网络的管理。主要包括建构、动员、综合、激活等环节，每个环节有相应的管理重点。在建构环节要注重合法性的管理，在网络层面就外在行动架构和内在价值目标达成共识，在组织层面需要强化自身合法性；在动员环节需要对责任和承诺予以重点关注，以清单项目化运作确保责任落实到位，从结果导向监督组织参与网络活动，以成果共享激励组织对网络目标的遵守；在综合环节需要妥善预防和管控冲突，通过常态化和制度化的交流机制促进交流和互信，避免信息不对称引发的矛盾和争端。激活贯穿于网络管理活动的始终，关键是内生动力的培育。对于潜在的协作对象，网络管理需要向其他组织展示参与网络活动的价值以吸引新的组织成员；而对于网络中的组织，则要确保组织因参与网络活动而获得肯定并成功改善单个组织自身的绩效。

笔者拓展了基层党建的研究视角，有望从学理上解开"区域化党建何以有效"的难题，以区域化党建为切口透视党建引领基层治理的内在逻辑。对组织间网络的有效管理为区域化党建活动的顺利开展创造了良好的环境，是实现区域善治的重要保证。党的二十大报告提出，严密的组织体系是党的优势所在、力量所在。区域化党建通过组织体系再造打通横向壁垒，重塑党建引领的基层治理格局，将党的组织优势转化为治理效能。

---

① 《"习书记提出上海党建工作要成为中央的一个点"——习近平在上海（七）》，《学习时报》2021年9月10日第1版。

第四章

从管理到服务：党全面领导社区治理的机制创新

城市社区既是基层社会的基础单元，也是实现基层社会治理的现实场域，承载着提升社会治理效能、稳定国家治理秩序的重要功能。习近平总书记强调，要"把加强基层党的建设、巩固党的执政基础作为贯穿社会治理和基层建设的一条红线"[①]，以党建引领基层社会治理，建立起以基层党组织为核心的严密组织体系，为进一步推动基层社会治理现代化建设提供强大的组织保障。新时代，基层党建与社会治理的重要性提升至新高度，将基层党建工作与城市社区治理有机融合，拓展了巩固党的执政基础、提升城市社区治理效能、回应群众现实关切与真实诉求的选择路径。当前，基层社会治理同城市基层党建在价值追求、工作对象、工作内容以及工作方式等方面高度耦合[②]，并通过社区治理中城市社区党组织的身份叠加——城市社区治理体系的领导者与提高城市社区治理能力的实践者得以体现[③]，为城市社区治理的探索实践提供了党的全面领导这一根本保证，彰显出城市社区治理的当代中国特征。基于此，在治理场域下党全面领导社区治理机制创新，是推进国家治理体系和治理能力现代化的微观重要环节，也

[①]《习近平参加十二届全国人大三次会议上海代表团审议》，中国军网（http://www.81.cn/sydbt/2015-03/05/content_6381777.htm），2015年3月5日。

[②] 孙涛：《新时代城市基层党建引领社会治理创新路径探析》，《新疆大学学报》（哲学·人文社会科学版）2018年第4期。

[③] 王智强、陈晓莉：《党建引领城市社区治理：实践经验、现实困境与提升路径》，《理论导刊》2022年第9期。

是实现制度优势转化为治理效能的有效基层路径。

一 研究问题与文献综述

党全面领导基层治理是新时代基层党建与基层治理的主线。2017年印发的《中共中央 国务院关于加强和完善城乡社区治理的意见》，是首次以党中央的名义对社区治理进行顶层设计和宏观布局[①]的纲领性文件，在我国社区建设发展中具有里程碑意义，明确提出了"到2020年，基本形成基层党组织领导、基层政府主导的多方参与、共同治理的城乡社区治理体系"，"再过5到10年，城乡社区治理体制更加成熟定型，城乡社区治理能力更为精准全面，为夯实党的执政根基、巩固基层政权提供有力支撑"的总体目标。在党的十九大报告中，进一步强调"要加强和完善社会治理的宏观战略，要将党的领导作为社会治理的首要制度要求"，并在党的十九届四中、五中全会上，就健全党组织领导的城乡基层治理体系作出多次具体强调。2021年4月印发的《中共中央 国务院关于加强基层治理体系和治理能力现代化建设的意见》，对全面完善党建引领基层治理机制提出要求，并特别强调"完善党建引领的社会参与制度"。在此背景下，全国各地为贯彻落实好党和国家方针政策的具体要求，实现并维护好最广大人民群众根本利益，立足本地发展实际积极探求党全面领导社区治理的有效之法，开展了一系列具有当地特色的治理实践，不仅开拓创新了党全面领导社区治理的可行路径，更是完善丰富了中国之治的理论内涵与实践外延，使得中国特色制度优势得以充分彰显。

然而，改革开放至今的40多年里，城市社区治理的形式与内容均有了很大的变化，城市社区治理的形势环境更为复杂。一方面，作为国家治理的最末端与服务群众的最前沿，各类矛盾问题在城市社区往往复杂交织；另一方面，随着人民对美好生活的向往，过去的城市社区治理理念与工作方式也需要不断转变、寻求突破。另

---

① 曹海军：《党建引领下的社区治理和服务创新》，《政治学研究》2018年第1期。

外，城市社区作为党全面领导社会基层治理的重要平台，担负着抓实基层党建与做好基层治理的双重任务，深入挖掘党全面领导社区治理的内部运作机制，不仅有助于揭示城市社区中基层党建与基层治理的深层逻辑，也有助于凝练中国话语体系下的基层治理理论。因此，笔者拟围绕以下问题展开分析与探讨：党如何创新全面领导社区治理的内部运作机制？即在党的全面领导下，城市社区治理中的自上而下管理如何转向由内而外服务？在转变过程中面临哪些现实困境？未来又如何发展？

（一）基于党的基层建设视角

现有研究中，学界立足党建引领基层治理的顶层设计，围绕巩固党的执政基础，从党建这一宏观层面探讨党的基层建设，论证基层治理中党建引领的重要性与必要性，从而阐释党建引领的功能作用与价值意义。中国基层治理的优势与特征就体现在党建引领。从党组织的自身建设来看，一方面，执政党的管理机制和方式必须随着社会转型而变革。城市社区去组织化现状弱化了党组织在基层治理中的领导能力，随之而来的是基层党组织治理绩效的下降，导致社会合法性与政治地位的削弱。[1] 在此情景下，需要依托政党权威以动员组织居民、整合社会资源。[2] 另一方面，党建工作重心转向基层，体现了党建顺应新时代价值取向与制度安排，开辟了推进基层党建与巩固党组织的广阔空间，打开了思考党建与治理关系的新思路。[3] 同时，针对党组织自身建设中存在如基层党建在社区治理中的"悬浮化"[4] 以及党建的理念"固化""静态"、格局"单向""封

---

[1] 王立峰、潘博：《社会整合：新时代推进党建引领城市基层治理的有效路径》，《求实》2020年第2期。

[2] 刘厚金：《基层党建引领社区治理的作用机制——以集体行动的逻辑为分析框架》，《社会科学》2020年第6期。

[3] 周建勇：《新时代党建中的嵌入治理问题研究》，《上海交通大学学报》（哲学社会科学版）2021年第1期。

[4] 师林、孔德永：《制度——效能：基层党建引领社区治理的创新实践——以天津市"战区制、主官上、权下放"模式为例》，《中共天津市委党校学报》2020年第1期。

闭"和模式"一元""全能"① 等问题，提出了如通过党建引领基层社会治理创新实践类型的划分②等方式来破题。从基层党建的功能来看，强化基层党组织整体功能需要创新基层党组织工作方式③，通过统筹平衡基层党建的政治功能、管理功能、服务功能以及基层治理功能等，确保基层党组织建设的加强。④

（二）基于政党与社会关系视角

该研究视角从中层结构聚焦党建与基层治理，认为两者关系的深层逻辑就体现为政党与社会的关系互动。一方面，政党嵌入并整合社会。在构建社区治理共同体的具体实践中，社区党组织能够以其权威性和嵌入性的双重优势，从利益维度、组织维度和价值维度整合社区成员，形成强大合力，进而实现社区从"生活共同体"的营造到"治理共同体"⑤ 的构建。另外，党从空间塑造、政治引领和社会动员三个方面领导基层治理实践⑥的同时，以立体化权力网络向内整合行政力量、向外整合社会力量、向下整合群众力量⑦，以"柔性化"方式重新吸纳基层社会中的不同主体进入基层治理场域，实现党的"有效动员"与"有效服务"，进而推动"有效治理"。⑧ 另一方面，社会向政党靠拢。如在城市社区党建中，以组织嵌入实现党员与社区

---

① 徐迪、赵连章：《社区治理中基层党组织建设的功能、挑战与对策》，《社会科学战线》2015年第9期。

② 陈亮、李元：《去"悬浮化"与有效治理：新时期党建引领基层社会治理的创新逻辑与类型学分析》，《探索》2018年第6期。

③ 鞠正明、胡珺：《在全面小康社会建设中强化基层党组织整体功能的四大路径》，《探索》2016年第1期。

④ 刘红凛：《管理、服务与治理功能的政治衡平——从历史变迁看新时代基层党组织功能的新定位新要求》，《治理研究》2018年第1期。

⑤ 李斌、王杰：《政党整合社区：从生活共同体到治理共同体的社区建设进路》，《广西社会科学》2022年第2期。

⑥ 彭勃、杜力：《"超行政治理"：党建引领的基层治理逻辑与工作路径》，《理论与改革》2022年第1期。

⑦ 张勇杰：《多层次整合：基层社会治理中党组织的行动逻辑探析——以北京市党建引领"街乡吹哨、部门报到"改革为例》，《社会主义研究》2019年第6期。

⑧ 黄六招、顾丽梅：《超越"科层制"：党建何以促进超大社区的有效治理——基于上海Z镇的案例研究》，《经济社会体制比较》2019年第6期。

的关联，深入社区群众宣传党的政策主张，通过动员有效整合社区[①]的同时，从治理结构优化、治理功能整合、动员路径创新以及动员主体培育等方面构建起居民参与的长效机制。[②] 又如政党统合推动了社会组织主动向体制靠拢，这是因为基于政治表现的评价标准，通过建立资源渠道和创造政治吸纳两个机制进行奖励，赋予表现优秀的社会组织更多资源支持，赋予表现优秀的社会组织领导人政治身份。[③]

（三）基于基层治理现代化视角

该研究视角从基层行为出发，扎根于基层治理田野，将基层党建作为关键要素融入中国基层治理现代化本土经验的探索与凝练，探讨了党建引领基层治理的深层逻辑。如提出"超行政治理"概念来解释、总结基层党建引领，并指出其本质是一种跨越组织边界、超越行政逻辑的基层治理模式，以执政党治理权威促进基层治理有效[④]；党建引领基层治理是基层在长期摸索和应对挑战时形成的一系列做法，而非单纯自上而下的制度设计产物[⑤]；"党建引领"是党领导基层社会治理的主要机制，坚持党领导基层社会治理是当代中国基层治理的最鲜明特征。[⑥] 另外，通过对党建引领基层治理实践的现实观察，总结并创新党建引领基层治理的方式、模式。如为实现党建引领社区治理高效运转，以问题为导向，针对不同类型的社区，提出了"主导式"引领、"协商式"引领以及"自治式"引领这三种党建引领社区治理的方式[⑦]；因地制宜开展党建引领基层治理实践，挖掘并形成党

---

① 何绍辉：《党建引领与城市社区治理质量提升》，《思想战线》2021年第6期。
② 毛一敬：《党建引领、社区动员与治理有效——基于重庆老旧社区治理实践的考察》，《社会主义研究》2021年第4期。
③ 李朔严、王名：《政党统合与基层治理中的国家—社会关系》，《经济社会体制比较》2021年第2期。
④ 彭勃、杜力：《"超行政治理"：党建引领的基层治理逻辑与工作路径》，《理论与改革》2022年第1期。
⑤ 黄晓春：《党建引领下的当代中国社会治理创新》，《中国社会科学》2021年第6期。
⑥ 祝灵君：《党领导基层社会治理的基本逻辑研究》，《中共中央党校（国家行政学院）学报》2020年第4期。
⑦ 陈毅、阚淑锦：《党建引领社区治理：三种类型的分析及其优化——基于上海市的调查》，《探索》2019年第6期。

第四章　从管理到服务：党全面领导社区治理的机制创新　73

建引领基层治理的典型模式，如北京市"街乡吹哨、部门报到"①、上海市"区域化党建"②等。

综上所述，近年来，学界对基层社会治理研究的观测重心逐渐转向"党建引领"，这既是基于对当前基层社会治理实践中坚持"党的全面领导"的事实观察，也是对坚持基层社会治理"一核多元"共治，实现基层社会治理体系和治理能力现代化的理论叙事，相关研究成果丰硕。但是现有研究仍存在以下不足：一是党建引领基层社会治理的研究主要围绕党建逻辑展开，在一定程度上忽视了政党作为治理主体，尤其是作为治理中的领导主体发挥作用的学理分析；二是现有研究侧重从地区具体实践中总结经验与创新模式，研究呈现碎片化，在分析中多为揭示党建引领基层社会治理的优势与意义，关于党建引领基层社会治理的运作机理、现实困境与未来发展等方面还存在进一步研究的空间。

二　理论基础与分析框架

（一）嵌入性理论

"嵌入"一词是对某一事物进入另一事物的过程、方式以及结果的描述，最早由卡尔·波兰尼提出，用以分析经济行为同非经济社会关系与结构之间的互动关系③，认为所有经济体都嵌入社会关系和制度之中，由市场独立自发完成所有调节的经济体系并不存在。④ 马克·格兰诺维特将社会结构视作持续运转的人际网络，认为人类包括经济行为的所有行为都嵌入社会关系中，在此基础上区分了结构嵌入

---

① 孙进军、赵丹阳：《党建引领基层治理的新探索——北京市创新推进"街乡吹哨、部门报到"工作纪实》，《党建》2018 年第 12 期。
② 金桥、金理明：《社会治理创新背景下的上海区域化党建》，《上海党史与党建》2017 年第 2 期。
③ ［英］卡尔·波兰尼：《大转型：我们时代的政治与经济起源》，冯钢、刘阳译，浙江人民出版社 2007 年版，第 53 页。
④ Karl Polanyi, *The Great Transformation: The Political and Economic Origins of Our Time*, Boston: Beacon Press, 2001, pp. 21 – 22.

与关系嵌入这两类嵌入关系①，前者指行动主体嵌入关系网络并受网络中其他主体影响，后者则指行动主体所在网络嵌入如价值规范、社会文化传统等更大的结构之中。②基于此，"嵌入"是研究具体"嵌入性"问题的分析概念，涉及嵌入主体、嵌入机制、嵌入状态与嵌入后果等方面的理论回应与现实关切。③

作为新经济社会学核心理论之一，嵌入性理论的内涵与外延随着社会学、发展经济学、政治社会学等多个学科的应用而不断丰富拓展，"嵌入"分析范式也被引入党建、治理等场域。例如，"嵌入式党建"从根本上转变了过去科层式架构、威权式统治以及垂直式管理的工作方式，形成横向、平等、网状式管理服务的党建工作新方式④；政党的"嵌入式引领"基于结构维度与体系维度，解释党建嵌入并引领基层社会治理的一般性机制，进而揭示"政党统合社会"的逻辑必然⑤；政党的"嵌入式治理"是一个从无到有、从弱到强、从无序到有序以及数量规模（量）同交往联系（质）互相促进的过程，强调执政党以资源的运用，通过渗透、宣传、动员等方式施加影响于整个社会群体及个人，进而实现社会的有序化政治参与。⑥

（二）分析框架

上述研究较为明确地分析阐释了"嵌入"视角下，基层党建与基层社会治理的目标兼容与实践双赢。本书使用的"嵌入式治理"强调"嵌入"这一分析概念，指基层党组织作为基层社会治理的核心主体，以组织动员嵌入、资源服务嵌入以及目标价值嵌入等方式进入

---

① Granovetter M, "Economic Action and Social Structure: The Problem of Embeddedness", *American Journal of Sociology*, Vol. 91, No3, Nov. 1985, pp. 481–510.

② 许爱梅、崇维祥：《结构性嵌入：党建引领社会治理的实现机制》，《党政研究》2019年第4期。

③ 王思斌：《中国社会工作的嵌入性发展》，《社会科学战线》2011年第2期。

④ 孔娜娜、张大维：《嵌入式党建：社区党建的经验模式与路径选择》，《理论与改革》2008年第2期。

⑤ 陈柏峰、石建：《党建引领嵌入社区治理的机制研究——以豫东B街道"红色物业"为例》，《江苏大学学报》（社会科学版）2022年第5期。

⑥ 程熙：《嵌入式治理：社会网络中的执政党领导力及其实现》，《中共浙江省委党校学报》2014年第1期。

基层社会治理，实现基层党组织的嵌入性建设与党全面领导基层社会治理的主导性发展。其中，在党全面领导城市社区治理的实践场景下，社区党组织在社区治理中的嵌入性建设是党全面领导城市社区治理的基础与前提，而实现党全面领导城市社区治理则是社区党组织嵌入性建设的目标与方向。在此意义上，笔者基于党全面领导社区治理的社会现实，从社区党建与社区治理两个方面构建党全面领导社区治理的机制创新的嵌入式治理分析框架（见图 4.1）。

```
         ┌─────────────┐
   ┌────▶│ 组织动员嵌入 │────┐
   │     └─────────────┘    │
   │           │载体         │
社 │     ┌─────────────┐    │ 社
区 │────▶│ 资源服务嵌入 │────│ 区
党 │     └─────────────┘    │ 治
建 │           │目的         │ 理
   │     ┌─────────────┐    │
   └────▶│ 目标价值嵌入 │────┘
         └─────────────┘
         党全面领导社区治理
```

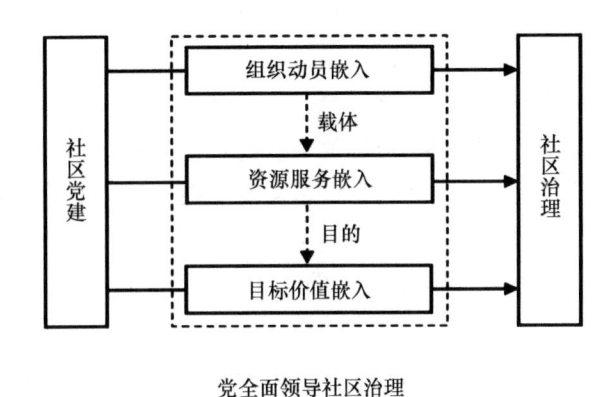

图 4.1　"嵌入"视角下党全面领导社区治理创新的分析框架

1. 组织动员嵌入

组织动员嵌入是社区党建嵌入社区治理的逻辑起点。从嵌入主体来看，社区党建嵌入社区治理，要处理好社区治理主体中党组织与党员的主体地位问题，涉及基层党组织体系的嵌入与党员个体的嵌入两个层面。从嵌入过程来看，组织动员嵌入包括党的组织嵌入与动员嵌入。面对社区的党员数量不足以及党组织力量还不够强的情况，通过在社区发展党员、建立党组织体系，为加强党全面领导社区治理提供组织保障，这是组织嵌入的体现。另外，还可以充分发挥社区党组织的动员功能，培育创新社区动员机制以提升社区治理主体主动参与的热情与意识，以党的动员嵌入增强多方主体在社区治理中的协调合作，进而形成多方共治的良好治理格局，实现社区治理提能增效。从嵌入效果来看，组织动员嵌入一方面有利于社区治理中党组织覆盖范围的扩大，确立起党组织在社区多方治理主体中的核心领导地位，既为社区党建活动的进一步开展奠定基础，也为社区治理中构建稳定的组织架构提供领导支撑。另一方面有利于在组织号召、党员带头示范以及知名人士吸纳等动员行动中，不断扩大并延伸组织动员的范围与层次，实现资源的最大程度整合，激发各主体参与社区治理的活力。

2. 资源服务嵌入

资源服务嵌入是社区党建嵌入社区治理的重要载体。基于当前社区没有本级财政的社会现实，在社区日常工作开展中，主要来源于上级财政拨款、集体经济收入以及社会各界捐助等的运行经费，通常只能维持社区的基本支出。在这种情况下，社区党组织需发挥自身主观能动性，借助外力来加强对资源的整合与运用，进而实现党全面领导社区治理的成效最大化。然而，社区党组织在资源的整合与运用中会面临资源整合与配置不够有效，甚至无效的困境。面对这种情况，在服务供给中容易忽视社区居委会的"基层自治"组织定位，出现角色异化与身份错位。一方面，自治机构在向上申请财政拨款中逐渐行政化；另一方面，在服务供给中因资源不足而出现自治功能弱化。另外，党全面领导社区治理工作的顺利开展不能仅靠行政权威，尤其是面对社区中的治理碎片化与主体趋利化时，在通过有效服务获取内部资源以及创造良好外部治理环境的基础上，更需要将外部资源嵌入内部治理，改善治理条件，激发多方治理主体的参与积极性与能动性以形成治理的内生动力，进而解决资源服务"从哪获取，如何获得"的治理问题。

3. 目标价值嵌入

目标价值嵌入是社区党建嵌入社区治理的最终目的。中国共产党的执政目标与党的自身建设目标和国家治理、社会治理的最终价值目标具有一致性，但是在不同城市社区的具体治理过程中，仍存在社区治理目标同社区党组织目标有差异的现象。而在党全面领导社区治理的制度设计与现实要求下，实现社区党组织目标对社区治理目标的引领是党全面领导社区治理的机制创新的核心关注。与此同时，党全面领导社区治理要求以党组织的政治权威引领社区治理，并在社区治理中体现党组织的政治价值。因此，实现目标价值嵌入，需要社区党建采取大众喜闻乐见与广为接受的方式进行，将党建嵌入社区社会结构的同时，把民意诉求、情感认同等嵌入具体工作中，同日常生活相契合，并在此过程中以社会利益的促进来获取与确保社区党建的合法性。而社区党组织通过目标价值嵌入，能够在社区治理中发挥好政治核心作用，在突出政治功能的同时完成政治使命，从而提升党全面领导社区治理的政治权威与治理效能。

三 "一体三化、驭繁为简"：党全面领导社区治理机制的创新探索

党的十八大以来，我国高度重视党对城市社区治理的全面领导，积累的党建引领与创新城市社区治理的实践经验各具特色。总体而言，我国城市社区治理创新机制呈现"一体三化"的治理特征与"驭繁为简"的治理趋势，在提升城市社区对民主自治、社会服务、教育文化、卫生环境、社区治安以及社区党建等职责事项的承载能力中，持续推进打造"复杂问题、简约治理"的基层治理"样板"。

（一）"抓重点"与"顾整体"：创新简约治理的"一体化"机制

党全面领导社区治理的机制创新聚焦主责与主业，既有"抓重点"的理念和方法，又有"顾整体"的机制和平台，通过明确复杂治理任务的主次顺序，将"千条线"整合到综合治理框架内，进而使城市基层治理简约、集成于一体。

分清主次，抓好重点。面对社区治理场域中的繁杂任务，社区党建工作围绕重点和绩效目标不断强化措施、抓好落实，确保各项工作取得初步成效。首先，持续抓好基层党建工作。社区党组织通过推进党支部标准化规范化建设，严格执行"三会一课"、组织生活会以及谈心谈话等组织生活制度，坚持和完善重温入党誓词、党员过"政治生日"以及党支部主题党日等有效做法，提高党内政治生活质量。如安庆市蔡山社区坚持"党建项目化"，通过重点打造蔡师傅驿站这一社区书记项目，全面推动党建与社区发展的互融共促。其次，严格落

实意识形态工作。铜陵市映湖社区依托"铜都讲坛""铜官讲座"以及"主题党日",通过"收看直播现场学、跟进上级实时学、班子成员领头学"的方式,开展教育培训与学习活动,强化理论武装。最后,文明创建工作常态化。上海市曹杨新村街道以"靠谱文明楼组"创建工作为契机,牵头走起了"社区搭台,居民唱戏"的自治共治之路,全面发动楼组居民以建言美化方案、座谈讨论、配合改造评估等方式参与打造有特色的楼组文化,实现居民态度从"要我创建"向"我要创建"的成功转变。

多重任务,整体智治。面对基层治理的多任务情境,党全面领导城市社区统筹推进智慧城市、智慧社区建设,整合现有党的建设、综合治理、社区治理、数字城管等各系统信息资源,建设一体化信息系统和综合指挥平台,推动基层治理数字化智能化,做好网上群众工作,提升信息集成和智慧治理水平。同时,在城市社区中加强党群服务中心便民服务信息网络建设,完善自助服务设施,让数据多跑路、群众少跑腿。例如,深圳市光明区探索打造整体智治"城市大脑"的社会善治路径,通过运用云计算、大数据、物联网等前沿技术,实现"深度感知"的公共安全智能化、"数据驱动"的社会治理智慧化、"在线互动"的公共服务高效化以及"一网通办"的政务服务便捷化。

(二)"聚合力"与"重回应":创新动态治理的"高效化"机制

及时响应上级主管部门的任务和群众的治理需求,实现各类工作和任务"凡事有交代,件件有着落,事事有回音"以及"民有所呼,我有所应",是党全面领导社区实现高效化动态治理的应有之义。一方面,创新组织动员以凝聚治理合力。组织动员是党全面领导社区治理的重要机制。作为基层自治的空间,城市社区因缺失科层组织而无法发挥科层机制的动员作用,为提升社区治理效能,必须以替代性组织力量吸纳社区治理主体来实现社区治理网络的优化。组织动员作为政党组织的基本功能,在基层社会治理中表现为通过党的基层组织动员基层社会治理主体形成合力,并由党全面领导。南京市雨花台区在动员基层社会主体参与社区治理时,充分发挥骨干作用,不断拓宽动

第四章　从管理到服务：党全面领导社区治理的机制创新　79

员渠道。一是挑选"五老"①人员担任楼栋长，建立起一支规模超过1200人的楼栋长队伍，在开展疫情防控、调解纠纷、社区议事以及邻里互助等相关工作的过程中，充分发挥了楼栋长熟悉社区情况、热心事务的优势。二是组织公检法司共计1189名政法网格员下沉网格，定期开展法律服务、纠纷调解等相关工作，以自身特长引导社区居民主动配合工作，积极参与治理。三是广泛吸纳热心社区事务的居民代表，建立起一支近3000人的平安志愿者队伍，长期活跃在社区防疫、文明城市创建等工作一线，认真履职的同时引导社区居民配合社区各项工作的开展，动员效果显著。

　　另一方面，打造"民呼我应"以回应治理期盼。"民有所呼，我有所应"是破解群众"急难愁盼"问题的有效路径。杭州市富阳区聚焦提升党建统领的整体智治水平，以群众满意作为标准，重塑"民呼必应"的应用场景。首先，强化民有呼必有应。依托现有应用场景，完善群众需求"一事一档"全程纪实和满意度评价功能，根据"一量四率"②标准，对每个基层党组织、党员干部、志愿者实行红、黄、蓝"三色动态管理"，其评价结果同组织、个人的考核挂钩，确保治理服务责任落到实处。其次，推进民不呼主动应。针对老少两个群体中存在的"智能手机覆盖率低、民情呼声难以收集"等普遍问题，通过动员楼道长（楼栋长、片区长）、志愿者、业委会（物管会）以及专职网格员等力量，以网格（小区）、微网格为单位"逐人逐户"，在现有应用场景中完善老少群体的个人身份标签以确保为民服务不漏一人。最后，探索民未呼智能应。充分挖掘并利用现有应用场景中的各类治理数据，通过"民情指数""民意指数"的功能开发实现预警监测，并以此为基础分析满意度、抓取关键词，建立起基层治理热点事项分级研判等机制，为党委、政府的决策部署提供建议与参考。

（三）"识需求"与"分类别"：创新精细治理的"类型化"机制

　　坚持公共服务供给的精准性，通过精准识别公共服务需求、分批

---

①　"五老"人员是指党员老干部、老战士、老专家、老教师、老模范。
②　"一量四率"是指办件量、办结率、及时率、满意率、退回率。

分类对不同类型的需求予以精准供给、对症下药，达到"分类治之"的效果，满足服务对象的个性需求，是党全面领导社区实现精细治理的创新路径，也是城市社区治理从管理向服务转变的关键环节。

第一，服务主体按需设岗。在人力资源管理中，人是最重要的资源，人岗匹配与否，关乎单位与组织的工作顺利开展与持续运转有序。其中，按需设岗是实现人岗匹配的前提，即以岗位为核心"适选"人才，实现"岗得其人"。而在此之前，按需分析并科学设置岗位有助于厘清岗位权责关系，进而人得其岗以提高工作效率。由此，党全面领导社区治理不断探索出根据群体需求和特长优势分类的操作方式。一是摸清不同群体需求，以最大程度满足居民需求，提升其参与社区治理的长久活动意愿，将治理力量按照兴趣需求分类，凝聚起参与社区治理的团队力量。同时，开展的活动与居民需求相吻合，打通居民参与的"任督二脉"。比如合肥市望湖街道将党员志愿服务意愿同居民实际需求相结合，于2012年底探索创立望湖城"八小时之外党员先锋站"，设定并明确"党建指导""社区议事""民主监督""治安维护""公益服务""文明新风"等六大岗位及其工作职责。截至2014年5月，先锋站已有631名社区党员认领了岗位，实现了"主动联系、及时报道，科学设岗、自愿认岗"机制的有序运行，极大提高了辖区党员参与社区建设的主动积极性，进而带动了社区居民参与社区建设的热情。二是找准特长优势，让专业人员在专业领域之内承担专业事项，更高效地发挥治理力量。一方面，能够充分发挥专业人员的专业技能和工作特长，有效保障服务供给与职能配置的专业化与精细化；另一方面，能够为专业人员的进一步成长创造良好环境条件，为提升社区治理成效储备充足的人才资源。上海市曲阳路街道坚持倡导"让专业的人做专业的事"，注重发挥志愿者的"一技之长"。在疫情封控管理期间，"隐藏款"社区达人不断涌现。这些社区达人中有火锅店小妹成为抗疫视频的制作能手，法律专业的学生参与到各类居民自治公约起草的各环节中。还有社区内的快递物流网点新就业群体经发动组建起了"曲顺"保供志愿者突击队，有医护背景的居民经发掘成为核酸检测志愿者，有一定组织调度能力的居民也在社区引导下开展公益性团购保供等。进入常态化疫情防控阶段后，曲阳路街道通过党建引领并在社区居委会组织协调下，把资源配置做到最优，让更多社区达人、能人能够在集思广益中发挥所长，从而成为推动社区治理的核心竞争力。

第二，服务内容分类施策。基层社会治理内容繁多且复杂交织，只有经过统一规范、科学合理地分类，才能达到事半功倍的治理效果。首先，以分类管理实现精准施策。根据社区治理痛点难点问题以及社区群众的现实所需，将涉及的服务内容进行分类，实现内容全覆盖、服务无死角、群体全照料。其次，以顶层设计做好科学规划。顶层设计保证了每支服务队伍发挥各自优势、保持各自特色的同时有效整合力量，凝聚起最大利益，更重要的是通过服务内容的设计与服务发展方向的指明，避免服务内容重合、资源浪费，提高服务质量。例如，宝鸡市英达路社区探索形成"四小"助"四型"模式，打造邻里"幸福圈"。英达路社区在工作开展中突出党建引领、数字引领以及自治引领，通过"需求清单"和"惠民小事清单"的建立，多方征集社区群众"微心愿"实现"线上+线下"全覆盖。另外，通过搭建"管家治家议事"平台，开展"红色网格解民忧""黄色护航促成长""橙色夕阳兴文化""绿色空间倡环保""粉色暖阳传关爱"的五色服务计划，形成了志愿服务"四季歌"品牌，既锤炼了社区党组织为民办事的组织本领，也实现了社区治理的动力激活与效能提升。

（四）"定方向"与"留空间"：创新自主治理的"弹性化"机制

在城市基层治理中，社区作为联系群众的"最后一公里"，承接着多种社会治理职能，充分发挥社区治理力量的自主能力是党全面领导社区治理的现实要求和发展方向。在明确党全面领导社区治理的机制创新发展方向的同时，通过自主弹性化方式为社区书记、党员干部留足发展空间，有助于公共事务治理效能的进一步提升。从社区书记自主创新方面来看，街道及以上行政机构对社区各项工作进行统一部署的同时，为各社区的自主发展留足了空间。在坚持"更好地服务居民"的原则下，充分相信每个社区都具备独立解决问题和创新治理方式的能力，并赋予社区对与群众利益密切相关事项的建议权，真正实现"百花齐放共争春"。只有切合社区自身情况的做法才最能符合群众需求、发挥效能。例如，无锡市滨湖区启动社区治理创新"书记（主任）项目"以激发社区书记自主创新活力，重点围绕党建引领社区治理、社区治理体系完善、社区治理单元优化、社区居民参与、社区协商民主、社区服务、多元主体联动以及社区治理资源整合等领域，以项目形式推动社区治理，打造治理新亮点，进而提升社区治理体系和治理能力现代化水平。保定市新一代社区在社区书记的带领下，探索建立"3456"党建工作机制，通过"三域联动"带动"四翼共建"、共创"五大联盟"、实施"六联工作法"[①]，实现以党建引领服务社区居民。

从党员干部自主创造方面来看，社区党组织中的党员干部是联结社区与居民的关键桥梁，社区党员在社区公共事务治理中发挥着重要的骨干作用，其在社区日常工作中自主创造的程度，深刻影响着社区治理的水平与效果。比如肇庆市出头社区以社会治理共同体示范点建设为契机，立足"村改居"的社区现实，自主开展"三包三服务"活动，在服务经济组织促进发展上以社区"两委"包干联系6个党支部，在服务党员促进社区治理上则以6个党支部班子包干联系71名党员，最后以这71名党员包干联系512户群众，建立起"社区—支部—党员"层级联系制度，使得党组织联系服务网络覆盖到社区每家每户，不仅实现了政策与工作第一时间传达至社区居民，更能够在第一时间回应与解决社区居民诉求。除了社区党员，社区居民中的在职党员已经成为社区治理中的一支生力军。他们立足于居住小区，生活在群众之中，工作上各有所长。这些在职党员能够为社区治理建言献策，并在社区具体公共事务开展中发挥带头作用。如上海市华阳路街道依托华一居民区"凝聚家"在职党员报到站，通过线下报到、"先锋上海"线上报到以及居民区走访排摸的方式发展在职党员并形成在职党员名册。截至2022年10月，已有在职党员60多人。这些在职

---

① "三域"是指社区党总支、辖区单位、非公和社会组织；"四翼"是指社区居委会、业主委员会、物业管理公司、辖区单位商户；"五大联盟"是指党建、志愿、文化、卫生、睦邻；"六联工作法"是指党建联做、资源联享、文明联创、难题联解、公益联办、环境联建。

党员根据自身不同的专业与特长，组建起各类志愿服务团队，在凝聚起社区治理最大合力的同时，也充分发挥着其能力专长与身后的资源优势，为社区治理提质增能贡献力量。另外，下沉党员也因其队伍优、素质强、党悟高等优势，正在成长为一支社区治理的先锋力量。如武汉市南湖街道通过"三个全覆盖""双进双服务"活动做实下沉党员工作，创造性提出由街道和社区党委搭建服务框架，下沉党员结合自身兴趣爱好，自愿申请服务项目、自发组建服务队伍、自行设计服务内容、自主监督服务质量，在做到由"公转"变"自转"、由"被动"变"主动"的同时，建立起"党员管党员""自主创单、组团服务"的服务模式，丰富了下沉党员服务居民的类型与项目，实现了党员受教育、居民得实惠的双重目标。与此同时，下沉党员干部通过引领、带动、挖掘居民参与社区治理的内生动力，引导居民成为自治主体，激活了社区的自治细胞，使居民的"主体意识、公共意识、参与意识、责任意识"显著提升，建立起对社区的归属感、荣誉感和责任感，形成了浓厚的"我的社区我来管"的居民自治氛围。

四 党全面领导社区治理整合机制的现实困境

现阶段，党全面领导社区治理在治理对象、治理力量、治理形式以及治理价值等方面的探索与实践取得一定成效，也积累了不少成功的经验。但与新时代基层治理现代化的要求相比，在党全面领导社区治理的机制创新的主体层面、方式层面、资源层面以及目标层面，还存在需要厘清与解决的现实问题。

（一）主体"脱嵌"

随着区域化党建在全国范围内不断延展与深化，目前已基本建成基层党组织"横向到边、纵向到底"的全方位立体化网络覆盖[①]，但

---

① 曾巧：《党建引领基层治理的现实困境与路径回应》，《领导科学论坛》2021年第10期。

在城市社区日常工作开展的现实场景中，仍存在基层党组织嵌入基层治理不深的情况，即基层党建主体同基层治理主体在一定程度上处于相互"脱嵌"的状态。一方面，在城市社区中的各治理主体相互之间存在的复杂利益关系，影响着契约精神与共同体意识的形成，以及内生动力的激发，城市社区治理陷入"内卷化"①，造成多元治理主体分散且难以聚合。另一方面，社会自主性的增强使得党组织越来越难以有效进入基层社会治理之中，社区党建出现"悬浮化"，表现为城市社区中的党组织在不同程度上存在组织边缘化、虚化以及弱化等问题，在社区治理中的领导主体权威难以凸显。此外，我国新型城镇化的加速推进，带来了城市基层人员高流动、高异质以及高集聚的社会现象，传统熟人社会逐渐转向陌生人社会，过去个体的"单位人"也逐渐过渡为"社会人"。由此，基层所需处理的事务、所需解决的矛盾问题较过去显著增加，人与人之间的关系较之前疏远与分散，导致党全面领导社区治理的机制创新的主体力量不足。

（二）方式"脱位"

在党全面领导社区治理的现实场景中，党全面领导社区治理的机制创新的方式"脱位"主要体现为党建方式与治理手段的协同不足。城市基层中多元主体的现实存在，决定了城市基层治理离不开多元主体协同。面对不同主体的差异化利益诉求，在我国基层治理场域下，需要发挥中国共产党的"元治理角色"功能，在回应多方诉求与整合多元力量中推进高水平城市基层治理。当前，导致我国党全面领导社区治理的机制创新中存在协同不足的主要原因有以下三点。一是社区党建工作定位模糊。党全面领导社区治理决定了社区党组织在社区治理中的领导地位，明确了其工作重点是把好发展方向、搭起治理平台、建好协同机制、做好过程监督。然而在社区日常工作的开展过程中，仍存在"两极化"的工作倾向：要么包办一切而疏于统筹协调；要么不管不顾而工作流于形式。二是党全面领导社区治理的机制与运

---

① 易臻真：《城市社区治理的内卷化危机及其化解——以上海市 J 街道基层治理实践为例》，《人口与社会》2016 年第 1 期。

作平台不健全。城市社区的动态发展，要求社区党建创治机制与平台不断完善并与之相适应，但仍有社区存在基础硬件设施建设完备，而常态化党建创治机制不足的现实情况，并多以机制固化状态呈现。同时，常态化沟通协商机制不顺畅，主要表现为社区居民表达诉求、反映问题、参与公共事务的渠道与机会不足。另外，信息技术的飞速发展使人们的生活与交流方式不断平台化，但城市社区中党建创治的运作平台，尤其是数字化运作平台如居民自治平台、信息共享平台等的建设，尚未满足社区治理中促进互动与增强活力的现实需要。

（三）资源"脱合"

基层党建资源与基层治理资源的整合不足造成了社区党建创治的资源集约化困境。随着资源不断下沉城市基层，城市社区应当是资源较为丰富且集中的场所，但在党全面领导社区治理的机制创新的具体实践中，城市社区往往因治理资源不足、资源分布过散以及资源整合不够而遭遇社区服务能力不足与可及性不强的现实尴尬，进而造成社区群众认可度不强、认同度不高，甚至引发社区群众对社区党组织的信任危机，对实现城市社区高水平治理与高质量发展产生消极影响。整合是党全面领导基层社会治理的资源再分配机制，这在区域化党建的场景中尤为凸显。同样在社区治理场域下，随着资源不断下沉并嵌入具体城市社区，资源整合成为社区治理运行平稳有效的机制保证。然而，在结构"行政化"影响下，社区党组织内部条块分割的客观存在造成党组织整体有效统筹的缺乏，再加上信息壁垒、多方治理主体之间的相对疏离以及资源整合平台的建设不够，社区党组织难以发挥其与生俱来的政治天赋以调动资源并实现合理配置，使得社区治理资源再分配中的"脱合"问题逐渐成为制约社区服务产生规模集约效应的主要因素，社区党组织也因整合能力不强而开展"孤军奋战"式社区治理，其效果不尽如人意。

（四）目标"脱节"

党全面领导社区治理的机制创新中，行政力量与自治力量共同影响着党建目标与治理目标的确定与统合。在党全面领导社区治理实践中,存在因行政力量与自治力量的分散而使党建目标与治理目标相互"脱节"的现实问题。具体表现为:一是城市社区的党建工作过多依赖行政力量而忽视了社区自治功能的发挥。这是因为社区作为联系国家与社会的"最后一站",自然承接了自上而下的大量行政事务,再加上社区一级并无实质上的工作考核与资源审批权力,所实际承担的工作及其成效逐渐成为街道考核社区并进行资源配置的重要依据,城市社区在日常工作开展中更像是街道的代理而非自治的主导,社区也在自上而下的管理体系中严格完成上级任务,同时将更多精力投入各种考核、检查、评估等工作中,导致同社区中多方主体如物业公司、业委会、社会组织以及居民个人的联系沟通不足,进而对社区多方主体的现实需求把握不准,社区活动也因人、财、物等资源服务的投入不够、不细、不精而难以高效有质开展。二是社区党建的重心偏离了社区治理共生融合的现实目标。比如社区党建内容的"行政化"趋向同社区治理的自治性目标不相符合,社区党组织的"科层化"倾向同社区治理的多元"进场"诉求不相匹配,社区党员的"离散化"趋势同社区治理的共生融合要求不相协调等。

五　从管理到服务:党全面领导社区治理机制的未来进路

如前所述,党全面领导社区治理既是基层党组织在城市社区发挥政治领导功能的必然选择与实然体现,也是推进党全面领导社区治理的机制创新,进而更是提升社区治理能力与水平的组织保障。未来党全面领导社区治理要不断推进基层党建嵌入基层治理,通过"主体—方式—资源—目标"的整体统合,创新管理体系与服务机制,实现城市社区治理的弹性自主、高效动态、类型精细以及一体简约。

(一)推进"纵横交错",建构弹性层级

党全面领导社区治理的首要内涵,就在于通过党的组织嵌入,推进社区党组织同社区内部的多方主体与各项事务形成广泛联结,进而实现将社区党组织建设成为领导社区治理"战斗堡垒"的目标。在

区域化党建不断深化的当下,基层党组织的横向拓展与纵向延伸,不仅整合了"条块"力量,更是构筑起基层治理的强大网络,彰显了中国共产党"支部建在连上"的优良传统,并在社区治理场域下赋予了其新时代的特色内涵。因此,实现党全面领导社区治理的机制创新,首先要党建科学化,在不断补齐党建短板的同时推进社区党组织的"纵横交错",以柔性党建实现层级弹性,以组织结构优化助推社会治理效能提升。具体而言,一是社区党组织在加强自身建设的基础上,聚焦组织力提升以实现社区党组织在物业公司、业委会以及社会组织等主体中的横向布局完善,以及网格党支部、楼栋党小组等组织体系中的纵向切实延伸,并根据社区公共事务的性质与难度程度对党组织的设置灵活调整,以缓解科层制结构刚性矛盾的僵化。二是"授权赋能",处理好社区党建与社区共治的关系,在厘清社区治理职权的基础上,推进服务型党组织建设,由社区党组织确定方向并留出自主治理空间,进一步探索党全面领导的楼栋自治、单元自治、小区自治等,并以引导、培训、孵化等方式激发多元主体的社区创造力、提升多元主体的社区治理能力,建成以党组织为核心、各类治理主体为合力的强大组织体系。三是深入完善社区党建协调机制,重视社区内各个治理主体共建共治意识的强化,以组织联结纽带的深化,推动各治理主体之间的资源共赢共享,形成服务群众强大合力的同时,实现社区治理秩序与活力的平衡。

(二)坚持协商共治,发挥功能优势

在党全面领导社区治理中,多元主体的协同共治既是构建社区治理共同体的必由之路,也是全面提升社区治理效能的重要方式。在社区治理实践中,社区党组织整合社区内部多方主体,建立"一核多元"的社区治理网络,并强调多元主体之间的关系构建及其相互协作,是党组织嵌入治理的过程。通过强化党组织动员能力与发挥功能优势,推进社区内多方治理主体协商共治以形成协同共治的内生动力,进而激活社区自身的自我调节与运转能力。具体而言,一是要以基层党建助推基层民主发展,在社区治理中加强民主协商的同时,扩大社区群众的参与范围。一方面,社区党组织在构建民主协商体系的过程中,首

先要明确民主协商议事的主体、程序与范围；其次要畅通监督渠道，设立常态化的监督机制，使社区群众既能够对违规行为进行有效监督，更能够及时高效表达自身合法利益诉求。另一方面，社区党组织在自身功能强化的过程中，要充分利用已有社会资源如下沉党员等优势，通过动员嵌入，激发社区群众参与社区治理的积极性与主动性，并通过建立健全"党员包户""党建同心圆""党员服务站"等机制推进党建联系群众的常态化、动态化与制度化。二是要立足社区各方主体的需求与呼声，在社区治理中不断挖掘并培育治理力量，注重吸纳并激活社区精英群体，进一步推动社区治理单元下沉小区以更好回应多方差异化诉求。同时，建立完善基层民主治理共建机制，以基层党建带动组织联建、信息联通以及人员联系，在制定社区规则、选择治理议题以及处理公共问题等方面充分尊重社区群众的主体地位。

（三）聚焦服务优化，创新整合方式

新时代下，社区居民的美好生活需要是一个涉及居民群众多方利益的结构网络，内涵丰富且复杂多变，是党全面领导社区治理的机制创新中所关注的重点。基于此，在遵循社区自主性原则的前提下，根据社区群众不同个体的需求以及偏好的差异，聚焦服务优化，探索资源整合、精准对接以及方式创新的分类供给路径，提升城市社区的精细化治理水平。一方面，充分发挥社区党组织的主导作用，以社区党建为抓手统合社区已有的各类资源与平台，通过多方式多渠道收集社区群众的服务需求，由社区党组织以项目形式并按服务类别汇总列出本社区的"需求清单"，社区内其他有能力的主体则结合自身实际列出"资源清单"，经过供需的精准对接，整合为"项目清单"并加以运作。另一方面，在资源整合中，以"党建+"向外延伸社区党组织的服务功能，并在互联网、大数据等信息技术手段的运用中，引入人工智能、算法推荐等前沿信息技术，打造并完善社区智慧党建平台，创新线上线下资源的联接与配置方式，以资源供给精准化、多元化推进社区服务精细化、丰富化。另外，要健全党全面领导社区治理的机制创新的考核体系与评价机制，充分发挥其激励、导向与约束功能，切实推动社区党组织厘清职能边界，从繁杂的行政事务中抽离出

来，真正专注政治领导、资源整合与服务创新，进而实现社区党建创治成效的最大化。

（四）依托政党权威，嵌入政党价值

城市社区是人们生活的基本场域，同一社区范围内生活的人群构成了生活共同体，但要想将其发展成为社区治理共同体，必须以价值的引领来实现。在党全面领导社区治理的机制创新中，社区党组织以其政党权威，将目标价值嵌入社区治理，推动社区治理价值理念的创新以及社区群众价值认同的强化。一是政党价值嵌入社区公共空间以凝聚基层社会治理共识。社区党组织首先要发挥好"总揽全局、协调各方"的政治优势，抓实基层党建工作，以党务促业务，通过改造社区公共空间如建设党群服务中心、打造红色会客厅等，将政党价值融入社区群众的日常生活，为拓展社区公共服务、推动多元主体协同与社区精细化治理提供有效的空间载体。二是政党价值嵌入社区治理主体以增强基层社会治理认同。社区党组织要通过制度设计，使规范社区党建工作同践行社会主义核心价值观相结合，将党的路线方针政策有机融入基层社会治理的方方面面，最大程度凝聚起多方共识。同时，面对城市社区里的社会组织如业委会、市场组织如物业公司，可通过社区党组织提出的相关机制嵌入政党价值，如组织嵌入与人员选择机制等，将这些组织纳入政党领导的体制框架内以重塑组织合法性。另外，社区治理机制创新下的共识凝聚，必须深刻理解坚持和加强党的全面领导，从政治领导、组织引领、价值引导等方面着手，把社区文化作为政党价值的承载主体，以主题教育、模范引领、树立标杆、塑造典型等方式，在社区治理中倡导并形成共建共治共享的价值理念。

第五章

选贤任能：党全面领导社区治理的干部培养模式

　　城市基层治理作为社会治理的基础与载体，随着国家转型的全面深化，城市社区不断承担着多项工作任务，涉及内容愈加广泛，其"兜底"功能也日益显现。① 在此过程中，城市社区工作者愈发成为党全面领导社区治理的中坚力量。社区工作者也称社工，是指通过政府招聘，在社区从事公共服务和社会治理的专职工作人员②，包括：居委会干部（社区党组织和居民委员会专职组成人员）、社区干事（负责某项或若干项公共服务职责的人员）以及协理员（由职能部门派驻社区的人员）等。随着城市社区规模的不断扩大，为适应城市社区治理需要，近年来各地也陆续将专职网格员纳入社区工作者的管理体系之中。截至 2020 年底，全国社区工作者已达 433.8 万人。③ 作为联系国家与个体的关键群体，城市社区工作者在中国共产党的坚强领导下，依托其"国家权力代理人"角色，通过干部人才的选贤任能，在城市基层治理的宏观国家话语转化为日常生活治理实践中，发挥着加强和创新城市基层治理的坚实力量，这是我国党建引领社区治理的

---

　　① 黄燕明：《以社区党建创新推动社会管理创新》，《思想政治工作研究》2012 年第 7 期。

　　② 王德福：《新生代社区工作者的职业激励与职业发展——兼论面向社区治理现代化的干部培养路径》，《理论月刊》2022 年第 12 期。

　　③ 国务院办公厅：《国务院办公厅关于印发"十四五"城乡社区服务体系建设规划的通知》（https：//www.gov.cn/zhengce/zhengceku/2022 - 01/21/content_ 5669663.htm），2021 年 12 月 27 日。

第五章　选贤任能：党全面领导社区治理的干部培养模式　91

现实探索，也是党的全面领导在社区治理中的优势体现。

一　文献回顾与问题提出

2019 年，在党的十九届四中全会上，明确提出要"坚持新时代党的组织路线，健全党管干部、选贤任能制度"，强调在国家的发展建设中要"坚持德才兼备、选贤任能，聚天下英才而用之，培养造就更多更优秀人才"[①]，这是我国国家制度和国家治理体系的显著优势之体现。2021 年，《中共中央　国务院关于加强基层治理体系和治理能力现代化建设的意见》中明确，各级党委要专门制定培养规划，加强对基层治理人才的培养使用，研究制定加强城乡社区工作者队伍建设的政策措施。在《"十四五"城乡社区服务体系建设规划》中，也明确了要通过选派、聘用、招考等方式，选优配强社区工作者队伍。在此背景下，学界围绕党管干部原则、选人用人思想、选贤任能制度以及干部人事制度改革等理论与实践问题展开深入探讨，取得较为丰硕的理论成果。从已有相关研究成果来看，研究的视角主要为以下方面。

一是国家能力建设与治理视角。现有研究认为，中国共产党的干部选拔任用制度是国家能力建设的重要组成部分，其机制与路径在国家治理体系之中得以实现。例如，王海峰在"党建国家""干部国家"概念界定的基础上，指出"党建国家"是人民共和建国的一种战略模式，通过分析干部在中国政党国家形态中所发挥的作用，提出中国共产党的广大干部是支配和支撑国家政权体系的内在结构要素，认为当代中国是一个"干部国家"，这是一种支撑和维系中国党建国家权力结构及其运行的制度。[②]胡鞍钢基于中国"集体领导制"的历史演变，分析了中国"集体领导制"的工作机制，并通过总结其政治优势，认为中国特色的"集体领导制"是具有深刻意义的制度创

[①]　《中共中央关于坚持和完善中国特色社会主义制度　推进国家治理体系和治理能力现代化若干重大问题的决定》，《人民日报》2019 年 11 月 6 日第 1 版。
[②]　王海峰：《干部国家——一种支撑和维系中国党建国家权力结构及其运行的制度》，复旦大学出版社 2012 年版，第 13—24 页。

新和治道变革，符合中国的基本国情和文化背景，适应中国的发展阶段和社会条件，经得起来自国内外各方面的挑战与考验。① 还有学者将选贤任能视为文明型国家构建的重要制度，认为中国选贤任能制度挑战了"民主或专制"二分法②，并从党领导的权力网络中分析干部选拔任用机制，指出国家全面主导社会的重要社会基础，是包含党员干部网络在内的"被党的组织网络化的社会"③。

二是政党政治与贤能政治视角。现有研究中，有学者通过政治学、政党政治学等理论深入剖析政党建设下的领导干部选拔任用以及贤能政治模式下的领袖选拔。如罗峰在政党权威重塑中强调"人事嵌入与党管干部"，认为政党对国家的政权掌控是通过人事安排占据核心职位来实现的。④ 刘建军认为，新型精英与使命政治构成了中国共产党执政体系的干部制度基础，并通过分析改革开放时期中国干部精英的特性以及使命政治生成的动力，指出干部制度是中国共产党执政体系极为重要的制度基础。⑤ 贝淡宁基于贤能政治，通过系统阐述中国尚贤制，并将其同西方选举民主制进行比较⑥，提出贤能政治的两个关键因素分别为"政治领袖有超过平均水平的才能和品德"与"设计用来选拔这种领袖的机制"⑦，并认为在政治领导人的选拔中，可以把民主和贤能政治结合起来。⑧ 尼古拉斯·伯格鲁恩、内森·加德尔斯也通过中西比较，指出中西政体的差异在于选贤任能。⑨ 唐皇

---

① 胡鞍钢：《中国集体领导体制》，中国人民大学出版社2013年版，第8页。
② 张维为：《文明型国家》，上海人民出版社2017年版，第66页。
③ 林尚立：《中国共产党与国家建设》，天津人民出版社2017年版，第273—276页。
④ 罗峰：《嵌入、整合与政党权威的重塑：对中国执政党、国家和社会关系的考察》，上海人民出版社2009年版，第165—177页。
⑤ 刘建军：《新型精英与使命政治：共产党执政体系的干部制度基础》，《探索与争鸣》2010年第11期。
⑥ [加]贝淡宁：《贤能政治：为什么尚贤制比选举民主制更适合中国》，吴万伟译中信出版社2016年版，第164—178页。
⑦ [加]贝淡宁：《贤能政治是个好东西》，《当代世界》2012年第8期。
⑧ [加]贝淡宁：《中国政治模式：贤能还是民主》，《中央社会主义学院学报》2018年第4期。
⑨ [美]尼古拉斯·伯格鲁恩、内森·加德尔斯：《智慧治理：21世纪东西方之间的中庸之道》，朱新伟等译，格致出版社、上海人民出版社2013年版，第51页。

凤提出以现代化为战略导向的"新贤能政治"并分析其模式，指出党的干部人事制度实现了贤能政治与民主政治的有机结合，在承接中国贤能政治传统的基础上，引入了现代民主政治的基本程序和运作规则，彰显中国道路的独特性和有效性，是中国共产党治国理政的宝贵经验①，并认为干部选拔民主化、权力监督和制约机制构建以及责任追究实效化，是保证"选贤任能"、保持领导干部"恒贤""恒能"以及杜绝"不贤不能"、进而最终实现民主选拔与民主选举有机结合的优化路径。②

三是制度改革与制度变迁视角。该视角下，主要是基于制度改革历程的梳理与制度发展创新的探讨，分析干部选拔任用的制度变迁机制与动力。比如麻宝斌与仇赟以制度变迁理论为分析工具，在剖析我国竞争性选拔干部制度变迁的外部原因与内部动力的同时，指出我国竞争性选拔干部制度变迁的基本特征与强化路径。③ 唐皇凤与赵吉通过分析制度变迁历程，解释了党政领导干部选拔任用制度及其背后的内在逻辑，并针对现有干部选拔任用制度的现实挑战，提出了制度的调适与优化路径。④ 李锐通过对新制度主义三个流派的解读与重构，以整合性分析框架解释了干部选拔任用制度变迁的核心逻辑，并提出了影响党政领导干部选拔任用制度变迁的关键变量与变迁发生的内部机制。⑤ 陈家喜通过梳理百年大党干部选任制度演化的历史脉络，总结了中国共产党在革命、建设、改革开放和新时代四个时期所取得的制度建设经验，提出了干部选拔任用制度的未来走向。⑥

综上所述，现有研究将选贤任能同党的干部选拔任用、国家治理

---

① 唐皇凤：《新贤能政治：我国干部选拔制度的民主化与现代化》，《复旦学报》（社会科学版）2016年第4期。
② 唐皇凤、赵吉：《为新贤能政治正名与辩护》，《探索与争鸣》2016年第8期。
③ 麻宝斌、仇赟：《中国竞争性选拔干部制度变迁问题研究》，《湖南社会科学》2012年第6期。
④ 唐皇凤、赵吉：《我国党政领导干部选拔任用制度的调适与优化》，《中共福建省委党校学报》2016年第8期。
⑤ 李锐：《制度、制度变迁与干部选拔任用制度变迁：一个整合性分析框架》，《云南行政学院学报》2016年第2期。
⑥ 陈家喜：《百年大党的干部选拔任用制度：历史脉络与经验解构》，《上海大学学报》（社会科学版）2021年第4期。

以及制度改革相结合，取得了一系列较为丰硕的理论成果。现有研究中，大多数基于中国特色社会主义政治的历史发展与制度特色，从历史脉络、现实挑战、制度特征等不同方面剖析"选贤任能"的中国特色，并通过比较中西政体下选举方式与选举制度的差异，彰显我国选贤任能的模式创新与制度优势。另外，现有研究一方面基于宏观角度，分析选贤任能制度的改革与完善以及选人用人思想的发展走向；另一方面基于微观角度探讨具体操作层面的问题解决之道，但已有研究多集中于探讨推进国家治理体系与治理能力现代化的路径选择与具体操作，缺乏对城市基层治理，尤其是党全面领导社区治理的选人、用人以及育人的现实关注与学理分析。基于此，笔者拟基于中国选贤任能模式，把中国共产党干部选拔任用制度与党管人才原则同城市社区工作者的人才培养与队伍建设相结合，探究党全面领导社区治理的育才模式，即党如何全面领导社区治理人才，特别是社区干部人才的培养。这就需要弄清：一是社区干部人才从何而来，即从哪找到"人"，如何找到"人"；二是社区干部人才在社区治理中如何匹配，即匹配的原则与标准是什么，怎么用好"人"；三是在社区干部人才培养的同时如何实现人才激励，即激励源于何处，如何凝聚"人"。

二　社区党建育才的实践创新："过程完备、立体开放"的人才培养模式探索

"政治路线确定之后，干部就是决定的因素。"[1] 城市社区工作者是社区主体力量，虽不同于政府部门工作人员等主体具有行政意义上的正式编制，但是在"基层"治理场域中，城市社区工作人员具有政治体制意义上的正式地位[2]，是夯实党在基层执政根基、实现社区治理现代化的中坚力量。作为社区治理的重要主体，城市社区工作者的人才培养与队伍建设关乎党全面领导社区治理的平稳运行与有序推

---

[1]《毛泽东选集》第2卷，人民出版社1991年版，第526页。
[2] 王德福：《新生代社区工作者的职业激励与职业发展——兼论面向社区治理现代化的干部培养路径》，《理论月刊》2022年第12期。

进。基于此，选贤任能在城市社区治理实践中的具体运用，有效解决了治理主体，即由谁来治理的基本问题①，也为党全面领导社区治理的人才培养提供了制度依据与创新思路。人才培育筑基石，人尽其才促发展。

作为湖北省武汉市的"老城新居"，为全方位推动基层社会治理，南湖街道高度重视人才在社区治理中的关键作用，将中国特色的选贤任能模式充分运用于城市社区治理，秉持"选育用、传帮带、学评比"党建育才的九字方针，秉承"尊重人才、爱惜人才"的科学育才理念，以诚待贤并委以重任，在党全面领导社区治理的具体实践中，不断发掘治理人才、壮大治理队伍、提升治理能力，探索出"过程完备、立体开放"的人才培养模式，以独特经验创新了社区治理中的找到"人"、凝聚"人"以及用好"人"的现实路径，为社区党建育才提供了良好的现实样板与经验借鉴。

（一）"选育用"：党管人才原则下的全过程培养

选好人才，育好人才，用好人才，是各项事业兴旺发达的重要保证，也是坚持党管人才原则的核心。②南湖街道强化人才工作统筹，打造人才全过程培养体系，在选人、育人、用人中始终体现党管人才原则。在选人方面，南湖街道强调"好苗子"必须精挑细"选"。一是严把政治关，选优配强街道领导班子并以招录方式充实干部队伍。截至2022年4月，领导班子成员新增2人，招录公务员和事业人员10名，不仅大幅提升领导班子的年轻化程度，更为社区治理增添鲜活力量。同时，在社区工作者队伍建设中，立足"知南湖、懂南湖、爱南湖"择优选出红色头雁"当家人"。二是打造社区能人库储备社区治理人才。南湖街道鼓励各社区广泛挖掘各类能人，通过创设与举办相关系列活动，为社区治理寻得各类草根精英，充实社区能人库的同时也为社区治理提供智慧支持。例如，南湖街道创设"了不起的居

---

① 仇赟：《选贤任能制度：基于国家治理与程序正义视角的观察》，《理论月刊》2021年第1期。

② 纪淇轩：《坚持党管人才原则建设高素质化人才队伍》（http://dangjian.people.com.cn/n1/2018/0227/c117092-29836709.html），2018年2月27日。

民"系列活动,通过举办寻找"社区能人""社区善治合伙人"、比赛汇演以及文艺创作等活动,现已挖掘到180位社区能人,其范围涵盖了基层党建能人、红色物管能人、志愿服务能人、邻里协调能人、社区规划能人等十大类能人。三是重视社区流动党员这一重要人才资源。南湖街道通过走访慰问、组织学习等方式挖掘老党员、建立流动党员信息库,不断丰富人才库,最大限度推进人人"同向聚合"。

在育人方面,南湖街道强调"勤施肥"才能培"育"创新。在社区治理人才的培养中,南湖街道以教育管理为重要抓手,重视强化治理人才的使命担当。具体而言,一是党员教育常态化。南湖街道在持续办好"习近平新时代中国特色社会主义思想"武昌周周讲南湖街道子讲堂活动的同时,充分发动社区老党员、下沉党员、老干部、老教师、老工人、先模人物等近百人组成了百姓宣讲团,宣讲学习党的最新理论,实现党史学习长效化。二是倾注资源加强针对性培训指导。南湖街道针对不同的社区治理参与群体开展了对应的培养培训工作,如针对社区实务能人,南湖街道基于满足群众需求,根据不同人才类型精准施策,开展多样化的赋权增能工作;针对社区工作者,启动了以培养共治思维为主,以"社区总体营造系统性课程+社区治理工作坊"为核心,能够掌握促进多方共治技术与方法的增能计划;针对业委会,引入了第三方开展专业培训和指导,提高建章立制的专业化水平并实现其规范化运作;针对社区志愿服务组织,通过一系列如志愿服务制度化、志愿团队管理规范化、志愿团队标志创新化等专业引导,先后打造出了南湖大妈志愿队、巧姐姐、爱之翼以及银发先锋流动党员志愿队等多个志愿服务品牌。

在用人方面,南湖街道坚持"办实事"才会提"能"历练。人才的识别、挖掘与培养是为了更好地人尽其才,而在此过程中,要想真正实现人才的全过程成长,更重要的是在培养中使用人才、在使用中提升人才。为此,南湖街道将社区治理人才的培养与使用有机结合,首先在党建引领红色物业、"五心"志愿者队伍建设、邻里党支部创建、社区微改造以及民族融合等各项工作中,积极践行"我为群众办实事",紧扣社区治理关键问题,推进"一居一品"建设并取得明显成效。例如,宝安社区"变废为宝",将"锅炉房"改造为"党史馆",为党员群众提供了学习活动场所;宁松社区党委积极探索"三方联动+"模式,经过多方共同努力,"一举拿下"了困扰江南庭园小区居民多年的用水难问题。其次,南湖街道鼓励社区充分发挥下沉党员的专业优势,通过创设平台、开发项目,将社区下沉党员的专业服务辐射到南湖"大社区"。如"邻里好医生"服务日、线下"1+N"结对服务以及"健康在线"互动服务等志愿服务的开展,以及"自主创单、组团服务"服务模式的建立,为下沉党员专业优势的高效发挥创造了有利条件,也助力了社区治理提能提效。另外,在社区规划、社区协商议事中,南湖街道引导组织社区能人积极参与,培养了专业的社区规划师(截至2022年4月,共有87名专业社区规划师),解决了社区治理中如老旧电梯维修等难点问题。

(二)"传帮带":一专多能需求下的立体化培养

建设专业化社区治理骨干队伍,既是基层社会治理的新时代要求,更是夯实党全面领导社区治理基础的关键路径。随着社区居民需求愈发多样,需要整合更多的社会力量参与到社区治理之中,以更好回应居民的个性化需求,这就对社区治理人才的培养工作提出了更高的要求,同时也指明了方向。南湖街道为回应居民呼唤,在社区工作队伍建设中突出培养复合式"一专多能"治理人才,打造了"传帮带"立体化人才培养路径。

"头雁"领航带动"群雁"齐飞。南湖街道高度重视社区党组织书记队伍建设工作,在党全面领导社区治理中,以系统打造"领航工程"提升"头雁领飞能力",形成了"头雁"领航效应,建成了一支能作为、会干事、敢担当的社区书记队伍。例如,南湖街道将为民服务的干事精神、优秀的工作方法和敢为人先的创新意识,通过充分利用"张淑静名书记工作室""1+10"帮带机制,结合课题研讨、实践创新、实地观摩、经验分享等多种形式,做到为每一位社区书记传经送宝,提升社区书记抓党建工作以及创新社区治理工作的能力。同时,社区书记在日常工作中也以"头雁带群雁",想在前面、干在前面,充分发挥党员先锋模范作用,带领社区工作人员、居民群众共创最美南湖花园城。

"能人""红人"携手共进治基层。多方社会力量的广泛参与能够合力提升社区治理能力。南湖街道和社区党委搭建服务框架，在社区工作人员入户排查以及日常工作的开展与接触中，积极鼓励社区居民、流动党员、下沉党员中具有专业技能与特长的"能人"组建起志愿服务组织，充分发挥社区能人、红人的自主创新意愿，实现了服务项目自愿申请、服务队伍自发组建、服务内容自行设计以及服务质量自主监督。同时，围绕志愿服务，南湖街道以"红"带"能"激热情，以"能"带"红"提能力，如中央花园社区组建顺民心的"啄木鸟"、暖民心的"岔巴子"、聚民心的"吹鼓手"、知民心的"管得宽"、得民心的"老顽童"[①]，建立起"五心志愿服务队"，围绕邻里交往、物业管理、爱绿护绿、志愿服务以及文化活动等各领域全方位进行社区治理。

"新""老"结对赋能社区治理提质。在党全面领导社区治理中，南湖街道以丰富多彩的活动吸引社区居民走出家门"小天地"融入社区"大环境"，结合居民特点与精神文化需求，统筹开展并打造如邻里文化节等一系列丰富的文化活动，将妇女、老年人等凝聚起来，在活动中不断提高社区居民的组织协调能力与志愿服务能力。在社区治理中，青年与老年相互带动，共同活跃。一方面，南湖街道以新促老添活力，围绕青少年、青年群体打造了街道社区活动并融入南湖历史，重视讲好身边的故事，在不断增强社区年轻力量对街道、社区认同感的同时，关注"老漂族"融入城市生活的现实情况。例如，南湖街道根据南湖机场特性，打造了航天科技馆、少儿图书馆等文化场所；水域风华社区面向随子女入城老人创建了"老年飘"城市融入计划，通过传递新教育理念、家庭关系处理技巧等知识帮助老人提高城市融入能力。另一方面，南湖街道重视以老带新挖掘潜力，在青年带动老年融入城市生活的同时，老年群体也在以自身所积累的丰富人生经验与力量带动青年加入社区治理，如华锦社区年轻的在职党员在看到一系列报道后，积极向流动老党员学习，纷纷主动加入志愿服务队伍。

[①] 夏静、张锐：《武汉：人人争当志愿者》，《光明日报》2021年11月7日第3版。

（三）"学评比"：科学育才理念下的开放式培养

人是最重要的活力和资源，党全面领导社区治理中，要想达到"事有人做，人有事做"的理想效果，就需要着力打造人才矩阵、社会治理方阵，达到"人适其位，人尽其才，才尽其能"的理想状态。为此，南湖街道以统筹规划和良性激励这两大育才法宝，最大限度集聚人才并充分发挥其优势，在抓实"学评比"的过程中，逐步构建起开放式培养的人才策略。

以思想引领强调"学"习在先。南湖街道重视社区治理人才的科学培养，强调要带头学、竞赛学和同辈学。具体而言，第一，南湖街道带头坚持学深悟透习近平总书记关于基层社会治理的重要讲话和重要指示批示精神，按照省委市委部署要求，上下统一思想、凝心聚力，紧密结合南湖实际抓好贯彻落实，增强党全面领导社区治理的政治自觉、思想自觉和行动自觉。第二，南湖街道在推进党史学习教育中不断创新形式，以党史"天天读""周周讲""月月赛"等一系列活动的开展，吸引了上万人次参与，学习趣味性显著增强，也形成了浓厚的学习氛围。第三，针对年轻干部的培养与成长，南湖街道结合体制改革推动并实现干部轮岗交流，组织策划"南湖青年说"系列活动，为同辈之间互相学习交流搭建平台，激发了青年干事创业的热情与激情。

以榜样"评"选示范治理成效。通过坚持举办十一届"感动南湖"人物评选，南湖街道树立起一批长期扎根南湖、奉献南湖，获得居民认可的个人和团体榜样，在社区治理中发挥了带动一片的正向引领作用。在社区治理中，南湖街道主要从三个方面推进榜样示范出成效。一是褒扬模范常态化。南湖街道在日常工作中注重发现先进、树立榜样，如评选社区服务之星、最美下沉党员干部、十佳少年、百对好婆媳以及千户文明家庭等，将树立模范融入日常工作，将创优争先的积极向上精神传递给每位居民。二是选取榜样多元化。南湖街道在日常工作中向居民传递"人人都能成为榜样"的理念，激发"人人争当榜样"的氛围，在"十百千万""感动南湖"等活动中评选出的先进榜样，都是群众身边"可亲、可敬、可学"的真英雄，也是群众所熟知的环卫工人、外卖小哥、律师、退休党员等普通人。三是榜样宣传情感化，南湖街道深入挖掘如"南湖大妈"杨晓青爱社区、爱邻里、爱生活的善良温暖与朴实情感，通过现场表彰会、网络媒体等多种工具向社区居民传递情感，以增强榜样精神感染力。

以"比"学赶超实现共同进步。南湖街道既在全街形成了比学赶超的"小循环"，更推动了社区工作经验总结在全国评比的"大循环"。一方面，南湖街道向社区书记赋权增能以激发社区骨干创新活力，在通过互相比较学习找到自身不足的同时发现他人优点。例如，南湖街道鼓励和促使社区通过互相学习比拼、创建"一居一品"、任务竞赛、优绩推广等方式，提升党全面领导社区治理，破解红色物业、网格功能、服务阵地等难点问题和薄弱环节。另一方面，南湖街道积极总结社区优秀工作经验，推选申报国家级、省市级优秀案例、工作法评比，以赛促学、以学促行。例如，华锦社区"三微三治"工作法获评全国市域治理优秀案例；宝安社区"同心共克战疫大考携手保卫活力宝安"获评全国城乡社区疫情防控优秀案例；中央花园社区打造的"一诺双评三监督"物业质量监管模式一举获得民政部优秀社区工作法，并在民政部门户网站受到特别推荐。

社区治理人才是实现社区善治的重要力量与关键资源。在社区治理需求不断多样化的当下，对社区治理主体及其作用的发挥提出了更高的要求。在南湖街道党建育才的实践过程中，作为社区治理的具体践行者，包括社区干部、社区工作者、社区能人与社区红人等在内的社区治理人才，以及众多社区居民、流动党员、下沉党员等社区治理参与主体，坚持党管人才原则，回应一专多能需求，秉持科学育才理念，以全过程、立体化、开放式的人才培养模式，挖掘、培养并建设了适应社区治理新要求的社区治理人才队伍，彰显出党全面领导社区治理的以"贤"选人与以"能"任岗，是新中国选贤任能模式在城市基层治理人才培养中的现实写照。

三 社区党建育才的深层逻辑：选贤任能

古今中外，选贤任能一直是治国理政的重大议题。回顾中国共产党的百年奋斗历程,逐步探索并建立起以党管干部为核心、党管人才为原则,涵盖培养、选拔、考察、监督以及任用的具有中国特色的选贤任能模式,形成了相应完备的制度体系,明确了"全面考察德、能、勤、绩、廉"是党员干部选拔任用的标准,指出了"五湖四海、任人唯贤"中要重视干部人才的政治素质与道德品行,并强调了对干部选拔中"德才兼备、以德为先"以及"公道正派、注重实绩、群众公认"的重视。作为中国特色国家治理体系中具有显著优势的选贤任能制度,其在国家治理体系和治理能力现代化的现实探索中充分发挥着锻造治理队伍、明确治理价值以及提升治理效能的重要作用,指导着城市社区治理中党建育才工作的全面开展。

(一)选贤任能:党管人才的实质

治国必须依靠人才。对于一个国家而言,人才既能体现国家的综合实力,更决定着国家与社会事业发展的未来可及高度。我国是中国共产党领导的社会主义国家,决定了党对我国各个领域、各项事业的全面领导,我国人才工作同样是在党的坚强领导下全面有序开展。"国以才立,政以才治,业以才兴。"[1] 党的十八大以来,始终鲜明强调要将各方面的优秀人才集聚到党和国家的各项事业中来,党管人才关乎我国人才队伍建设的未来长远发展,也是我国人才工作沿着正确方向前进的根本保证。

党管人才原则的提出是党和国家对人才培养高度重视的充分体现,也是对人才培养规律的深刻揭示。作为党领导人才队伍的根本指导原则,党管人才贯穿于各个领域、各个行业、各个层次的人才培养与队伍建设,具有深厚理论基础与重要现实意义。从党管人才原则提出的理论基础来看,首先,党管人才原则是党的创新理论在人才建设领域的思想成果。从革命与建设时期党管干部原则的确立及其人才政策内容的明确,到党管人才概念的生成与提出,再到党

---

[1] 胡锦涛:《在庆祝我国首次月球探测工程圆满成功大会上的讲话》,《人民日报》2007年12月13日第1版。

管人才原则的确立，是党带领全国各族人民在长期探索中对所取得经验的理论凝练，丰富了党管人才的深刻内涵，为党管人才原则的现实操作提供了理论支撑。其次，党管人才原则彰显党对人才问题客观规律的认识与把握。回顾党的百年历史，不难发现重视人才培养一直是党的优良传统。早在井冈山时期，毛泽东同志就已亲自办教导队。在抗日战争时期，强调要统一战线，为支撑战争取得胜利而培养人才。改革开放以来，党和国家立足发展的新形势新要求，在人才管理与人才培养方面大胆探索，将人才队伍建设提高到国家战略高度，重视领导人才培养，为管理人才提供了理论基础与实践经验。另外，党管人才原则体现新形势下坚持党的先进性要求。新形势下，党的先进性不仅体现在大批具有先进性的党员干部汇聚于国家治理与社会发展的方方面面，更体现在党能否将大批懂技术、有知识的人才凝聚起来，齐心协力治国理政。由此，党从根本政策和方针上明确人才建设的定位，为人才的管理与先进性发挥提供了可靠依据与法律保障。

　　从党管人才原则提出的现实意义来看，党管人才原则继承和发展了党管干部原则，是基于中国实际并具有中国特色的人力资源管理理论。一方面，坚持党管人才原则有利于应对我国人才队伍建设中面临的困境与挑战。随着党和国家对人才发展的不断重视，召开了全国人才工作会议，实施了一系列同我国实际相符的人才发展规划，人才队伍的结构、规模以及质量等方面发展成效显著。然而，各地仍存在对人才队伍建设重视不足，在不同层面、不同领域贯彻执行党和国家人才政策和方针不够等问题。特别是在基层，容易出现嫉才、妒才、贬才、压才等现象，对人才作用的认识不够深刻，使得阻碍各类人才发展和作用发挥的体制机制障碍难以破除。因此，在党管人才原则下，坚持选贤任能、强调能力本位，有效避免了干部人才选拔任用"德不配位、人不配职"现象的发生，最大限度保障各级各类人才成长以及投身国家治理与社会发展的机会公平。另一方面，坚持党管人才原则有利于提升人才工作科学化水平，全面推进人才队伍自身建设。当前，在人才强国战略实施背景下，我国正由人才大国不断向人才强国迈进，全国各地虽然根据经济社会发展的需要，因地制宜制定实施了关于人才培养与发展的系列规章制度与工作办法，同时在人才的吸引与使用方面也加大工作力度并取得显著成绩，但是在人才的总量储备、能力素质、资源配置、组织协调以及科学管理等方面还存在问题。基于此，坚持党管人才原则，能够在选贤任能中以优化人才资源配置形成人才工作合力，保障选人育人用人的科学合理，实现人才队伍建设水平的整体提升。

（二）中国选贤任能模式的脉络传承

中华民族自古以来崇尚选贤任能，这与中华民族尚贤文化密切相关，也深受中国古代国家与社会管理实践的直接影响。从历史层面看，中国选贤任能模式的生成与完善，继承了"任人唯贤"的优良传统，汲取了"能上能下"的管理理念，延续了"退而致仕"的退出机制。

从"任人唯贤"的优良传统来看，以儒家为代表的选贤任能思想在中国历史长河中长期占据着主导地位，影响着中国古代政治的具体实践，这也是"贤能政治"得以提出并代表中国古代政治形式的历史根源。孔子曾云："大道之行也，天下为公，选贤与能"[1]，孟子则在此基础上将"选贤与能"进一步解释为"贤者在位，能者在职"[2]。此后，"任人唯贤"成为中国古代遴选官员制度的鲜明特征，逐步探索形成了包含察举制、九品中正制、科举制等在内的中国古代选贤任能制度，并不断成熟定型。如今的中国选贤任能模式正是中国共产党在批判性继承中华民族数千年"任人唯贤"历史传统文化的基础上，通过深刻总结近百年历史实践经验而发展完善的适合我国育才实际的特色方式。回顾党的百年历史进程，"任人唯贤""选贤与能"的原则始终贯穿于革命、建设和改革等不同历史时期，始终展现着选贤任能模式的强大生命力。

---

[1] 《四书五经》，岳麓书社1991年点校本，第513页。
[2] 《四书五经》，岳麓书社1991年点校本，第77页。

表5.1　不同历史时期中国选贤任能模式的目标发展

时期	代表性文件名称	主要目标
新民主主义革命时期（1919—1949）	《中国共产党的第一个纲领》《中国共产党章程》《关于干部工作一般问题指示》《关于干部政策与教育工作的指示》《关于干部之提升与审查工作指示》	选拔、培养和建设政治立场坚定、业务能力突出的优秀干部队伍，提升战斗力，实现民族独立和人民解放
社会主义革命和建设时期（1949—1978）	《关于加强干部管理工作的决定》《关于统一调配干部，团结、改造原有技术人员及大量培养、训练干部的决定》《关于轮训全党高中级干部和调整党校的计划》《关于党的高级干部自修马克思、列宁主义办法的规定》	干部队伍职能转向国家建设，适应计划经济发展需要，实现分级、分类管理，不断提升干部素质，为社会主义事业的建设提供可靠人才队伍保障
改革开放和社会主义现代化建设新时期（1978—2012）	《关于实行干部考核制度的意见》《国家公务员暂行条例》《党政领导干部选拔任用暂行条例》《党政领导干部考核工作暂行规定》《关于进一步做好公开选拔领导干部工作的通知》《深化干部人事制度改革纲要》《国家公务员通用能力标准框架（试行）》《党政机关竞争上岗工作暂行规定》《公务员考核规定（试行）》《2010—2020年干部教育培训改革纲要》	以经济建设为中心，深入推进改革开放，在适应形势发展需要的基础上，创新性发展党的干部人事制度，为选拔优秀人才投入改革开放事业提供坚强的组织保障和制度保障
中国特色社会主义新时代（2012年至今）	《中国共产党纪律处分条例》《中国共产党党内监督条例》《关于进一步激励广大干部新时代新担当新作为的意见》《党政领导干部选拔任用工作条例》《中华人民共和国公务员法》《公务员公开遴选办法》	打造一支具有高素质、高水平的干部队伍，加强对领导干部的监督问责，坚持严管和厚爱相结合的干部政策，推进干部选拔任用工作制度化、规范化、科学化

从"能上能下"的管理理念来看，选人是为了更好地用人。纵观中国古代历史，为了更好地管理察选人才，逐步形成了人才"能上能下"的"升迁""降黜"以及"监察"等制度及相应的管理理念。例如，在唐朝，规定了全国每年一小考，四年一大考，根据"四善二十

七最法"[1] 的考核标准，皇帝亲自主持三品以上考核，吏部执行四品以下考核，考核结果则以"上、中、下"三等九级的划分来评定。[2] 这种"能者上庸者下"的考核办法一直延续至清朝，对当前的干部人才培育管理仍具有深刻影响。党的十八大以来，中国共产党在吸收借鉴选贤任能传统历史经验的基础上，不断探索并完善具有中国特色的新型选贤任能模式，出台了《关于推进领导干部能上能下的若干规定（试行）》这一标志性制度成果，为进一步解决"为官不正、为官不为、为官乱为"等问题，推动形成"能者上、庸者下、劣者汰"的从政环境和用人导向，拓宽了现实路径选择，提供了坚实制度保障。

从"退而致仕"的退出机制来看，人才退出的管理是实现选贤任能的重要环节，关乎整个贤能政治的代谢发展。我国选贤任能的退出机制早在春秋战国时期就已建立。"退而致仕""大夫七十而致事"等理念与实践，不仅影响了此后中国选贤任能退出机制中"致政""休致"的发展，更约定俗成七十岁一般为退出年龄。然而，这一约定俗成在明清时期发生了较大改变，如明朝规定了文武官六十岁以上者经皇帝恩准可以辞官。当前，我国实施的干部退休离休机制正是汲取了中国古代官员退休的历史实践经验，从新中国成立后确立的党和政府领导终身任职制，到《关于建立老干部退休制度的决定》的出台以及邓小平同志在改革开放初期的亲自带头执行，再到当下干部离休退休的常态化管理，标志着我国选贤任能模式及相应制度逐步成熟定型。

（三）选贤任能模式下干部选拔任用制度的优势分析

制度建设追求制度效能。制度的本体性与工具性决定了制度效能体现在制度作用发挥为制度作用领域及社会所带来的实质价值与工具价值。[3] 在中国选贤任能模式下，从干部选拔任用制度的政治优势来

---

[1] "四善"是指德义有闻、清慎明著、公平可称、恪勤非懈；"二十七最"是针对不同部门和不同类别设置的考核要求，如礼制仪式、动合经典为礼官之最。

[2] （唐）李林甫等：《唐六典》卷二，中华书局1992年点校本，第42页。

[3] 陈辉：《选贤任能干部制度效能及其实现机理解析》，《行政论坛》2020年第2期。

看，作为实施党的政治路线的主要执行者与推动者，干部决定着党的政治路线的实现程度，而干部的选用则是党的宗旨与党的组织路线及其实现程度的直观体现。同传统"任人唯亲"或是"政党分赃"的选人用人机制相比，以公平与效率为导向的公共职位配置正是现代文官制度（公务员制度）政治进步性的凸显。与基于私有制而建立起的西方文官制度不同，中国干部选拔任用制度建设的目标诉求与根本出发点，并非资本效率的优先保障，而是人民立场与政德标准，这也是我国干部队伍建设的独特所在。干部选拔任用制度为党和政府施政提供了有力的合法性支撑，在制度上最大限度地保障了普通大众社会流动的可能，包括公共职位的获得以及自身合法利益诉求的表达等。同时，从理论与实践两个层面看，选贤任能模式下的干部选拔任用制度为优秀人才提供了巨大的政治发展空间，进而保障了稳定与发展中的人才力量。

从干部选拔任用制度的管理优势来看，最为直接与首要的优势，体现为通过持续开展高素质干部队伍建设以保持干部队伍活力。在国家治理与社会发展中，治理主体，或者说管理者的综合素质具有重要的引领作用，关乎国家社会发展的方向与前途。基于此，治理主体或管理者的具体选择显得尤为重要。要想实现"事得其人"，就必须根据职责履行的实际需要，选拔任用德才岗相配的人才，即人职匹配，这正是选贤任能的目标立足点，为提升管理效率提供了人才资源的有力保障。同时，干部队伍结构也在选贤任能模式下得以不断优化，助推党和国家发展理念的不断丰富与完善，为持续全面深化改革、提升管理有效性以及推动国家治理体系和治理能力现代化奠定了坚实的人才基础。

从干部选拔任用制度的社会效能来看，选贤任能模式下的干部选拔任用制度确保了社会发展的均衡与公平，一个直观的重要体现就是社会的纵向流动。具体而言，社会的纵向流动主要以社会成员的社会地位变化来呈现。一方面，社会成员个人的社会地位变化，能够为其自身发展提供内在动力。另一方面，社会成员的代际社会地位变化，是维系社会发展活力的重要部分。因此，维系社会的纵向流动是促进社会和谐与稳定的关键，也是选贤任能模式的价值彰显。在维系社会纵向流动的过程中，关键在于职业的开放与职务的晋升。就职业的开放而言，本质在于实现同等条件下的职业准入，即职业准入公平，强调的是基于能力本位的职业选择。这里的能力既包括对任职者如年龄、受教育程度等共性诉求，也包括对任职者如工作经历、专业技术水平等特殊需要。就职务的晋升而言，基于任职者能力的提拔任用，能够破解职务晋升中的金钱本位、政治本位以及关系本位等非能力性障碍，激发中下层民众进取的动力，进而强化社会发展的活力。

（四）社区治理中选贤任能的实现机理

选贤任能模式下干部选拔任用制度的效能实现基于其制度作用的发挥。作为我国干部制度的基本方针，选贤任能始终贯穿于并体现在党全面领导社区治理的人才培育之中。在城市社区治理中，选贤任能保障了社区治理人才的挖掘与培养以及社区治理主体的动员与整合。

第一，选贤任能为社区党建育才的使命定位奠定了价值基础。"选贤"是对干部肩负的使命与责任的履行，以及同自身的理想信念与精神道德匹配与否问题的回应。其中，"贤"体现的是人们对善的精神追求与道德培养。在我国，为人民服务的理念与勇于担当的精神是干部之"贤"的集中体现，也是干部政德的本质彰显。权为民所用、情为民所系、利为民所谋，是一个真正树立起为人民服务理念与勇于担当精神的干部，在为人民服务中所遵循的工作原则与指导自身行动的价值标准。在党全面领导社区治理中，一个心怀为社区居民服务理念的社区治理人才，尤其是社区干部与社区工作者，必然会将自身的责任与使命同实现自我价值与自身发展建立内在关联，并不断内生推动使命践行与职责履行的力量。"任能"则是使命践行与职责履行的物质基础回应。宏观而言，人类的实践本领与生产力就是"能"。选贤任能模式下的社区党建育才中，社区干部选任立足岗位职责履行所需专业能力与管理能力的匹配，强调能力标准源于专业化、职业化要求，并以此选人用人，建设高素质、强本领的干部队伍，实现社区治理的提能增质。

第二，选贤任能为社区党建育才的科学运行提供了机制保障。选贤任能模式下的干部选拔任用制度坚持党管干部原则以及"任人唯贤"的党的干部路线，赋予干部之贤以中国特色，为党管人才的应运而生与顺应时代发展注入我国传统德治思想精髓，坚定了党在人才工作领域的全面领导。在选贤任能模式下所构建起的相应制度体系中，明确了干部德才兼备的基础标准以及干部所应具备的基本专业能力，在此基础上，因地制宜、因事择人、因人而异，对选任的贤能标准实行个性差异化处理，以此确保干部人才队伍建设所需人才的供应充足。当前，我国现有的选贤任能制度体系趋于成熟完备，以制度形式确立了选贤任能的原则、标准以及程序，规范了干部管理的主体责任，为选贤任能干部方针的落实提供了体制保障。在选贤任能干部方针指导下，社区治理中党建育才工作开展同干部选拔任用制度高度契合，结合社区实际积极探索专业个性化社区治理人才队伍建设的可行路径并总结经验，制定出一系列关乎社区干部与人才培养的规章制度与管理办法，以及得以推广的成功工作经验，使得党全面领导社区治理的人才培育不仅有了可以遵循的育才基本原则，更是为社区党建育才的现实探索提供了最大限度的机制保障。

第三，选贤任能为社区党建育才的持续发展提供了动力支撑。选贤任能的本质在于选出人才并充分发挥其作用以推动国家社会发展。选贤任能模式下的干部选拔任用制度重视人才的"贤"与"能"，保障了大众选择职业的公平与自我价值的实现，在社会上产生了良好示范效应，有利于激励那些有志于推动国家与社会向前发展、具有扎实职业技术与特殊专业能力的人投身其中，为高素质人才干部队伍建设提供充足的人才资源保障。在此过程中，绩效与效率的工作导向提升了干部人才队伍对各类人才的吸引力，"善"与"德"的价值导向指明了干部人才的培育方向与目标，两者有机融合，激励了干部人才实践人格的主动自我塑造与接受组织塑造，为不断提升自我水平以持续高效履职提供了动力保障。党全面领导社区治理中，社区治理人才的培养与社区治理主体的动员是社区治理的重要方面之一，也是深入推进社区治理创新的关键动力。社区党建育才既强调绩效与效率的提升，更重视干部人才履行责任使命与践行自身价值。基于此，选贤任能模式下的业绩原则与价值标准，为社区党建育才的持续向前推进提供了动力源泉。

中国选贤任能模式有着深厚的历史文化底蕴，是中华优秀传统文化同中国政治实践相结合而生成的具有中国特色的选人用人根本方法，为国家建设与社会发展供应了源源不断的人才资源。当前我国干部选拔任用中，"贤"与"能"是根本标准，明确了党全面领导人才工作所遵循的价值导向与工作目标，不仅体现在党管干部原则下，更是延伸至党管人才，构成其工作的标准遵循，在宏观上为国家治理、社会发展所需的人才培育提供了工作指导；在微观上为城市社区治理的人才挖掘、主体动员指明了工作方向。

四　完善社区党全面领导的人才培养模式的政策建议

选贤任能是我国干部选拔任用制度的本质特征与核心体现，在党管人才原则的指导下，规范与健全选人用人机制，在选拔与任用贤能人才的全过程中，做好选、用、育、升、评与督的各环节工作，进一步推动构建可持续发展的人才培养与开发体系，实现"选人育人用人"的有机统一，凸显国家治理与社会发展中人才的重要地位，在推进完善中国选贤任能模式的同时，推动选贤任能的制度优势有效转化为国家与社会治理的成效。

（一）党全面领导下社区选贤任能的完善机制

在党全面领导社区治理的育才实践中，选贤任能既是社区党建育才的指导方针，也是社区治理人才得以保障的制度基础，更是新时代党全面领导城市基层治理人才培养与队伍建设的模式选择。如前所述，党管人才是我国干部人事工作的重要原则，选贤任能是我国干部制度的基本方针。坚持党管人才原则，在社区治理人才的培育过程中选贤任能，重视公共价值，强调人才素质，推动协同合作，有助于发挥人才作用助力社区治理效能提升。

坚持党管人才，创造公共价值。一切提升治理效能的具体路径、手段，都必须牢牢扣住实现公共价值这个根本导向。[①] "公共价值"

[①] 郭晟豪、萧鸣政：《以选贤任能促进国家治理效能提升》，《国家现代化建设研究》2022 年第 4 期。

最早由学者马克·穆尔提出,指明了政府管理的首要任务是识别"何为公共价值"并思考"怎样创造公共价值"①,公共价值同个体或私域价值相对应,是指满足公众、民众需要所产生的效用和意义。②"忠诚、干净、担当"是高素质干部的基本品质,也是当下干部选拔任用的首要标准,进一步明确了选贤任能的价值遵循。实践证明,提升治理效能需要多方社会主体综合参与、共同协调,在此过程中,以创造公共价值为导向成为缓解多方主体利益冲突进而实现有效治理的基本保证。因此,作为提升治理效能必要手段的选贤任能,其"选"与"任"中必须始终贯穿对公共价值的追求。在社区党建育才的过程中,选贤任能不仅强调了"贤"与"能"是人才选用与培育的根本标准,也强调了"选"与"任"中追求公共价值的取向是综合评价人才的关键考量。这就为党管人才原则下,党全面领导社区治理人才的挖掘与培育以及社区治理主体的动员与激励提供了工作方向,具体可以体现为:一是针对社区干部队伍,尤其是社区领导班子成员以及党组织确定的重点考察培养对象,在选拔任用前要注重干部的德才兼备,选拔优秀干部到关键岗位任职以发挥其最大效用。二是针对社区工作者的培养与选用,构建起更加科学完善的任职与晋升考察体系,不仅要注重扎实的知识储备与出色的工作能力,更要重点考察个人品行与公共价值追求。三是针对社区居民中具有专业技术或特殊本领的社区能人、社区红人,在培育并激发其专业才能的同时,通过考察其对公共价值的把握与追求,优先选用并培育以公共价值为先的人才。

重视素质驱动,发展人才网络。就个体而言,选贤任能受到人才自身内在素质的深刻影响,尤其是人才个体的政治素质与品德素质,是驱动选贤任能的关键因素。社区党建育才坚持党管人才原则,在选人育人用人中要选拔高政治素质和高品德素质的人才参与到社区治理之中,一方面有助于在全社区广泛树立公共价值观,另一方面也有助

---

① [美]马克·H. 穆尔:《创造公共价值:政府战略管理》,伍满桂译,商务印书馆2016年版,第97页。

② 胡敏中:《论公共价值》,《北京师范大学学报》(社会科学版)2008年第1期。

于深入挖掘更多的具有公共价值观念的社区治理人才，在使得这些人才有效参与社区治理的同时，激发其对自身政治素质与品德素质的有意识培养，为提升社区治理效能奠定更为坚实的人才基础。与此同时，要注重激发社区治理人才队伍中关键人物的表率作用，构建起"由人才培养人才"的发展网络并发挥其"传帮带"辐射效应，以其为依托培养好人才队伍中的新生力量。其中，社区治理关键人物如社区能人、社区红人的选定与培育，关乎社区党建育才的选贤任能成效以及社区治理的榜样树立与标杆打造。由此，选好社区治理关键人物，一方面，仍要遵循"德才兼备、以德为先"的选贤任能标准，注重人才的政治素养与道德品行；另一方面，要确保其具有卓越的职业技能与独到的专业本领，能够在发挥自身作用的同时带动更多的主体参与进来。

确保协同合作，破解主要矛盾。要想解决重点关键领域中的治理问题，以人才选任提升治理效能，就必须形成人才合力，确保协同合作。在党全面领导社区治理的过程中，要推动通过选贤任能提升社区治理效能，必须以重点带动全面，多方主体通过协同合作，首先解决好社区居民群众最关心、最直接、最现实的热点难点问题，破解社区治理中的主要矛盾。在这一过程中，要注重两个关乎社区治理人才队伍建设的重要方面：一是树立正确人才观。正所谓"行行出状元"，党全面领导社区治理下的人才来自各行各业，要想确保人才协同合作的平等进而最大限度发挥人才在社区治理中的功能与作用，首先就必须尊重社区治理人才所处的各行各业。二是保障专业人才话语权。社区党建育才过程中，在人才的选拔、任用、考评等各个工作环节中应当赋予专业人才以话语权，实现专业之人选评专业之人，以此保障选贤任能的人才确为专业领域所需与所用，进而推动不同领域、不同行业以及不同主体协同合作的达成。

（二）治理现代化目标诉求下社区选贤任能的发展机制

作为国家治理的基础性工程，社区治理的理念模式、体系框架在推进国家治理现代化的政策导向下不断创新发展，形成了富有中国特色的社区治理图景。选贤任能作为国家治理体系的重要方面具有显著制度优势,要以城市社区治理现代化为目标导向,深入推进社区选贤任能模式创新,在推进城市社区治理现代化进程中走好中国特色社会主义社区治理现代化道路。

树立使命型干部队伍的选人用人导向。中国共产党正致力于建构"使命—责任体制"新型政治形态[1],从城市社区治理角度看,社区选贤任能应当在社区干部队伍建设过程中树立起使命型干部的选人用人导向,构建起责任型的城市社区治理核心。由此,首先必须增强社区干部队伍的为民服务情怀,以坚定的理想信念与政治信仰,驱动社区干部为民情怀转化为社区治理责任并落到治理实处。正所谓权为民所用,人民群众赋予领导干部的包括选任权力在内的一切权力都必须用于服务人民。为确保权力的正确有效使用,要严格监督社区领导班子成员,从制度的角度规制权力行使,不断完善选任的规章制度与工作办法,防止选人用人中出现任人唯亲现象。其次,使命责任理念应始终贯穿选人用人全过程,尤其是面对关键节点考核以及贡献突出选拔,更要重视社区干部的使命践行与责任担当,在晋升流程中加大对干部责任担当的考核比重,通过及时提拔、物质奖励等激励手段,让社区干部在提升城市社区治理成效中有所成长并发挥更大的力量。

构建专业化与科学化的选人用人标准。社区选贤任能的核心环节在于选人用人标准的制定。在使命型社区干部队伍建设理念的引领下,专业化与科学化的选人用人标准应在以下方面完善与体现:一是根据人职匹配原则定岗选人。以岗位定职责、依职责选人才,对于社区干部的培养与选用应当严格按照政治规律与政治标准有序开展,严禁各种"带病提拔""带病上岗"现象。其中,社区领导岗位职责的设定既是社区工作能否有序开展的关键,也是社区治理是否独具特色的体现。因此,社区领导岗位职责的设定,除了包含居于领导职位都应该具备的如决策能力、指挥能力等通用能力外,还应当体现带有本社区发展定位与治理特点的有别于晋升其他领导岗位所应具有的特殊能力,如老旧小区与智慧社区的社区领导岗位的职责应当有所区别。

---

[1] 唐亚林:《使命—责任体制:中国共产党新型政治形态建构论纲》,《南京社会科学》2017年第7期。

二是根据人才专业特长科学用人。社区干部队伍是城市社区治理的领导力量，而其他主体作为社区治理的储备人才，活跃于社区治理的各个领域，发挥的作用难以互相替代。要想充分激发这一部分群体的社区治理效能，关键在于构建以专业特长与技术水平为关键指标的社区专业人才评定标准，以持续推进社区治理下的人岗相适、才尽其能。

完善竞争公开与监督问责的选人用人方式。选贤任能制度实施中的公开程度或者选拔范围的大小以及选拔的竞争性程度，直接影响着最终的选拔效果。[①] 同样，在党全面领导的社区治理中，只有选用的社区干部，尤其是领导干部，是真正胜任其岗位之人，才能提高城市社区治理的总体效能。因此，社区选贤任能首先要在选人环节下功夫。具体而言，一是扩大选用范围以尽可能将具有社区治理才能的人员囊括其中，增强人才选用过程的竞争性以保障人人参与的公平实现。二是在现有招录形式上增加侧重考察人才治理能力的多样化考核形式，突出能力和业绩并重，通过质性与量化相结合，合理设计权重并开展人员的综合测评考察。三是重视选用一体，一方面注意对社区干部的考察并扩大考察范围，特别是对社区领导干部试用阶段的考察，要坚持真实岗位考核真实水平，既不降低标准也不简化形式；另一方面注意对具有专业技术能力的社区治理人才的选择与培养，要以"选"激活力、以"用"促发展，通过搭建社区项目服务平台、经验交流平台等，鼓励社区治理人才充分发挥其专业优势，并在协同合作中不断提升专业水平，为城市社区治理积累丰富的人才资源。另外，要使社区选贤任能落到实处，选对人、育好人、用对人，还在于压实选人用人工作的主体责任。这就强调：一要明确选人用人的责任，包括社区党委书记履行好第一责任人职责，社区党委纪检委员承担好监督责任等，严格按照制度与程序办事，把好选人用人的政治关。二要责任分明，落实责任追究。根据社区干部的管理与职责权限，把选人、育人、用人各个工作环节的相关要求和内容具体化并进行责任分解，依法依规划清主体责任、直接责任、配合责任等，一旦出现问

---

① 邓帅：《党的选贤任能制度：探索历程、价值效能、优化路径——基于国家治理现代化视角的考察》，《宁夏社会科学》2022年第6期。

题，一查到底、问责到人。三要完善选人用人的监督机制。把专项检查与日常监督结合起来，同时以多样化方式拓宽社区各方主体的监督渠道，对选人用人工作形成内外有效联动的有力监督。

五　本章小结

城市社区治理人才培育，是加强社区治理人才队伍建设、提升社区治理效能的关键工作。在人才培育过程中，社区党组织以坚持党管人才原则、践行选贤任能方针为工作指导，实现了对社区治理人才培育的引领，同时也实现了对社区治理主体的动员与激励并产生积极影响，体现在：一是增加了社区治理人才储备总量，壮大了社区治理人才队伍规模，提升了社区治理人才队伍的建设水平；二是激励了社区治理各方主体的主动积极参与，实现了社区治理的协同合作，提高了社区治理人才队伍的专业化程度。在南湖街道社区党建育才的具体实践中，秉持"选育用、传帮带、学评比"的育才方针，指导并推动选人育人用人工作方法的有序开展与发展创新，从而探索出"过程完备、立体开放"的人才培养模式，是党管人才与选贤任能的基层治理实践。对于新时代党如何全面领导社区治理人才培育以提升社区治理效能这一重要现实问题，笔者从选贤任能的视角切入，回应了这一问题联系的理论关切，具体表述如下。

第一，中国选贤任能模式下新时代社区党建育才的理论可行。中国自古以来有着历史悠久的尚贤文化，这不仅直接推动了中国古代贤能政治的生成与发展，其文化内涵更是延续至今，深刻影响着我国干部的选拔任用及其制度体系的健全完善，彰显中国共产党领导国家治理的制度优势，选贤任能也发展成为我国干部选拔任用所必须坚持的基本方针。近年来，随着治理场域下国家与社会的互动讨论不断纵向延伸至基层治理，其互动内容也不断横向涵盖组织、环境、事务、资源等诸多领域。国家层面对于党员干部的选拔任用与考察培养为党全面领导社区治理的人才培育与队伍建设工作带来启发，也为国家与社会在人才资源领域中的良性互动提供了参考。

第二，党管人才原则下新时代社区党建育才的现实必然。随着国家治理重心下移，党组织不断深入基层，全面领导基层治理的各项事业。基于这样的发展实际与现实趋势，基层治理中所需人才的"选育用"是在党管人才原则指导下得以实现的，一方面体现着基层对党全面领导人才工作的坚持；另一方面体现着基层党组织对自身先进性的要求。然而，其中还存在值得深入讨论的理论与现实问题，比如党组织领导基层人才工作同基层治理人才培育成长如何衔接，是否有相关协调机制，党组织在其间发挥着什么作用等。

第三，新时代社区党建育才的动力源泉。在社区治理人才的挖掘与培育以及社区治理主体的动员与激励中，选贤任能通过制度形式明确了社区党建育才使命的价值基础，也通过模式创新赋予了社区党建育才运行的机制保障，还通过方针明确提供了社区党建育才发展的动力支撑。在党建引领基层治理的作用下，社区成为人才发挥治理才能的场所，也是实现人才成长的载体。其中，选贤任能以"贤"与"能"的基本标准同"选"与"任"中的公共价值取向有机融合，推动新时代社区党建育才不断向前发展。关注推动这一变化的动力源泉，对于理解党全面领导基层人才工作的新发展、基层治理人才的培育成长以及凝聚激励更多治理人才投身基层都具有重要的理论和现实意义。

第六章

党领共治：党建引领构建社区治理共同体

改革开放以来，我国市场经济的深入发展深刻改变了资源分配的格局，推动了社会结构的快速转型。市场化进程中原有社会利益格局被分化，多元利益主体开始形成，人们的需求呈现出个性化、多样化和复杂化的特征，公民参与公共事务管理的诉求也日益强烈。依靠社会的自我管理以应对日益复杂化的社会需求成为特定阶段内实现公共利益最大化的有效手段①，公民参与公共事务管理也被认为可以有效弥补社会资源配置中市场失效和政府失灵，打破政府自上而下对公共事务单一向度管理的权力运行方式。② 在城乡社区场域之中，多元主体的社区参与被认为是社会资本重建和社区认同建设③、弥补社区与居民权能缺失、保证公民主体地位④和构建社会治理新格局的重要途径。

党的十八大以来，打造共建共治共享社会治理格局成为社区治理主方向。2016 年 3 月发布的《中华人民共和国国民经济和社会发展第十三个五年规划纲要》提出"构建全民共建共享的社会治理格

---

① 何艳玲、王铮：《当代中国社会治理变迁逻辑分析》，《国家现代化建设研究》2022 年第 1 期。

② 俞可平等：《中国公民社会的兴起与治理的变迁》，社会科学文献出版社 2002 年版，第 95 页。

③ 彭惠青：《城市社区自治中居民参与的时空变迁与内源性发展探索》，《当代世界与社会主义》2008 年第 3 期。

④ 谭祖雪、张江龙：《赋权与增能：推进城市社区参与的重要路径——以成都市社区建设为例》，《西南民族大学学报》（人文社会科学版）2014 年第 6 期。

局",明确了社会治理不是简单的管理与被管理的关系,而是共同参与的理念。党的十九大报告进一步提出"打造共建共治共享的社会治理格局",明确打造这一格局需要加强社会治理制度建设,完善党委领导、政府负责、社会协同、公众参与、法治保障的社会治理体制,提高社会化、法治化、智能化、专业化水平。十九届四中全会提出"建设人人有责、人人尽责、人人享有的社会治理共同体",进一步强调了"多元共治"在社区治理现代化中的作用。

进入新时代,人民日益增长的美好生活需要和不平衡不充分的发展之间的矛盾成为社会主要矛盾。基于这一科学的政治论断,推动基层社会治理和服务下沉,将治理寓于服务之中,通过党建引领下的治理型服务,实现社区治理和服务的供给侧创新,是破解新时代社会主要矛盾的着力点和突破口。[①] 2017 年 6 月,中共中央、国务院发布《关于加强和完善城乡社区治理的意见》,首次以党中央的名义对社区治理进行了顶层设计和宏观布局。在我国完善共建共治共享社会治理制度的改革进程中,党建引领已成为推动多方主体协同共治和提升基层治理体系整体治理能力的重要制度安排。党组织作为社区治理和服务的主心骨,在社区治理中发挥着"一核多元"与"一核多能"的治理核心作用和多重服务功能。如何进一步有效发挥基层党建和党组织的核心作用,推进社区治理改革,形成社区共建共治共享的治理格局,也就成为当前基层党建和社区治理面临的重大现实课题。

一 文献综述与理论基础

(一) 文献综述

1. 社会多元共治的模式研究

合作是社会多元共治最重要的机制之一,随着政府职能的转变与国家—社会关系的重构,学界普遍认为国家与社会开展广泛而深度的合作是当前社会治理的重要趋势。目前学界提出的合作治理模式主要有以下四种。

---

① 曹海军:《党建引领下的社区治理和服务创新》,《政治学研究》2018 年第 1 期。

（1）法团主义模式。法团主义旨在将公民社会中的组织化利益联合到国家的决策结构中，寻求在社会团体和国家之间建立制度化的联系通道和常规性互动体系。[1] 在国家与社会之间长久稳定的合作关系构建中，国家超然于多元化团体，作为一个积极的行为主体让每个团体都有公平的利益表达和实现机会，并让它们服从于国家的整体利益[2]，强调国家对于市民社会的参与、控制[3][4]。但法团主义模式下的政社合作并不是行政上的登记控制关系，而是相对独立的合作关系。[5]

（2）合作治理模式。合作治理模式旨在将包括政府在内的多个利益相关者聚集在一个公共舆论空间之中，使公共部门和私人部门之间的界限变得模糊，进而通过协商来达成共识并形成决策。[6] 合作治理有六个特征：第一，其针对的是公共政策或者公共管理的问题；第二，合作主要由政府等公共部门发起；第三，合作治理的主体既包括利益相关的公共和私人部门，也包括利益无关者；第四，合作治理的主体直接参与决策的过程而不只是公共机构的顾问；第五，进行协商的公共舆论空间必须以组织化运作，运作过程中也要求共同参与；第六，协商的目的在于达成共识并采取共同决策。[7]

（3）第三方治理模式。第三方治理模式强调公共机构与非公共机构共享责任、公共资金和公共权威，通过开放一部分公共领域让非营

---

[1] P. C. Schmitter and G. Lehmbruch, *Still the Century of Corporation?* Beverly Hills: Trends Toward Corporatist Intermediation, 1979, pp. 7 - 52.

[2] 吴建平：《理解法团主义——兼论其在中国国家与社会关系研究中的适用性》，《社会学研究》2012 年第 1 期。

[3] 刘安：《市民社会? 法团主义? ——海外中国学关于改革后中国国家与社会关系研究述评》，《文史哲》2009 年第 5 期。

[4] 范明林：《非政府组织与政府的互动关系——基于法团主义和市民社会视角的比较个案研究》，《社会学研究》2010 年第 3 期。

[5] 王名、蔡志鸿、王春婷：《社会共治：多元主体共同治理的实践探索与制度创新》，《中国行政管理》2014 年第 12 期。

[6] Stoker and Gerry, "Governance as Theory: Five Propositions", *International Social Science Journal*, 1998, p. 50.

[7] Ansell, C. and A. Gash, "Collaborative Governance in Theory and Practice", *Journal of Public Administration Research and Theory*, No. 4, 2008, p. 18.

利组织参与进来，使公共服务的供给具有一定程度的多样性和竞争性[1]，政府与非营利组织基于共同目标而联合行动，协调和整合各自的资源来分别实现自身的目标。[2] 第三方主体从狭义上来看是指社会非营利组织或第三方部门，而广义上来讲则是指独立于政府、有意愿且有能力参与到公共事务治理中来的企业、社会组织与公民。[3]

（4）契约关系模式。契约关系模式是指政府通过委托或购买等契约方式将公共服务外包给其他政府、私人部门或非营利组织的模式，其目的在于减少政府成本、提高工作效率。[4] 契约关系模式蕴含了合作参与、民主行政和公平效率等价值内涵，根据政策环境的不同，可以采取竞争、谈判和合作三种不同的契约形式。[5] 在社会领域之中，政府选择社会组织作为其重要的合作伙伴，并制定合作的规则，推动其职能向更广阔的领域发展。在这种模式之下，政府和社会多元主体构建了以弹性磋商和硬性约束为双重保障的合作机制，重视由多方参与形成的互助网络，实现最大程度的利益整合。[6]

2. 党建引领下的社区共治实现机制研究

党建引领社区共治是基层党建与社区治理的结合，是通过基层党组织的核心作用来实现复杂社会背景下的有效社区治理，在社区治理的问题解决之中体现党建的有效性，指向的是社区多元主体活力与能力的培育。从各地的实践来看，党建引领社区共治的机制主要有以下三种。

（1）构建以基层党组织为核心枢纽的社会治理网络。在社区治理

---

[1] ［美］莱斯特·M. 萨拉蒙：《公共服务中的伙伴》，田凯译，商务印书馆2008年版，第43页。

[2] 王名、蔡志鸿、王春婷：《社会共治：多元主体共同治理的实践探索与制度创新》，《中国行政管理》2014年第12期。

[3] 陈潭：《第三方治理：理论范式与实践逻辑》，《政治学研究》2017年第1期。

[4] Van Slyke, D. M, "Agents or Stewards: Using Theory to Understand the Government-nonprofit Social Service Contracting Relationship", *Journal of Public Administration Research and Theory*, No. 2, 2007, p. 17.

[5] DeHoog, R. H. Competiton, "Negotiation or Cooperation: Three Models for Service Contracting", *Administration and Society*, 1990, p. 22.

[6] 张汝立、陈书洁：《西方发达国家政府购买社会公共服务的经验和教训》，《中国行政管理》2010年第11期。

面临体制性的组织能力和动员能力缺失的背景之下①，我国各地陆续开展了"一核多元"的城乡社区治理结构改革创新。其中，"一核"是中国共产党的领导，在众多的参与主体中，党是唯一的领导核心，而"多元"则包括政府、社区自治组织、社区社会组织、驻区单位和居民等多类主体。② 首先，构建基层党组织在治理网络中的核心枢纽地位，核心工作方法是强化政治引领，即利用党的思想资源和意识形态资源开展党内教育，并促成多方治理主体达成共识、实现合作的过程。③ 其次，基层党组织在治理网络中也会灵活运用激励驱动机制，以表彰、评优等方式鼓励各主体参与共治，其中也包括批评等负激励方式。④ 第三，以党组织网络为基础建立跨组织协同机制，以党建为核心的跨组织协同不仅覆盖了行政体系，还覆盖了事业单位和体制外的各类社会组织与企业，在此基础上，基层党组织推动了组织间的相互依赖，形成了知识和观念共享的互惠网络。⑤

（2）构建以基层党员等为主要力量的社会动员网络。党建引领构建新治理格局需要通过党组织引领和党员示范来实现社区治理场域内的群众动员。作为政党权威的人格化载体，党员因自身政治身份而具有示范作用和传导效应。党员作为社区中的"关键少数"，在社区共治中作为带头人参与到治理过程中，能够提升社区整体的参与意识与服务意识。⑥ 在以基层党员为主要力量进行的社区动员中，志愿服务是发挥党员示范作用的主要活动载体，基层党组织以典型塑造、标杆激励等为主要方式为社区党员和居民提供学习和模仿的对象，对广大

---

① 何艳玲、王铮：《当代中国社会治理变迁逻辑分析》，《国家现代化建设研究》2022年第1期。

② 张平、隋永强：《一核多元：元治理视域下的中国城市社区治理主体结构》，《江苏行政学院学报》2015年第5期。

③ 渠敬东、周飞舟、应星：《从总体支配到技术治理——基于中国30年改革经验的社会学分析》，《中国社会科学》2009年第6期。

④ 黄晓春：《党建引领下的当代中国社会治理创新》，《中国社会科学》2021年第6期。

⑤ ［美］费佛等：《组织的外部控制：对组织资源依赖的分析》，闫蕊译，东方出版社2006年版，第162页。

⑥ 王浦劬、汤彬：《基层党组织治理权威塑造机制研究——基于T市B区社区党组织治理经验的分析》，《管理世界》2020年第6期。

党员群众提升自身道德修养和奉献精神构成了强劲激励。① 同时，社区党员本身处于社区的社会网络之中，可以通过自身的邻里、亲缘和业缘等关系纽带，带动亲人、朋友和熟人等参与社区治理，动员群众，也实现了简约治理和有效治理的统一。②

（3）构建以党组织统筹的项目制为重要手段的社区运作网络。党的十八大以后，多地采取党建基金与社会服务经费打包的方式，通过党群共建专项资金、党建活动经费等专项财政资金支持各地的党群服务中心或党建阵地的运营，发挥着重要的治理功能。③ 党组织统筹的项目制使社区避免被政府部门的资源裹挟，在党组织凝聚社会、整合社会和动员社会的功能的发挥之下，构建了更有效的城乡社区治理体系。④ 基层党组织统筹的项目主要针对辖区内社区居委会、事业单位、社会组织和社区社会组织等多元主体，坚持推动社区各主体自治权利的实质性运作、赋予基层党组织资源配置的权能、限制地方政府民生项目设计的行政导向，对"项目制"的制度设计进行了进一步完善，以有效地推动制度优势向治理效能转化。⑤

总的来说，当前我国各地社区治理的创新实践已形成多元成果，我国学界对社会多元共治和党建引领社区共治的路径研究也较为充分，为笔者的深入研究奠定了基础。但是，既有研究仍缺少从社区治理各主体的权力来源这一视角分析其行为逻辑，笔者将从社区治理各主体的角色、功能、权力来源以及主体间关系出发，分析社区基层党组织如何协调各方利益与关系，利用多方资源，达成主体间的协商合作，并以党建引领构建新社区治理格局。

---

① 曹海军、刘少博：《新时代"党建+城市社区治理创新"：趋势、形态与动力》，《社会科学》2020年第3期。

② 黄宗智：《集权的简约治理——中国以准官员和纠纷解决为主的半正式基层行政》，《开放时代》2008年第2期。

③ 何艳玲、王铮：《当代中国社会治理变迁逻辑分析》，《国家现代化建设研究》2022年第1期。

④ 许汉泽、李小云：《精准扶贫视角下扶贫项目的运作困境及其解释——以华北W县的竞争性项目为例》，《中国农业大学学报》（社会科学版）2016年第4期。

⑤ 杨威威、徐选国：《嵌入生活的项目制：党建引领基层社会治理的制度基础——基于海市塘村"美丽乡村"建设经验的个案研究》，《河南社会科学》2020年第4期。

（二）理论基础

1. 合作治理理论

奥斯特罗姆认为治理就是共同确定规则用以约束个体及集体行为的方式[①]，其概念内含了合作的属性，治理活动的开展必然要求政府、政党、商业组织、市民社会等作为多元行动者都参与进来。[②] 安塞与盖什对合作治理作出了经典的定义，认为合作治理就是公共行动者和私人行动者通过各种方式共同制定公共物品的供给规则，通过公共论坛的形式将一群公共利益和个体利益相关者集合在一起，共同作出一致统一的决策过程。[③] 他们还阐释了合作治理的六大特征：合作由公共部门或者机构发起；参与合作方包括非政府成员；参与者直接参与决策过程，而不仅仅停留在与政府部门的咨询协商阶段；合作形式是正式的，并且由集体共同作出决策；合作的焦点是公共政策或公共管理。[④]

合作治理有助于反思我国城市社区的治理形态，我国城市社区的复合属性使得合作治理理论成为解析社区治理的有效工具。[⑤] 当前我国社区治理属于行政主导的模式，虽然居民和社区其他主体也参与到社区治理的实践中，但较多扮演观察者和协助者等辅助性角色，难以对社区治理中的重大问题提出建设性意见，也难以真正影响社区的决策。这种极度不平等的合作模式会严重影响社区参与者的参与热情，也使社区治理难以向更科学、更合理的方向发展。除了居民个体难以有效参与到社区治理中以外，我国社区中的业主委员会也少有制度化的渠道参与社区公共事务的协商，物业公司反而成为城市社区，特别

[①] Elinor Ostrom, *Governing the Commons: The Evolution of Institutions for Collective Action*, Cambridge: Cambridge University Press, 1990.

[②] Andreas Rasche, "Collaborative Goverance 2.0", *Corporate Goverance*, 10.

[③] Chris Ansell and Alison Gash, "Collaborative Governance in Theory and Practice", *Journal of Public Administration Reasearch and Theory*, 18 (4).

[④] Chris Ansell and Alison Gash, "Collaborative Governance in Theory and Practice", *Journal of Public Administration Reasearch and Theory*, 18 (4).

[⑤] 陈家喜：《反思中国城市社区治理结构——基于合作治理的理论视角》，《武汉大学学报》（哲学社会科学版）2015 年第 1 期。

是商品房社区的治理主体，这样的治理结构显然是不符合"以人民为中心"的价值导向的。而在合作治理模式中，社区治理涵盖各类社区利益相关者，由社区党组织进行领导和组织保障，社区居委会供给公共服务和对社区事务进行综合协调，社区业委会合理整合社区居民的利益并进行表达，物业公司则提供物业服务，其他社区社会组织也积极参与并提供志愿服务。这一治理格局的形成有助于减轻政府压力、释放社会活力和实现社区治理能力的提升。

合作治理理论本身看似缜密的逻辑中其实也充满了矛盾与冲突，价值诉求的两难选择成为治理的悖论，主要包括共治与合法性悖论；合作与责任性悖论[①]、合作与竞争悖论、开放与封闭悖论、原则性与灵活性悖论以及责任与效率悖论。[②] 因此，在合作治理理论的应用过程中，必须在本国国情基础之上，对理论进行本土化修正，寻求与本国生态相适应的公共管理模式。

2. 元治理理论

正如政府和市场会失灵一样，治理同样也会面临失灵，因此，消除三种治理模式间的对立冲突就成为公共事务管理中的"新的治理需求"，促进其协同互补的"元治理"应运而生。"元治理"这一概念最早由英国著名政治理论家杰索普于1997年提出，意为"治理的治理"，即"治理条件的组织，以及涉及市场、层级、网络的明智混合以得出可能的最好结果"[③]。其后，荷兰学者路易斯·慕利门对"元治理"作了进一步表述："是一种产生某种程度的协同治理的手段，通过设计和管理科层治理、市场治理、网络治理三种治理模式的完美的组合，以期实现对公共部门机构的绩效负有责任的公共管理者（元治理者）来说最好的后果。"所谓"元治理"，并不是对"治理"理念的颠覆，而是运用一种新的手段和工具来黏合独立的治理模式，其目的就是明确将政府、政党、市场和公民社

[①] 陈振明：《公共管理学》，中国人民大学出版社2003年版，第102—104页。

[②] 谭英俊：《批判与反思：西方治理理论的内在缺陷与多维困境》，《天府新论》2008年第4期。

[③] Jessop Bob, *Governance and Metagovernance: On Reflexivity, Requisite Variety, and Requisite Irony*, Manchester University Press, 2003.

会等治理主体进行定位并将其有效结合，充分整合各治理主体的资源和力量，对各治理模式的组织、制度和机制进行宏观安排，形成一种新的治理机制。①

元治理理论在多元主体合作共治的基础上，强调在合作中需要一方主体作为核心，在多元主体间的利益协调和合作方式决策等方面发挥关键作用，即在多元治理主体中确定唯一的"元治理"主体，元治理理论认为这是避免治理失败的有效方式。元治理主体应当发挥如下重要作用：一是要凭借自身的权威作为治理主体的召集人，通过对话和协商，促进信息透明和利益协调之下的社会良好治理；二是要作为治理规则的制定者，为各个治理主体制定对话、协商的规则，避免协商过程中的冲突和矛盾；三是要平衡各方利益主体的博弈，避免各主体因自身利益而破坏彼此间的信任，损害已经构建起的合作网络；四是要作为治理执行的监督者，监督各治理主体严格按章办事，及时查漏补缺。② 值得注意的是，元治理并不是要重新建立一个至高无上、一切治理安排都要服从的政府，而是承担设计机构制度、提出远景设想等职责，元治理更加侧重于责任而非权力。从这种意义上来说，元治理主体更像是"同辈中的长者"③。

由于我国社会发生结构性变革，多元主体合作已经成为我国当前社区治理的主要趋势。当下我国社区治理中，存在社区基层党组织、社区居委会、社区业委会、物业公司、社区社会组织、辖区企业和居民个人等多元治理主体。为避免社区的治理失灵，需要在元治理的理论视角之下，确立一个核心的元治理主体来指导合作，而这一主体的选取与各主体的性质和能力息息相关。《中国共产党章程》规定："街道、乡、镇党的基层委员会和村、社区党组织，领导本地区的工作，支持和保证行政组织、经济组织和群众自治组织充分行使职权。"

---

① 丁冬汉：《从"元治理"理论视角构建服务型政府》，《海南大学学报》（人文社会科学版）2010年第5期。

② 张平、隋永强：《一核多元：元治理视域下的中国城市社区治理主体结构》，《江苏行政学院学报》2015年第5期。

③ 王诗宗：《治理理论及其中国适用性：基于公共行政学的视角》，博士学位论文，浙江大学，2009年。

党的十八大报告明确指出，"要健全基层党组织领导的充满活力的基层群众自治机制"，"加快形成党委领导、政府负责、社会协同、公众参与、法治保障的社会管理体制"。这说明了我国城市社区治理主体间的基本关系，定准了城市社区治理主体关系的基调，即在我国社区治理中，党组织是社区元治理的唯一主体，是社区治理的召集者、协调者和监督者，故而在我国社区治理中，需要明确以社区基层党组织作为元治理主体，并确立其指导和监督地位。

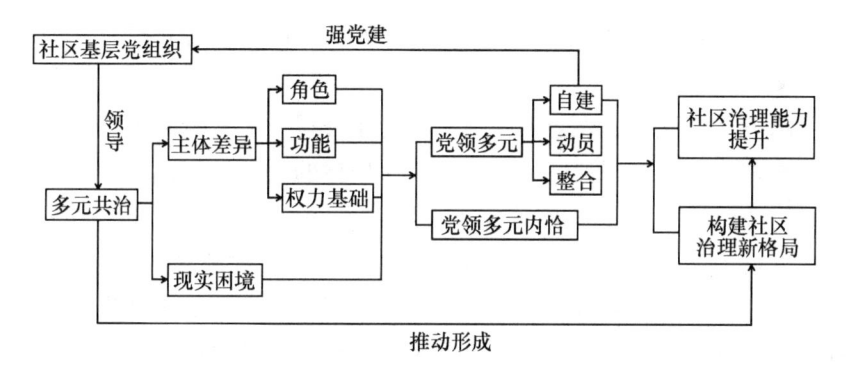

图 6.1 党建引领构建社区治理新格局路径图

二 党领共治：主体与关系

在我国社区治理的实践中，各地基本形成了"一核多元"治理结构，即以社区党委为核心，社区多元主体共同参与。在这样的治理结构中，厘清各主体地位和角色分工以及主体间关系是重要的基础性工作。

（一）社区治理的"三驾马车"

1. 居委会、业委会和物业公司的职能分工与主体间关系

居委会、业委会和物业公司这三个组织被并称为社区治理的"三驾马车"，承担着社区日常生活的管理工作。其中，居委会是社区治理的法定主体，其权力由《城市居民委员会组织法》加以保障，它的职责定位是"依法组织居民开展自治活动，依法协助城市基层人民

政府或派出机关开展工作，依法依规开展有关监督活动"；根据《物业管理条例》，业委会由业主或业主代表选举产生，代表业主利益，表达业主利益诉求，作为法定机构，业委会在社区治理中拥有决定物业费和公共维修基金使用的重要权力[①]；物业公司则是全体居民出资聘用的企业组织，是契约化运作的市场主体，其职能是对社区公有物业设施及环境容貌、交通秩序等进行管理。从职能划分来看，居委会、业委会和物业公司在社区治理之中有着明确的分工，但这三方主体从体制和功能上来看分别属于行政、政治和市场经济，各自具有不同的运行逻辑，因此三方主体在社区场域之中也形成了较为复杂的关系。

总体上来说，居委会、业委会和物业公司三者各自分工，各司其职，协调统一，实现社区治理目标。在理想的社区治理体系中，业委会和物业服务企业是市场条件下的契约关系；居委会和业委会是指导、协助关系；居委会与物业服务企业是监督关系。[②] 然而在现实中，由于这三方主体组织逻辑和运行逻辑的不同，其相互交织和作用之下在社区中形成了较为复杂的权力关系，导致这三者之间的合作仅能在常规事项上展开。一旦日常生活中出现了非常规问题需要合作并为合作而进行协商时，就会出现行政权、财产权和自治权的关系空间，这种关系空间在实际运作时出现的问题，往往会超出居委会、业委会和物业公司各自的正式权力范围。[③] 具体而言，居委会和业委会在组织目标与工作职能上存在一定的重叠，根据法律规定，居委会的职能是社区事务管理自治，业委会的职能是物业管理自治，而物业管理属于社区事务管理的一部分。居委会在业委会的选举过程中发挥重要作用，业委会则借居民会议对居委会的工作进行监督，双方的合作使社区场域之中产生了国家与社会、政府与居民之间的权力—权利张力。

[①] 胡小君：《从分散治理到协同治理：社区治理多元主体及其关系构建》，《江汉论坛》2016 年第 4 期。

[②] 张曙光、王晓娜：《党建引领：物业纳入社区治理体系的逻辑和路径——基于北京实践的分析》，《中共福建省委党校（福建行政学院）学报》2022 年第 2 期。

[③] 张虎祥：《社区治理与权力秩序的重构对上海市 KJ 社区的研究》，《社会》2005 年第 6 期。

居委会和物业公司之间则在小区绿化、治安、清洁卫生、停车管理等问题上，普遍存在多头管理的问题，收费项目争相管理，难点工作则相互推诿，既不利于物业管理专业化的进程，也使得社区治理存在死角。业委会和物业公司之间也存在相互制约关系，业委会在社区治理中拥有决定物业费和公共维修基金使用的重要权力，对物业公司形成了有效监督。而物业公司则在公共设施维修、社区环境管理等公共服务供给上对居民和业委会形成了制约。总之，居委会、业委会和物业公司这三方主体在合作和协商上存在较大困难，为了克服这方面的困难，在我国当前实践中常常寻求另一种权力资源，借助别的关系网络来解决问题。

2. 社区基层党组织与"三驾马车"的关系

作为执政党在社区权力的延伸，社区基层党组织具有法定的领导地位。党的十八大报告明确指出，"要健全基层党组织领导的充满活力的基层群众自治机制"，"加快形成党委领导、政府负责、社会协同、公众参与、法治保障的社会管理体制"，定准了城市社区治理主体关系的基调，即在我国社区治理中，党组织是社区元治理的唯一主体，必须确立和明确其指导和监督地位。因此，总体而言，社区基层党组织对居委会、业委会和物业公司形成了领导关系。

当前我国社区基层党组织和社区居委会呈现党组织全面领导、两者之间深度融合发展的趋势。单位制解体后，我国社区治理最初的主体主要是党政机构在居民区的延伸，形成社区党组织和居民委员会的"1+1"模式。发展至今，我国社区党组织和居委会已基本实现了全覆盖，形成了较为完善的基础组织架构。为加速社区党组织和居委会这两大重要主体的融合，中共中央明确了党组织全面领导地位，颁布了"两委交叉任职""书记主任一肩挑"等规定，从而形成了党居一体化发展格局。在我国当前社区治理的实践中，社区基层党组织和居民委员会已经形成较为稳固的协作关系，在各项功能和工作中均呈现两个组织一体化的特点，党居一体化程度大幅度深化，并处于社区治理的中心位置。

社区党组织还可以通过党员个体在社区其他组织中的分布拓展组织影响力。业委会的成立与运作是社区自主治理的核心和标志，推动城市社区业主组织的发展、充分发挥业主组织的功能已成为党和政府的共识，但社区治理的实践中，业委会却面临成立难、运作难和发展难以为继的困境。社区党组织以建设"红色业委会"为抓手，通过规则设计、组织嵌入和人员选择等方式支持业委会的成立与发展以及建构社区业主委员会的合法性，从而将业委会逐渐纳入党主导的体制框架。[①]

社区党组织对物业公司的领导，主要是通过高质量推进物业服务企业党组织的全覆盖以及强化社区党组织对物业党组织的领导而实现的。2019年5月，中共中央办公厅印发的《关于加强和改进城市基层党的建设工作的意见》中强调"强化党建引领，把支部建在物业上"。当前物业服务企业党组织的建设要以街道、社区党组织为主，不具备单独建立党组织条件的可依托社区网格或管理行业协会等以联合组建、挂靠等方式成立联合党支部，支持鼓励物业服务企业选聘党员员工、发展新党员，待符合条件及时组建党组织。同时，强化街道党工委的主体责任和社区党组织的直接责任，全面落实多元主体共同参与社区治理中社区党组织对物业公司的领导。

（二）社区治理的其他主体角色及功能

除居委会、业委会和物业公司以外，政府、社区社会组织、辖区企业和居民个体等也是社区治理的重要主体，共同在以社区党组织为核心的"一核多元"治理结构中发挥重要作用。

社区治理中的政府主要指街道及相关政府职能部门，在行政主导的社区治理模式下，社区行政化倾向严重，因此政府需要明确自身权力清单，做到"还权、赋能、归位"给社区，指导社区自治，使社区治理步入法制化和规范化的轨道。在当前的社区治理实践中，政府的作用主要有三。首先，政府是社区治理的指导者，《中华人民共和国城市居民委员会组织法》明确规定："不设区的市、市辖区的人民政府或者它的派出机关对居民委员会的工作给予指导、支持和帮助。"

[①] 张振：《合法性建构：党建引领城市社区业主组织发展的策略机制——以全国城市基层"红色业委会"党建创新为例》，《内蒙古社会科学》2021年第2期。

这种指导和支持表现为依法对社区的建设与发展进行宏观指导。其次，政府是社区公共服务的供给者，政府要依法提供国防、公安司法和义务教育等居民必需的公共产品，通过整合各种资源提供公路和公园等准公共产品。最后，政府是社区居委会和社区社会组织的监督者，依法监督其运行与发展，以契约形式委托给社区社会组织的服务项目，政府必须监督其服务的质量，发现问题并及时解决。

社会组织相较于政府和企业组织而言，具有非政治性、非营利性、自治性、志愿性和公益性等特点，在党领共治的社区治理中，社区社会组织可以发挥自身特色，作为社区治理的重要补充。具体来说，一是社区社会组织需要利用自身灵活性的特点为社区各主体提供更便利的服务，这需要其依据不同层次公共服务的需求与社区其他主体进行沟通协商和合理分工，以发挥最大组织功效。二是组织志愿服务活动，社会组织本身非营利性和志愿性的特点，使其成为组织志愿服务活动的天然主体。在志愿服务活动的开展中，不仅能够为社区各主体提供服务，更重要的是可以提升居民思想道德素养与社区认同和归属感，激发居民参与社区治理的热情。三是收集民情民意，促进社区科学决策。贴近群众是社会组织的重要特征之一，该特性使得社区社会组织得以在理解和信任的基础上与居民平等沟通，有利于搜集居民的利益诉求，为社区的科学决策提供重要补充。

社区辖区企业是市场体系的组成部分：一方面，社区需要借助其市场力量为社区治理链接资源；另一方面，企业也需要社区为其提供安稳有序的经营环境，在参与社区治理的过程中承担社会责任以及培育良好社会声誉。辖区企业具有社区其他主体所不具备的场地、设施、人力等专业资源，可以与社区其他主体形成互补，有力补充社区资源的不足，提升社区资源利用的效率以及链接其他相关资源。此外，辖区企业还可以利用其在专业上的优势，为社区提供专业化的设备与人才，进而提供专业化的服务，为社区治理提供有力的智力支持。在社区党组织的组织和领导之下，辖区企业得以进入"横向到边"的党组织网络，参与到社区党建工作之中，听取社区党组织的组织工作情况和群众服务情况，研究相关事务的解决路径，参与重要事项的决策，成为有社会责任和社会影响的企业型社区治理主体，也为社区治理提供市场力量。

居民个体在社区治理中占有重要地位，提升和保护居民参与热情是党领社区共治的重要工作。作为社区中规模最大的主体，居民主动参与社区治理活动是社区发展的依靠力量和长久动力。社区居民在社区治理中的基础性作用主要体现为：首先，社区治理的最终目标之一就是为居民提供优质服务，居民参与到社区治理之中，可以简单快捷地提出其利益诉求，帮助社区确定发力方向；其次，社区居民参与到社区民主选举之中，可以为社区各主体选举出社区居委会、业委会成员，也可打造一套居民认可的管理服务团队；再次，参与民主管理与志愿服务活动，居民可以在党组织的领导下对社区公共事务以志愿服务的形式进行自主管理，对社区绿化、治安事务管理、社区弱势群体和便民利民服务等方面进行参与和管理；最后，民主监督，社区居民可以对街道、社区党组织和社区居委会等多元主体的各项工作的决策、管理和实施过程等进行评价和监督，发挥群众力量。

应该指出，当下我国城市社区居民的治理意识和公民精神相对较为淡薄，社区治理的多元主体仍处于总体分散、局部协作的关系状态，亟须向党组织领导下的有序合作模式转变。因此，必须强化元治理视域下党组织的核心和主导作用，确立"一核多元"的体系架构，组织社区多元主体共同参与社区治理，共同促进社区治理健康可持续发展。

三 党领共治：制度与机制

当前我国各地社区治理的实践已基本形成"一核多元"的治理结构，党领共治成为社区治理的主旋律，党组织发挥其核心作用带动多元主体参与社区治理的制度与机制基本成型，这可以从湖北省武汉市武昌区南湖街道的工作方法中窥见一二。自2020年10月起，笔者在南湖街道长期进行参与式驻点观察，发现南湖街道是一个典型的老旧居民区街道，辖区占地面积约2.67平方公里，辖6个社区，建有28个小区，共划分65个网格，居民3万多户，常住人口近10万人。近年来，南湖街道面临政策公共服务无法充分满足日益增长的居民服务需求和政府一方主体难以有效化解层出不穷的复杂多样利益矛盾等难题。为此，其探索构建党建引领社区治理的新模式，以"促进居民参与、巩固居民自治"为本位，通过发挥党组织在"平台搭建、自治引领、联动整合"等方面的核心作用，实现"引外助内、以外活内、共融共治"，推动社区治理体系和治理能力现代化。

（一）多层党组织共建下的共治基础搭建

作为社区共治中"一核多元"的核心主体，社区党组织需要不断加强自身建设以更好带动和规范社区多元主体参与社区治理。从全国范围来看，多层党组织共建主要以五级党组织体系建设为基础，以五支队伍能力提升为重点，以五化工程建设为导向，统筹加强各层次各领域党组织建设，实现辖区内各社区、小区、单位、楼栋党建全覆盖，搭建起"纵向到底、横向到边"的基层党建组织体系，不断推进党建引领基层治理的纵深发展，筑牢党建引领基层治理的根基。

南湖街道坚持政治引领，完善"五级联动"组织架构。在建立建强街道—社区组织体系、完善区域化党组织建设、深化功能型党组织建设和拓展楼栋党组织建设等多措并举之下，南湖街道共建立70个小区党支部、115个楼栋党小组、18个小区综合党委、36个小区功能型党支部、152个在职党员党小组，确保党的工作覆盖到每一个社区、每一个小区、每一个楼栋、每一户居民。南湖街道着力形成街道党工委统筹、下沉单位协同、辖区单位配合、党员参与的工作机制，增强"单位下沉党员队伍、居住地下沉党员队伍、直管在职党员队伍、退休老党员队伍、志愿者队伍"五支队伍的治理能力和服务水平，活用、用活党员人才，切实发挥党员干部带动社区治理的"红色引擎"作用。同时，南湖街道将提升"规范化、清单化、精细化、示范化、智能化"工程作为党建工作的方法和手段，为推动支部建设、理顺主体责任、提升工作实效、增强工作影响、提升工作效率指明了方向，全面提升了街道党建工作的整体水平。

除此之外，南湖街道还通过党员亮身份的方式以"公转"带"自转"。都市桃源社区在疫情防控时期临时党支部的基础上，成立小区综合党委，建立社区党委—小区综合党委—在职党员党支部—楼栋党小组—党员中心户五级组织架构，积极组织亮身份、表初心、见行动活动，开展"三个一""五五亮星"行动，做到"我家有党员"，做到真下沉、实下沉。每位党员通过完成五件不同的事，点亮五颗星：所有下沉党员干部到社区报到后，从自家门前迈出第一步，铲除自家门上"牛皮癣"；从自家门口迈出一百步，关注单元楼道内安全隐患和邻里关系等；从单元门迈向小区一公里，参与小区业委会换届和小区环境卫生等工作。让群众知道"身边有党员、党员在这里"，打通联系服务群众"最后一公里"，真正实现为民服务，打造党建与邻里相融合的邻里党支部，以社区党建"公转"带动小区治理"自转"。

（二）党领导建设的多元主体发动

多元共治是社会治理发展的必然趋势，在社区场域之中，多元共治模式尚不成熟，需要社区基层党组织的广泛动员，发动各主体参与社区治理过程，居委会、业委会、物业公司、辖区企业和居民个体等都是党组织需要发动的社区治理主体。南湖街道于2017年成立湖北省第一家街道级社会创新中心，通过推动政企互动、政社互动、社媒互动、社企互动，孵化社会组织，招募企业入驻等方式，在社区场域之中广泛发动多元主体参与社区治理。

为孵化致力于解决社会问题的社会企业，南湖街道社创中心公开招募企业入驻，目前已有57家单位进驻社创中心（包括实体入驻和虚拟入驻），涉及物业管理、教育、养老、互联网科技、公益服务、财务法律、社区文创等社区治理的各个方面。为培育孵化社会组织，社创中心承办南湖街道三届"了不起的居民"志愿服务众筹大赛，吸引数百个注册社会组织、高校志愿组织、社区社会组织参与，为其项目策划、项目优化提供专业指导，并辅助项目落地。此外，社创中心指导南湖街道宝安社区青少年航空模型科普中心、盛帆为老服务中心等三家初创型社会组织成为注册社会组织，为其提供专业支持，增强其专业能力，使社会组织的服务优势得以更好发挥。南湖街道坚持以媒体为社区治理创新传播主体和重要资源枢纽，为促进媒体参与南湖街道社区治理，社创中心联合《长江日报》、人民网等多家媒体建立媒体人、社区工作者互动交流平台,通过该平台发挥媒体人在传播社区治理创新实践、链接社区治理创新资源等方面的作用。此外,南湖街道组建媒体导师团,邀请媒体人做摄影技术、推文撰写、App使用等方面的培训,增强社区各主体利用新媒体传播社区各类公共事务信息及社区正能量的能力,促进居民对社区公共事务的了解与参与,增强居民的社区认同感。

南湖街道社会创新中心以推动社区营造为核心工作领域,通过搭建各类互动平台,为政府、企业、社会组织、高校、媒体、个人等各类社会创新主体提供"资源对接+专业支持"服务,构建全方位的社会创新支持体系和资源网络,促进多方联动与协同共创。一年来,南湖街道海绵工程改造、疫情防控、小区业委会换届、人口普查、文明创建、疫苗接种等工作开展起来,只要党组织一声召唤,社区各治理主体就积极响应,分片分组多方共建,推动了各项任务的顺利开展与完成。

(三)党领导建设的多元主体共话共商平台

建立多元主体共话共商的平台是解决社区多元主体合作中存在的利益冲突的有效选择,有助于在不改变现有社区治理结构的前提下,将更广泛的社区多元主体吸收到社区治理的过程之中,不断扩大社区参与。[1] 当前我国社区治理的实践中,合作治理与共话共商平台建设主要依托社区多元主体内部党支部整合形成党建工作联席会议,吸收这些党支部的负责人作为党内协商的重要力量,以党组织为纽带,实现社区各治理主体之间的互融共进、有事共商与难题共解。

南湖街道在以多层党建搭建共治基础和发动多元主体参与社区治理的同时,也着力促进社区各主体间的沟通交流,搭建多元共话共商平台。为发挥专业社会组织、社会企业、高校专业团队和媒体等外部专业力量在优化社区服务、整合链接社会资源和促进多元互动等方面的作用,南湖街道以专业性支持平台为依托,促进政企、政社、企

---

[1] 陈家喜:《反思中国城市社区治理结构——基于合作治理的理论视角》,《武汉大学学报》(哲学社会科学版)2015年第1期。

社、社社等多维度协商共话。具体而言，首先，南湖街道通过召开社创座谈会、入驻单位产品展示会等方式，为社创主体和政府搭建项目对接平台，已促动武汉汉动科技有限公司、武汉华夏爱信科技有限公司等21家企业与南湖街道确立合作关系。政企互动平台提供了政府和企业面对面沟通的桥梁，充分发挥市场资源在解决养老、电梯维保等社会问题中的作用。其次，社创中心连续三年组织南湖辖区内企业参与南湖街道"了不起的居民"志愿服务众筹大赛的企业赞助和项目认筹活动，辖区餐饮类、移动通信类、物业服务类、医疗服务类等30多家企业为志愿服务项目提供了资金支持，其中多家企业连续三年持续资助志愿服务项目。企社互动平台的搭建推动企业履行社会责任，同时也为社会组织的志愿服务项目成功链接更多企业资源。

社区治理中存在的痛点难点问题需要发挥社区多元主体的合力才能有效解决，因此，在多元主体之间搭建共话共商平台，形成常态化、制度化的协商机制，是推动社区共治的重要依托。党组织需要在其中发挥重要力量，以推动联合会议、联合行动与联合监督。首先，社区基层党组织需要领导召开联席会议并形成制度，形成常规联动和应急联动相结合的机制，并积极鼓励常规主体外的其他主体参加。其次，联合行动以汇多方之力，联席会议上达成的共识需要各主体贯彻落实，使之真正提升社区治理的能力。最后，联合监督以保障合力之效。社区治理的行动需要被监督，并在联席会议上常规汇报，以使联席会议这一共话平台良性发展。

（四）党领导下的多彩睦邻文化建设

社区管理还有赖于柔性手段，即社区文化氛围对社区居民群众的影响。社区基层党组织在以文化人、以德育人中也应发挥党建红心力量。根据纯居民小区的辖区特性，我国各地社区治理将党建引领工作深入渗透到邻里文化营建过程中，通过塑造社区学习文化、志愿文化、道德文化、邻里文化，增强基层治理各个主体在志愿服务、物业管理、文化活动、邻里交往等多领域中的互联互动，全面增强党社联建、党群关系、邻里关系，促进各社区实现文化自给、文化下沉、文化扎根、邻里融合，推动党员干部下沉工作走心、走实、走深。

南湖街道以社区教育为抓手,搭建邻里文化舞台。第一,通过培养文艺骨干、文化孵化团队、文化助人成长等方式,不断丰富社区居民文化生活,参与社区志愿服务,培育居民公共精神,切实加强以社区教育促进文化自给。第二,南湖街道利用志愿服务先行的方式助力文化下沉。南湖街道以志愿服务为重点工作,致力于社区志愿文化培育,通过动员居民参与志愿服务、志愿服务排演节目盛会、志愿服务增强邻里交往等手段,营造"出门就是志愿者、上台就是文艺兵、下户就是贴心人"的社区志愿氛围,更好地服务社区居民生活。截至目前,南湖街道共获得2个国家级最美志愿服务社区、2个省级最美志愿服务社区、1个市级最美志愿服务社区称号。第三,筑牢道德根基,深化社区文明创建。南湖街道通过宣传党建红色文化、组织开展特色活动、开展居民文明实践,传播道德"好声音"、传递道德"正能量"、讲述道德"好故事",深入繁荣群众性文化活动,厚植基层德治土壤,以德治教育促进文化扎根。第四,邻里互助促邻里,敲开幸福邻里门。南湖街道作为一个"大社区",在促进邻里互助中有着天然优势与历史传承。邻里互助更加深入地实现以"与邻为善、守望互助"为核心内涵的邻里文化的扎根、凝固。南湖街道通过邻里党建、发放睦邻卡、低高龄老人结对互助、妈妈互助等多种邻里互助形式,重塑远亲不如近邻的邻里关系,营造"人人为我、我为人人"的良好社区邻里文化氛围,通过互信互助促进邻里融合。

(五) 党领导下的多种激励手段并行

为盘活社区内外资源与行动力量,为社区共治的持续发展提供保障力量,党组织需要采取多种激励手段并行的方式促进多方协同治理。我国当前社区治理实践中党组织对社区多元主体的激励主要可以分为精神激励和物质激励两大类,以树立榜样、评奖评优、积分兑换等形式鼓励社区各主体参与共治。

社区能人是社区治理的重要主体,激发各类社区能人的公共意识、参与意识、责任意识,使其发挥自身专业、资源优势参与社区治理，对于社区治理效能的提升具有十分重要的意义。南湖街道以"寻找社区能人"主题活动为切入点，在居民中广泛发掘基层党建能人、红色物管能人、志愿服务能人、邻里协调能人、社区规划能人等十大类能人共计 180 位，并建立社区能人库，根据不同类别"社区能人"的特点，对社区能人进行多样化的赋权增能。为进一步激发"社区能人"参与社区治理的热情，并发挥社区能人的模范作用，南湖街道通过"了不起的居民"演讲比赛、社区能人表彰、评选"感动南湖十大人物"等多种形式对社区能人进行表彰和激励。表彰活动是对社区能人奉献、参与精神的高度认可和赞扬，增强了其自我认同感和荣誉感，也营造了学习先进、崇尚先进、争当先进的良好氛围，促使更多社区居民自觉、主动参与社区治理。

作为撬动各方力量、资源共同参与社区治理的公益资金池，社区基金具有推动共治的重要作用。为广泛动员社区内外资源解决社区问题，南湖街道协同街社会创新中心，于宝安社区试点建立社区微基金，引导居委会、商户、居民共筹资金建立"小而美"社区基金（挂靠于武汉慈善总会），资助社区志愿服务活动和项目。"小而美"社区基金运营主体通过劝募、"1798 共益早集"等形式向企业、居民、社会组织等多方力量"筹资、筹物、筹服务"，为社区志愿服务主体提供资金、实物、服务、技术指导等多样化的资源支持。从 2018 年 6 月启动至 2020 年 1 月，"小而美"社区基金共获得筹款 11662.88 元，此外还募得社区老年大学课程、餐厅优惠券、高校志愿服务等多种服务类资源。"小而美"社区基金前期主要为居民志愿服务积分兑换提供支持。居民通过参与志愿服务活动获得志愿积分，并可定期兑换"小而美"社区基金池内的物品和服务。

四 党领共治：问题与成因

（一）党领共治现实问题

当前我国社区治理的实践为党建引领新社区治理格局探索了发展方向，但纵观我国城市社区党领共治建设的现状，先行地区的成果尚未转化为可推广的建设方案，各地发展水平参差不齐，部分地区社区党建缺位。具体来说，当前我国党领共治存在以下问题。

1. 社区治理权威分散

多元共治是我国城市社区治理的重要趋势，建立基层党组织的领导权威是党领共治的重要前提，但在调研中我们发现，部分社区党组织在领导社区治理上缺乏权威，民众认可度较低，社区各主体整体处于分散状态，仅有部分主体小范围协作，导致社区治理权威分散，社区治理呈现碎片化、多元化和分散化的状态。具体来说，社区居委会存在对社区党组织的置换问题。在党居一体化发展格局之下，"两委交叉任职"和"书记主任一肩挑"等规定使社区党组织和居委会加速融合。"一肩挑"的党支部书记在社区居民面前更多是以居委会主任而非社区党支部书记的身份出现，造成了身份认同的错位，党组织对社区公共事务的管理都要通过居委会来开展，以居委会的名义行事，使居委会不仅介入了党组织的权威形塑，甚至消解了党组织的权威。

2. 社区主体间交往融合度不高

多主体的交流合作与资源共享是党建引领新社区治理格局的重要目标，有利于形成社区治理的合力，实现资源的最大化利益和各主体力量的最大化发挥。然而在社区治理实践中，由于各主体在类型、职能和权力来源等方面的差异，存在着各自为政、交往融合度不高的问题。这一问题主要体现在两个方面：一方面，社区基层党组织之间相互独立。在"横向到边，纵向到底"的党组织网络建设中，众多的基层党组织在同一社区范围内开展活动是普遍现象，但这些基层党组织之间相互独立，社区党建联席会议制度的落实不深不实，未能有效实现社区基层党组织之间的交往和融合。在各基层党组织各自为政的社区党建工作中，基层党组织的设置和作用发挥出现重合、交叉甚至真空地带，重复建设和资源浪费问题突出，社区治理存在缺口和漏洞，社区内基层党建工作缺乏有效统筹推进。另一方面，社区各治理主体之间相互独立。调研发现，社区党组织领导地位不断增强，其掌握着越来越多的社区党建资源，但许多社区党组织仍然习惯于传统党建方式，不善于调动其他社区治理主体的力量，没有搭建社区多元主体沟通交流、协作和参与的平台，缺乏领导与协作的能力，一方面社区党建资源被浪费，另一方面社区其他治理主体面临资源困境，导致下沉的资源难以被运用到社区治理的实践中，也阻碍了其他社区治理主体的成长和作用发挥。

3. 社区党建工作与社区治理需求相互脱节

在城镇化的进程中，经济快速发展，社会结构加速转型，城市人口的数量和类型不断增多，人口流动性不断增强，多元利益主体开始形成和聚集，使社区基层党组织面对的工作对象逐渐呈现复杂性和多样性的特点，城市社区治理面临巨大的转型。然而在调研中笔者发现，社区的党建工作尚未能跟上城市的快速发展，在工作理念、工作内容、工作方式和人员素质等各个方面都存在社区党建工作与社区治理需求相互脱节的问题。不少社区基层党组织的成员年纪大、受教育程度低、创新意识不足、工作方法不多，仅坐在办公室之中做党建工作，而未能使其和社区治理工作有机结合。在工作内容上，社区基层党组织依然以传统的文件学习、精神传达、节日慰问和帮困助困为主要工作内容，与社区治理的需求出现了较大的脱节，使得社区党建的资源未能有效助力社区治理能力和水平的提升。

（二）党领共治现实难题归因分析

1. 角色异化与功能错位

首先，社区党组织与社区居委会存在角色错位与功能异化的问题。从法律上来讲，社区党组织是社区居委会的领导机构，但政府对社区事务的强干预，使得社区居委会实质上成为替政府办事的准政府组织，挑战了基层党组织在社区的权威。在党居一体化发展格局之下，社区党支部书记和居委会主任虽然有着明确的分工，但相对来说居委会的事务较多且工作见效快，而党支部的事务较少且属于长期性工作，因此在实际工作中，党支部工作往往让位于居委会工作。在党居一体化发展格局之下，不仅党支部书记兼任居委会主任，党支部的支委常常也是居委会的主要工作人员，导致了社区党支部的空心化，也使得居委会工作成为党支部书记和支委的重要考评指标，造成了社区党务的搁置和党组织自身功能发挥得不完全。

其次，社区党支部的自管党员较少，更多的成员是单位离退休党员和双重管理的在职党员。离退休党员和双重管理的在职党员的党组织生活多服从单位党委的安排,在职党员的兴趣和利益主要集中在单位,社区缺乏激励和约束在职党员参与社区建设的机制,导致社区党支部的力量薄弱。同时,单位党支部和社区党支部的沟通、交流和互动较少,制约了单位党组织参与并推动社区党建的主动性和积极性,也制约了街居党建资源与社会党建资源内在动力的双向启动。

再次,政府组织与社区自治组织之间存在角色错位与功能异化的问题。我国法律规定政府组织和社区自治组织之间是指导和协助的关系,但是在社区治理的实践中,这种关系往往被错误演绎成领导与被领导的关系,具体表现为街道办事处掌握着社区自治章程的制定权、人事任免权、日常决策权、经费划拨权和考核监督权等。由于政府部门及其成员存在自私性与公利性之间的矛盾,街道常常将自身事务转嫁给社区居委会,一方面使居委会日趋行政化,另一方面也带来整体效率的下降。

最后,社区居委会与业主委员会之间存在角色错位与功能异化的问题。居委会和业委会虽然都是社区居民的自治组织,但从权力基础来看,两者也存在差别,业委会的权力基础在于私人产权,居委会的权力则是来源于法律的规定。两者的职责虽然有所交叉,但从我国社区治理实践中可以看出,我国社区业委会还是依赖于社区居委会,一方面在于社区居委会享有政府赋予的管理社区的合法权威和制度资源,另一方面也是由于业委会暂时还不够成熟。这是由于业主对私人权益的关注胜过了对公共福利的关注,因此整个社区业主配合不一致,集体行动难以开展。此外,业主委员会并没有被民政部门认可为社团法人,在物业公司和开发商欺骗和损害业主利益时,业主委员会不能作为一个合法化的组织去捍卫业主的利益,限制了业主委员会为表达业主公共利益的愿望和权力确认的功能的发挥,使之不得不在遇到困难时向居委会求助。①

---

① 夏建中:《中国城市社区治理结构研究》,中国人民大学出版社 2012 年版,第 205 页。

2. 社区党组织的工作能力参差不齐

在党组织引领社区治理新格局的构建中，党组织是社区治理的核心，其工作能力很大程度上影响着社区治理主体的积极性与主体间协作的效率以及社区治理的整体成效。然而，从我国各地的实践来看，整体上社区党组织的工作能力存在较大差异，这种差异不仅仅存在于全国不同的地区，而且存在于同一地区的相邻社区之中。首先，社区基层党组织的组织负责人在整体工作上发挥了重要的领导作用，但是部分社区的党支部书记存在年龄大、干劲不足、创新意识欠缺、工作方法落后等问题，阻碍了社区基层党组织引领作用的发挥。其次，社区党组织的基层工作人员在工作的落实等方面也承担了重要的功能，但是部分社区的工作人员年龄结构、能力结构不合理，文化水平低，思想上和业务能力上长期缺乏培训与考核，导致社区工作在落实层面存在较大问题。最后，社区党组织缺乏上级组织的有效指导支持和基层组织的有效协助支撑，部分社区在竞争中处于劣势地位，导致上级组织对其关注度不够，各方面的指导以及资源上的支持也不足。与此同时，社区中其他主体的党组织也未能有效支持其工作的开展，使社区党组织处于孤立状态，工作的开展受到了较大挑战，工作能力难以提升。

3. 社区治理主体间的沟通困难

随着打造共建共治共享的社会治理格局成为社区治理的主方向，社区治理的新主体不断涌现，但不断增加的社区治理主体也给党领共治带来了新的难题。从党组织自身来说，在"横向到边，纵向到底"的党组织网络建设中，众多基层党组织在同一社区范围内开展活动是普遍现象，纵向上来说存在街道党工委、社区党委、网格党支部、楼栋党小组、党员中心户五级党组织，横向上来说存在物业公司、辖区企业、社区社会组织等基层党组织。但这些基层党组织之间尚未形成有效、常态化且落到实处的协商交流机制，内部的沟通存在困难。与此同时，社区基层党组织与社区其他治理主体之间，以及除社区党组织外的其他社区治理主体之间都存在隔离，党组织尚未建立常态化的沟通交流平台，缺乏有效协商的手段与渠道，使得社区治理各主体整体上来说都处于独自行动的状态，社区中本就有限的资源未能得到合理的分配和协调，社区中部分工作重复建设导致社区治理的部分主体间产生冲突，而重难点工作呈现真空状态。在各自作用发挥受限之下，社区各治理主体的社区参与积极性和能力呈现下降趋势，也严重阻碍了社区中党领共治意识和氛围的形成。

五　党领共治：对策与展望

尽管当下党建引领社会治理新格局的构建面临种种困境，但我国各地社区已经作出了许多有益探索，党领共治成为推进社区治理体系与治理能力现代化的必然趋势。为有效带动社区各主体形成合力参与到社区治理之中，我国社区治理还应当在以下方面作出调整。

（一）加强党的领导与织密组织纽带

当前我国党建引领社会治理新格局的构建中存在的许多问题，本质上都是党组织自身建设不足以及党组织之间、党组织和群众之间联系不够密切导致的。因此，在党领共治的社区实践中，必须先增强党的自身建设，织密党的组织纽带，而后强调党组织的领导核心作用，由街道党工委和社区党委协调和推动社会各方力量参与社区治理。

1. 加强组织建设，理顺体制机制

在社区多元主体共治的程度不断提高、领域不断扩宽的情况下，社区党组织面临着如何有效整合多元主体的力量、主导社区治理的问题。而加强党的组织全覆盖，就是解决这一问题，提升党的领导力和组织力的有效途径。

在具体的工作中，织密党的组织纽带以加强党组织建设的路径主要有三。首先，实行党员双报到制度，利用业余时间对社区中的在职党员进行党员教育管理，社区党组织和党员所在单位党组织密切交流党员表现，并将社区意见纳入党员的考评之中，使社区得以有力约束在职党员。其次，吸纳社区物业公司、社区社会组织和辖区企业等多元主体的党组织负责人，形成社区联合党委，一方面加强党组织之间的联系，另一方面畅通社区各主体之间的沟通渠道。再次，形成社区各主体党组织联席会议制度，根据社区实际形成"1+X+N"的党组织网络，推动党的组织体系不断向社区基层深入。从我国社区的实践来看，社区基层党组织之间存在职能重叠、重复建设和协调难等问题，因此在党领共治之中，要明确社区党委的核心领导地位，其他主体的党组织起到协调配合等作用。

2. 加强制度建设，推进统筹发展

制度建设是加强社区基层党组织建设的重要环节，也是考察基层党组织建设水平的重要指标。社区场域之中的党领共治要在社区党委的领导下，通过社区多元主体的党组织和广大党员共同参与和实践来形成一套系统全面的工作方法和行之有效的运行机制，推进社区治理工作整体发展。

第一，要建立党务公开制度，将社区党委的各项工作通过线上线下渠道向社区各主体公开，以便广大居民群众交流意见。第二，要建立监督机制，发展党内民主和基层民主，创建敢于监督、善于监督和监督有效的良好氛围，广泛听取党员群众意见，推动社区治理良性发展。第三，建立责任考核制度，对社区各主体工作人员的工作成绩、能力和态度进行科学评价，以内评外评相结合的形式不断增强考评的科学性和群众在考评中的参与度。第四，建立激励奖惩制度，对不同考评等级的社区各主体工作人员实行不同的物质和精神激励，在社区场域之中树立榜样，增强示范效应。

3. 加强队伍建设，提升专业水平

从我国实践来看，目前社区基层党务工作者仍存在年龄结合不合理、综合素质参差不齐等问题，社区与社区之间党务工作者的各项能力和专业化水平也都存在差异，有待提升。

第一，社区党委应当区分社区党员的类型，对街道社区直接管理的党员、社区退休老党员和流动党员等进行分类管理、培训和动员。第二，对于不同类型的党员，社区党委要采取不同的方式加以发动，健全基层党务工作者的选拔机制，吸引一批年富力强、专业化水平高、具有创新意识的党员进入党务工作队伍，不断优化队伍人员结构。第三，要从思想政治素养和业务工作两个方面不断加强和巩固对党员的培训，制定和落实培训方案，采取岗前培训、结对带教和选送培训等方式，不断提升党员综合素质。第四，要进一步完善党员的职业规划，设计具有一定市场竞争力的薪酬机制，建立合理晋升机制，增强队伍的活力与竞争力。

（二）党领导下的共治价值倡导与认同建设

党组织领导多元主体参与社区治理，主要是通过政治领导、思想领导和组织领导三个方面实现的。其中，思想领导在社区共治认同建设和社区多元主体参与社区治理意识提升上发挥着重要的作用。我国社区实践中的党领共治仍处于起步阶段，虽然党和政府在其中起到了一定的倡导作用，但在社区物业、社区社会组织和辖区企业等多元主体之中还存在身份认知偏差等问题，导致党领共治仍存在形式主义等问题。在这种背景下，党组织需要不断加强对共治价值的倡导，并在社区各主体中进行社区认同和社会归属感的建设，不断提升社区各主体参与社区治理的积极性。

第一，党组织要利用包括广大下沉党员在内的各种资源和手段在群众中进行广泛的政策宣讲。党组织需要在广大群众中宣传共治的内涵、必要性以及价值，让多元主体在充分了解其意蕴的基础之上接受这一社区治理的新模式，在认同该模式的基础之上有效参与。其中，下沉党员具有重要作用，要利用自身的社区社会网络，在亲缘、业缘等关系中进行广泛的宣传。第二，党组织要在党务、政务公开中，广泛吸引社区多元主体进行评议并提出意见建议，引导其参与。党组织需要长期在社区中对自身的事务和信息进行合理公开，不断深化社区多元主体对自身的了解，在信息的分享中增进对自身的信任。同时，党组织推动社区多元主体对自身工作进行评议，广泛吸收群众意见，不断推进社区各主体由浅到深地参与社区治理。第三，党组织要利用手中的资源广泛带动居民参与和筹办各类志愿活动，在活动的参与和组织中不断增强对社区的认同感和归属感。党组织要在社区场域内组织和举办各类志愿服务活动，并广泛吸收居民群众参与到筹办过程之中，在共建的过程中不断增强居民的主体意识和责任意识，在社区归属感的提升中不断增强社区各主体的参与意识。第四，党组织要对社区多元主体参与的整个过程中所有符合实际的保障措施进行合理配置，以消除社区共治主体的后顾之忧。除了对社区各主体进行激励以外，保障工作的持续优化也是不断推进社区各主体参与社区治理的有效措施，需要做到精神激励、物质保障、政策保障和资源保障等工作的有机结合。

（三）党领导下的共建力量联结与均衡发展

党组织领导下的共建力量联结，关键在于社区多元主体的发动与工作协调。当前我国社区治理各主体之间存在力量不均的问题，在共建力量的联结中，党组织必须重视多元主体的均衡发展。从基层实践来看，党领导下的共建力量联结和基层党建组织架构重构主要有两种形式。一是重新整合原有基层党组织。以广东佛山为例，其依托原有基层组织构建了"1+X+N"的区域化党建组织架构，即一个强有力的基层党组织，以其为龙头带动和统筹区域内"N"个党组织以及"X"个区域外党组织和其他社会组织，以此来提升区域内基层党组织的凝聚力和战斗力。另一种是重新优化设置基层党组织。以南宁市西乡塘区明秀南社区为例，其运用网格化的管理方式，将区域划分为8个网格，每个网格成立网格党支部，形成"社区党委—网格党支部—楼栋党员服务站"的三级基层党建工作新格局，确保了基层党组织的全覆盖，使基层组织建设从碎片化转向网格化，以适应新形势下社区治理的要求，即更全面的社会公共服务、更全面的社会利益综合和更全面的社会多元参与。

在党领共治之中，社区党委、社区居委会、街道及政府各职能部门、社区社会组织、物业公司和辖区企业以及居民个体是重要的共治力量。在我国当前的实践之中，社区党委、街道及政府各职能部门的力量相对而言比较强大，这与我国过去行政主导的社区治理模式有关，而其他主体相对来说则是当前社区治理中的短板，将阻碍社区各主体的均衡发展与社区治理的良性共建。因此，在党领共治中，社区党组织必须着力发展壮大党组织及政府以外的其他治理主体，注重对非政府组织、市场和居民个体的培育，在政府职能重构和对社区其他主体的赋能授权中不断推进社区治理主体的均衡发展。具体来说，政府需要主动适度放权，给予社区自治组织参与社区治理的空间，充分激发其参与社区公共事务的积极性，弥补社区治理中的政府失灵和市场失灵现象。党组织也要加强自身社会工作能力，在共治之中起到引领作用而不是控制整个社区治理，利用工青妇联等群众性组织以及其他社会团体在社区建设中的作用，成为社区共治中社区多元主体之间维系的纽带。社区社会组织、物业公司、辖区企业和居民个体也要勇于脱离政府的庇佑和掌控，在竞争和发展过程中不断提升自身能力与影响力，推动社会和公民的自由发展和壮大。

（四）党领导下的多方资源整合与利益协调

社区治理的多元主体之间存在力量和资源不均等的问题，如何利用好各主体的资源并协调好各方的利益，实现社区资源的充分利用和整体规划，进而链接外部社会资源进社区，解决社区治理中存在的问题，是社区党组织在领导共治中面临的另一大问题。

在解决这一问题上，社区党组织首先要摸清社区各主体的具体情况，吸纳各主体的组织负责人进入工作团队，形成区域化大党建的工作模式。在社区共治中，党组织需要担任组织者和协调者的角色，根据社区各主体的资源现状合理分配任务，并根据需要在主体之间进行资源的协调和调动，推进组团化服务群众工作。在此过程之中，要按照主体的类型调动其最优质的资源，实现社区整体资源的高质量利用、服务的高质量供给和活动的高质量筹办。其次，在社区各主体的资源调动与协调之中，党组织要实现社区各主体的增量发展，在社会影响力、社会声誉、市场价值和各类资源良性发展的基础之上，实现资源的置换和有效利用，在"有增量"的基础上不断激发各主体的参与积极性和想象力创造力。

在资源的调配、利用和引入以及社区各主体的利益协调之中，党组织要做好引导者、组织者和协调者的角色，运用这些资源并将其转化为惠及社区居民的服务项目和志愿活动。在对各组织的引导过程中，上海市部分区县开始了"枢纽型社会组织管理"的尝试性探索。如静安区成立社会组织联合会，之后又分类别相继成立了5个社区（街道）和劳动、文化、教育（系统）社会组织联合会，形成"1+5+X"枢纽模式。同时，在社联会中以"党建"促"社建"，成立社联会党总支加强对社会组织的引导，并加强对社会组织的各类服务。街道层面对枢纽型党建的探索，主要是通过社区生活服务中心引导社会组织提供社区服务。所谓枢纽型党建，是指党组织要作为引导社会组织参与社会治理的枢纽，将社会组织的服务项目与社区治理的需求对接。从这一目标看，枢纽型党建还远未成形，一方面，各区县在探索中还没有形成党组织培育和服务社会组织的成熟机制，社会组织踊跃参与社会治理的局面还没有形成；另一方面，活跃在街道层面的社会组织仍然主要是半官方的社会组织。但即便如此，枢纽型党建仍不失为未来党组织培育社会力量的一个有意义的探索方向。

在党领共治建设之下，必须在意识、能力和行为三个方面共同发展，在增强社区基层党组织自身建设的基础之上，进一步激发社区各主体参与社区治理的积极性，在社区场域之中营造良好氛围。同时，通过引导转变观念、补齐人员短板和全方位培训等方式方法，不断提升包括社区基层党组织在内的社区各治理主体的能力，全面提升社区治理能力。在社区各主体自治意识养成和能力增强之后，社区党组织要切实领导其以实际行动助力社区治理，为各主体提供沟通交流与发挥作用的平台，做好资源的调配与利益的协调工作，形成社区治理合力。

六　本章小结

社区场域之中社会治理格局的重构对推动社区治理现代化和提升社区治理能力有着重要意义，作为"一核多元"治理体系中的核心主体，社区党委需要在其中发挥核心作用，推动社区多元主体参与社区治理，并形成常态化机制，使其得以长期有效参与，并在参与中实现自身发展与社区治理能力两方面的提升。当前我国各地党领共治的实践探索中已经出现了多种有益模式，但由于我国社会发展的不成熟，这些模式一方面难以实现预期效果，另一方面也存在着难以推广等难题，因此，在认清各社区共治基础和社会背景的情况下，沿着正确的方向，寻找因地制宜的工作方式，就成为党领共治并进一步形成党建引领构建治理新格局的中心任务。笔者认为，当前的社区治理应当在现有实践经验的基础上，认清我国社区治理权威分散、治理主体角色异化与功能错位、治理主体间交往融合度不高以及社区党建工作与治理需求相互脱节等问题，在梳理社区各治理主体的角色、功能、权力来源以及主体间关系的基础上，增强自身建设并提升自身领导能力，而后在认同建设和价值倡导、主体动员和均衡发展、资源整合和利益协调三个方面下功夫，发挥社区基层党组织的领导核心作用以推动社区多元共治，最终以党建引领构建治理新格局。

第七章

党领文化：社区"软服务"与"软治理"的双维提升

社区文化是社区治理的软实力，是社区发展的动力基础。社区文化具有树立社区风尚、融合社区关系、调和利益冲突、提升社区凝聚力等一系列功能，特别是在城市社区建设中，社区文化建设对于破解社区组织碎片化、社区公共性衰落、社区生活个体化三大治理困境发挥着基础性作用，可以说社区文化建设关系社区治理的成败。近年来，我国不少城市在大力打造社区环境文化的基础上，通过开展一系列居民喜闻乐见的群众文化活动，不断增强社区发展的"软实力"，社区公共文化空间和基础设施不断提档升级，多元文化服务和文化活动如火如荼地开展，社区公共文化建设逐渐成为城市社区治理的一项基础性工程。但是社区文化建设始终存在行政主导自上而下的"文化下基层"和社区内部自下而上的"文化饥饿"两者之间的结构性困境[①]，社区文化服务模式亟须在价值理念、供给结构、体制机制等方面全面创新。研究发现，党建引领社区文化治理不仅能够成为统筹各方的文化轴心，发挥政治力量在社区文化服务和社区文化治理中的重要作用，破解社区文化治理的结构性困境，还能够为社区文化定性、方向定位、原则定调，实现"软服务"与"软治理"的双维提升。

---

① 孙琦、田鹏：《社区文化治理体系转型及重建的实践逻辑——基于苏北新型农村社区的实地调查》，《南京农业大学学报》（社会科学版）2022年第1期。

第七章　党领文化：社区"软服务"与"软治理"的双维提升　149

一　问题提出与文献综述

在我国社会从"单位制"向"社区制"的制度演进过程中，社区文化治理在文化政策和文化功能的意义上存在着双重困境：一是社区公共文化服务的供给困境，主要是指行政主导下的社区公共文化服务供给难题；二是文化的功能转换困境，即社区治理主体发挥文化的价值引领、组织动员等治理作用的能力不足。进而需要明确和回应的是，社区公共文化服务供给的模式如何转变？社区文化治理功能通过何种机制才能最大化发挥？

（一）社区公共文化服务的供给困境

随着我国社会主要矛盾发生深刻变化和城市化进程加速推进，城市居民对美好文化生活的需要更加迫切，对城市社区公共文化服务建设提出了新的要求和挑战。地方政府为了保障和改善民众文化生活，投入了大量资源，使得社区文化基础设施建设得到了明显改善，部分社区历史建筑和社区文化载体得到了较好保护。从社区公共文化服务供给方式的精准性和整体性来看，当前，我国城市社区公共文化服务建设存在"重硬件""轻软件"、供给总量不足、供给主体单一、供给机制不健全、供给效能低下等问题，以政府为主导的单一型城市社区公共文化服务供给模式难以适应新时代社区居民复杂多样的文化需求。

有学者指出，我国社区文化建设存在行政主导自上而下的"文化下基层"和社区内部自下而上的"文化饥饿"两者之间的结构性困境。[1] 在政府文化管理模式下，政府通过单一主体、自上而下的权力行使，主要依靠行政权力来管理文化事务；政府既对文化事务进行宏观管理，也实施微观管理；政府办文化的色彩浓厚，公民的文化需求、文化参与等处于从属地位，公民能够享受到什么样的文

---

[1] 张会来、张海丽：《党建引领社区治理中社区软文化建设路径研究》，《边疆经济与文化》2021年第3期。

化产品和服务取决于政府提供什么。① 行政主导模式下的社区文化培植模式不精准，容易忽视社区居民的真实文化需求，以至于当前开展的社区文化活动无法满足居民的多种需求，很难调动社区居民的积极性。没有居民的主体参与，社区文化就无法有效发挥社区治理作用。

当前，社区居民参与文化活动的热情随着精神文化需求的提升逐步增强，社区居民参与文化生活积极性日益提高与当前社区软文化建设不足的矛盾日益凸显。社区公共文化服务完全摒弃行政供给模式，社区居民自发组织社区公共文化产品和文化服务的供给，显然是不现实的。例如，从社区公共文化服务的参与前提来看，就存在社区居民"参与难"和"弱参与"问题。既有研究大多认为居民社区文化生活参与普遍存在参与认知缺乏、参与态度冷漠、对参与意义的诉求缺乏理性认识等弱参与特征。② 此外，参与社区公共文化服务热情较高的部分群体，则由于团队建设、人才培养、专业技能等方面存在不足，难以实现社区整体意义上的社区公共文化服务自给自足。总之，如何实现政府主导"送文化"向居民自治并回归文化本源的"种文化"转型，如何在社区公共文化服务供给结构、体制机制等方面进行创新，是社区文化治理转型和秩序重建面临的现实制约和最大问题。③

（二）社区文化的治理功能转换困境

社区文化的治理功能转换困境，主要表现为传统行政主导下的治理方式难以满足现代社区治理的需要。行政主导可以说是我国社区治理中长期存在的基本特征，是我国城市社会管理体制的产物。行政主导下的社区治理的最大弊端是社区居民参与社区活动的主动性差、热

---

① 柯尊清：《公共文化治理的理论维度、过程逻辑与实现路径》，《理论月刊》2021年第1期。
② 颜玉凡、叶南客：《认同与参与——城市居民的社区公共文化生活逻辑研究》，《社会学研究》2019年第2期。
③ 孙琦、田鹏：《社区文化治理体系转型及重建的实践逻辑——基于苏北新型农村社区的实地调查》，《南京农业大学学报》（社会科学版）2022年第1期。

情不高，社区治理的行政依赖性较强。① 治理主体多依托行政治理方式快速完成上级交付的任务，对于文化治理方式的重视程度时常不够，社区文化建设往往被视为一种行政任务而非治理工具。因此，社区充分发挥文化社会治理功能，创新和变革社区治理模式，以更快地适应时代发展要求，实现社会和谐稳定等方面存在欠缺。

社区文化为生活于社区中的居民提供了共享的生活方式、行为准则、风俗习惯、伦理道德、规章制度，有的还日积月累定型化为"传统"。社区文化的这种共享性使居民在思想和行为上的相互协调成为可能。它不仅减少了居民在社区生活中合作交易的成本，而且增加了彼此之间行为预期的确定性，因而成为社区共同体自我整合和公共生活有序化的重要手段。社区文化治理是一项长期性的系统工程，社区文化观念的形成、文化氛围的营造、公共精神的树立都需要发挥社会机制的主导作用。行政机制主导下的社区文化治理虽能取得短期效果，但从长期来看收效甚微。② 客观来说，地方政府在运用文化进行社区治理的过程中，一定程度上缺失了社区文化治理的内在性基础条件，在嵌入社区文化治理网络和凝聚社区文化资源时需要付出更高成本。文化的功能转换困境可以理解为，治理主体将文化治理优势转化为社区治理优势的方式和能力困境。

（三）党组织引领社区文化治理的既有研究

新时代，"党委领导"的体制优势在社区治理中的重要性凸显。学者们对政党在社区治理中的优势和作用进行深入探讨，发现只有执政党有资格、有能力、有意愿在整合社会资源的过程中，推进社会资本的积累和增值，进而推动各项制度的建设和执行，实现社区治理体系和治理能力现代化。③ 部分学者将政党纳入社区文化治理的议题中

---

① 魏娜：《我国城市社区治理模式：发展演变与制度创新》，《中国人民大学学报》2003年第1期。

② 冷向明、吴旦魁：《空间叠加与社区治理机制适配性研究》，《华中科技大学学报》（社会科学版）2023年第5期。

③ 刘厚金：《基层党建引领社区治理的作用机制——以集体行动的逻辑为分析框架》，《社会科学》2020年第6期。

进行探讨，并形成了两种研究视角。

一是党组织运用文化增强社区党建的视角。有学者认为新时代以来，中国共产党在城市社区的社会化发展，最高的目标就是增强价值引领、凝聚价值共识，大力培育和弘扬社会主义核心价值体系和核心价值观，为执政党在城市社区的有效存在奠定了坚实的思想基础。[①]新时代提升城市社区党组织组织力，可以采取组织嵌入、理念引领和活动凝聚等方式实现。理念引领主要通过三个途径：一是发挥社会主义先进文化的引领作用；二是红色革命文化的熏陶；三是中华优秀传统文化的浸润。活动凝聚则主要是指社区党组织通过开展各种各样的活动，吸引居民群众参与进来，并以活动的方式宣传党的路线、方针和政策。[②]融合式党建激活了社区外来人口党员的身份认同。党支部通过党小组会、支部会议以及各种形式的党员活动和党员教育方式，让外来人口党员进一步意识到"党员"身份的先进性及其在公共生活中的政治意涵。[③]社区党组织以党味浓、党气正、党性强、党旗红为主要特征的社区党建文化形态，有效拓展了社区党建工作的新领域，群众幸福感和获得感也得到不断提升，促进了和谐社区建设。[④]

二是党组织运用文化增强社区治理的视角。中国共产党通过合法性的重塑、核心价值观的引导、公共文化服务的提供，巩固党在基层社会的"文化领导权"，得到基层社会的认同。[⑤]社区党组织在社区治理中的文化导向功能赋予社区党组织以先进文化引领、组织、传播和培育居民的责任，社区党组织通过文化引领及时察知网络舆情，提高舆论把控能力，营造良好的社区氛围，建设社区居民健康向上的精

---

① 王可园：《"政党社会化"内涵的系统建构与实践考察——基于城市社区治理的分析》，《社会科学》2021年第12期。

② 周敏晖：《新时代城市社区党组织组织力提升路径探析》，《理论导刊》2020年第6期。

③ 朱亚鹏、李斯旸、肖棣文：《融合式党建、身份认同与社区治理创新——以G市S社区的融合式党建为例》，《行政论坛》2022年第5期。

④ 孙丽丽：《全面从严治党背景下城市社区党建工作创新研究——南京城市社区党建现状、问题及对策》，《云南行政学院学报》2020年第4期。

⑤ 孙柏瑛、邓顺平：《以执政党为核心的基层社会治理机制研究》，《教学与研究》2015年第1期。

第七章　党领文化：社区"软服务"与"软治理"的双维提升　153

神家园，从而强化社区居民共同体意识。① 社区党组织能够以文化人，运用文化引导社区治理。加强"社会公德—职业道德—家庭美德—个人品德"教育，推动形成良好的社会风尚与和谐的人际关系、邻里关系；强化社区文化资源整合，塑造社区文化品牌，激发和调动社区居民参与社区治理的积极性和主动性，提高居民的社区认同感、归属感和荣誉感。② 社区党组织积极推进社区红色宣传工作，不仅有助于增强居民的理想信念和道德观念，也有助于充分调动居民参与社会公共事务的热情与活力，促进社会主义民主在基层的深入发展。③

当前学界充分认识到了党组织在引领社区文化治理中的优势和功能，不仅能够通过核心价值引领、先进文化和红色文化熏陶、多样化的文化活动来增强社区党组织的领导力和组织力，社区党组织还能够通过价值引领、公共文化服务、文化组织、传播和培育等文化治理机制，来重塑社区公共精神，动员社区居民参与，激发社区居民的积极性和主动性，提升社区治理效能。但当前研究更多的是解答和回应"党组织如何引领社区文化治理"，对于"党组织为何需要引领社区文化治理""党组织为什么能够引领社区文化治理"的研究还很欠缺。总体而言，当前研究对于党组织引领社区文化治理的逻辑原理和价值优势揭示得还不够全面，不够深入，不够彻底，侧重于政策建议和方法路径的研究，欠缺实践原理和理论对话的深度。据此，本项研究从文化治理的理论基点出发，探讨党组织引领社区文化治理的深层原因和内在机理。

二　理论基础：文化治理理论

（一）文化治理的理论渊源

关于文化的治理功能或者文化治理，马克思、阿尔都塞（Louis

---

① 李永胜、张玉容：《基层党建在城市社区治理中的作用、问题及创新研究》，《西北大学学报》（哲学社会科学版）2020年第5期。

② 王木森、陈荣卓：《党领共治：新时代社区治理动力的协同优势》，《理论导刊》2022年第12期。

③ 陈刚、娄永力：《党的十九大以来社区红色宣传的话语体系与路径优化——以武汉市D社区为例》，《学习论坛》2020年第10期。

Arthusser)、葛兰西（Antonio Gramsci）、福柯（Michel Foucault）、布尔迪厄（Pierre Bourdieu）等人都有相关的论述。葛兰西的"文化霸权"理论、福柯的"治理性"概念、本尼特的"文化的治理性"思想是文化治理的三大重要思想源流，直接或间接地为文化治理理论提供了理论滋养。

在葛兰西看来，"政治社会"涉及国家的核心政权，它以强制和暴力的方式进行统治；而"市民社会"的内涵是文化、伦理、价值观、意识形态等，以认同或同意为基本实现方式。与此相应，国家领导权也有两种：政治领导权和文化领导权。在他看来，与统治阶级所意欲维持的统治秩序相适应的意识形态就构成了一种强有力的统治工具或者统治资源。[①] 葛兰西虽然提到文化领导权的两种实现方式，但是，他更强调的是认同、同意等民主方式。即使在论及两类方式的关系时，他也明确表达了侧重点：在文化领导权的实现中，应"采取各种平衡形式的强力与同意的配合，而且避免强力过于显然地压倒同意；相反，甚至企图达到表面上好像强力是依靠了大多数人的同意"[②]。可见，实现文化领导权的民主方式在葛兰西文化领导权的理论构想中是至关重要的。葛兰西的"文化霸权"思想为后来学者们的"经由文化的治理"提供了思想借鉴。

福柯的治理性（governmentality）概念也被学界视为文化治理概念的重要思想来源。福柯对"治理性"有着三种不同的理解：一是体现为一种以人口治理为目标的微观治理机制；二是体现为一组权力关系以及得以让权力关系运作而不会招致反效果的技艺；三是治理者对他者宰制的技艺和被治理对象自我宰制的技艺的相互关系。福柯的治理性是一个较为复杂的概念，它揭示了治理制度所内含的理性形式、治理者对他者宰制的技艺、被治理者自我宰制的技艺之间所具有的复杂互动关系。[③] 福柯说："为了把个人造就成国家的一个重要因

[①] 陈翠芳：《葛兰西"文化领导权"的中国解读》，《马克思主义研究》2011年第10期。
[②] ［意］安东尼奥·葛兰西：《狱中札记》，葆煦译，人民出版社1983年版，第197—198页。
[③] 王前：《理解"文化治理"：理论渊源与概念流变》，《云南行政学院学报》2015年第6期。

第七章　党领文化：社区"软服务"与"软治理"的双维提升

素，在国家理性总体框架之内，需要施行、运用和发展哪类政治技术和治理技术？大多数情况下，当人们在分析我们社会中的国家的作用时，他们要么聚焦于体制——军队、文职、科层制等等——和体制的统治者，要么就是去分析为了确保国家存在的正当性和合法性而发展起来的理论或意识形态。相反，我所寻找的是技术和实践。"① 福柯对治理术及其涉及的权力关系与互动机制的思想，成为文化治理概念重要的理论渊源，并对英国伯明翰文化研究学派学者本尼特的文化研究产生了不容忽视的影响。

本尼特将福柯的"治理性"概念引入他的文化研究之中，从而"将文化视为一组独特知识、专门艺术、技术与机制——透过符号系统的技艺（technologies of signsystem）与权力技艺（technologies of power）建立关系，以及透过自我技艺（technologies of theself）的机制——并作用在社会之上，或与之建立关系"②。因此，文化被他解读为"一系列历史建构的实体……相比于经济与社会性的生产，文化是被生产出如同一个自主的领域，并且被建构为区隔于社会并回过头以一种道德化与进步化的力量作用于社会之上"③。受福柯"治理性"概念的影响，在本尼特的理论中，文化不再仅仅是一种生活方式，还是一种连接权力技艺与自我技艺的"作用界面"，是一种作用于社会关系之上的治理机制。

在接触到葛兰西、福柯的理论以及澳大利亚的文化现实后，本尼特将治理纳入文化研究之中，形成了文化治理的理论与实践范式。相较而言，本尼特的文化治理理论具有明显的实用主义特征。在本尼特看来，引入治理的命题就是要将文化研究导向社会现实，从文本形而上学走向社会化文本的研究。本尼特不再将文化视为政治的对立面，

---

① ［法］米歇尔·福柯：《个体的政治技术》，汪民安等编，北京大学出版社2010年版，第273页。

② Bennett, Tony, *Culture and Govermentality*, InJ. Z. Bratich, J. Packer, andC. Mccarthy, eds., Foucaut, Cultural Studies and Governentality, Albany: State University of NewYork Press, 2003, 60.

③ Bennett, Tony, "Civic laboratories: Museums, Cultural Objecthood and the Governance of the Social", *Cultural Studies* Vol. 19, No. 5, 2005, p. 542.

一个被浪漫主义美学与文化批判理论神圣化的自治领地,而是认为文化本身就是与社会历史紧密结合,与审美和人文实践交相辉映的整体性结构存在。①"文化总是一种在场,并且是第一位的,存在于经济、社会和政治实践中,还从内部建构它们。"②

(二) 文化治理的理论维度

正如"文化"和"治理"的使用中存在概念拉伸、泛化甚至滥用的问题,"文化治理"的概念界定及其阐释也众说纷纭、见仁见智。纵览各方观点,关于文化治理的界定和理解大致有以下三个主要研究视角。

第一,文化功能视角下的文化治理。"文化治理"(cultural governance)最初被认为是国家对文化发展的干预,文化是国家治理的场域和对象,文化治理等同于文化政策。③台湾学者王志弘认为,文化治理就是"借由文化以遂行政治与经济(及各种社会生活面向)之调节与争议,以各种程序、技术、组织、知识、论述和行动为操作机制而构成的场域"④。有学者从国家与社会互动视角,认为文化治理是现代国家治理的形式,体现了公共文化供给模式从传统的公共文化管理向现代的公共文化服务的根本转变。⑤胡惠林认为,文化治理就是"利用和借助文化的功能以克服与解决国家发展中问题的工具化"⑥。从权力关系的维度看,公共文化治理涉及公共权力行使与文化统摄、驱动、定向、规训的作用形成的耦合关系,文化渗透于公共

---

① 李艳丰:《走向文化治理:托尼·本尼特文化研究理论范式的转型》,《华南师范大学学报》(社会科学版)2017年第3期。
② [英]托尼·本尼特:《文化与社会》,王杰译,广西师范大学出版社2007年版,第204页。
③ 廖世璋:《国家治理下的文化政策:一个历史回顾》,《建筑与规划学报》2002年第2期。
④ 王志弘:《文化如何治理?——一个分析架构的概念性探讨》,《世新大学人文社会学报》2010年第11期。
⑤ 钟起万、邬家峰:《文化治理与社会重建:基于国家与社会互动的分析框》,《江西社会科学》2013年第4期。
⑥ 胡惠林:《国家文化治理:发展文化产业的新维度》,《学术月刊》2012年第5期。

权力行使的全过程,公共权力的行使需要借助文化的治理功能。①

有批评者认为,功能视野下的释义将文化治理泛化为发挥文化的社会功能,带来问题意识和政策操作的双重模糊。在功能视野里,文化治理化约为以文化人、以文治国,凡是文化的就是治理的,文化治理成了文化的重复语。或者说,文化治理概念只不过是重新阐发了文化的社会教化和维系功能。这样,文化治理就不是一个新鲜话题,而是自古以来的现象。②文化治理不是单指发挥文化的社会功能,而是具有特定的问题意识和政策指向,它是作为社会资本的文化要素在网络化治理中的应用,这一应用既体现在对文化的治理中,又体现在基于文化的治理中。

第二,文化服务视角下的文化治理。这一视角下的文化被界定为对文化事务的多元主体合作共治和文化服务的多元提供。文化治理就是在政治、经济、社会各个方面开展文化建设,如政府方面要加强核心价值体系建设和发展文化产业,市场组织方面要建设企业文化,公民方面要提升公民德性。文化治理主体是指"由确定文化发展方向的公共部门与私营机构、非营利团体组成的复杂网络,治理主体包括来自公共部门、私营企业、非营利团体等各种性质的机构和个人"③。文化治理"本质上是将国家、社会、市场都纳入文化治理主体之中,主张通过对话、协商、参与的方式实现多中心、多层次治理,从而在文化领域保持一种开放性、参与性、批判性的特质"。文化治理是在国家—市场经济—公民社会的三维结构框架下,探讨社会公共文化服务的供给模式。④国家文化治理研究者对于文化治理的理解,更侧重于公共文化服务,健全现代市场体系、构建现代公共文化服务体系、推进文化管理体制机制创新是国家文化治理的三大任务。⑤还有学者

---

① 柯尊清:《公共文化治理的理论维度、过程逻辑与实现路径》,《理论月刊》2021年第1期。
② 廖胜华:《文化治理分析的政策视角》,《学术研究》2015年第5期。
③ 贾晓芬:《文化治理视域下的公共文化服务供给能力》,《国家治理》2016年第30期。
④ 张良:《论国家治理现代化视域中的文化治理》,《社会主义研究》2017年第4期。
⑤ 祁述裕:《国家文化治理建设的三大核心任务》,《探索与争鸣》2014年第5期。

认为，从国家文化治理的对象和内容来看，宏观上，文化治理是国家经济、政治、文化、社会、生态五大领域整体治理方略的一个部分；中观上，以新中国成立以来我国文化行政体制为基本依据，文化治理以新闻出版、广播电视和文化艺术为主；微观上，以文化管理部门的管理内容即文化艺术领域为主。①

第三，文化面向视角下的文化治理。文化和文化治理往往具有政治的面孔，因为一定时期的文化观念总是服务于统治阶级的利益，并为阶级统治提供合法的意识形态支持。进入现代以后，文化治理的社会面孔越来越重要，并日渐渗透于社会的每一角落乃至意义和价值领域。如今，文化治理又日渐深入产业发展之中，常常以其经济面孔示人。在实践中，文化治理的几副面孔总是交融在一起，展现多样形态。在不同的历史时期，政治、社会、经济面向的文化治理各自所起的作用具有相似性，其实质都是透过文化并以文化为场域达到治理的目的。② 文化治理所具有的政治、经济与社会"三张面孔"体现了政府、市场、社会在公共文化治理中的地位、作用和价值，为公共文化治理的理论维度奠定了基础。③ 有学者比较了文化管理与文化治理的差异，认为文化管理主要体现为行政逻辑之上政府主导的文化权力分配及其配套的资源配置系统，而文化治理则主要体现为政府、市场和社会三方基于市场契约原则所形成的文化权力配置和市场交易系统，两者在理论基础、社会环境基础、政府角色、组织结构、组织形态、体系的开放封闭程度以及管理方式等方面存在着明显区别。从文化市场和文化发展过程的维度文化治理被定义为："中国文化行业为适应市场经济体制转轨而出现的开放型文化政策结构。"④

综上所述，本项研究将兼顾文化治理的功能性、服务性、过程性

---

① 景小勇：《国家文化治理体系的构成、特征及研究视角》，《中国行政管理》2015年第12期。
② 吴理财：《文化治理的三张面孔》，《华中师范大学学报》（人文社会科学版）2014年第1期。
③ 柯尊清：《公共文化治理的理论维度、过程逻辑与实现路径》，《理论月刊》2021年第1期。
④ 傅才武、秦然然：《中国文化治理：历史进程与演进逻辑》，《兰州大学学报》（社会科学版）2022年第3期。

和场域性,文化治理既体现为对文化的治理,也体现为基于文化的治理。文化治理涉及两个方面的问题:一是作为"文化治理"的公共文化事务治理问题;二是基于"文化"与"治理"关系的文化的功能和作用在一般公共事务治理中的发挥问题;三是将文化理念与治理理念相结合,来处理公共文化事务、进行公共文化决策、配置文化资源与权力的过程。同时在这一过程中各利益相关方力量博弈会形成一种复杂的自组织关系。文化治理的目标是实现政治、经济和社会三大面向,具体到社区层面而言,既要通过文化治理增强社区政治认同,确立政治统治的合法性目标,还要通过社区文化树立社区风尚、融合社区关系、调和利益冲突、提升社区凝聚力,实现共建共治共享的社会治理目标,也要通过文化项目和服务,调动市场主体的活力和资源,提升社区公共文化服务质量和水平。

三 党建引领社区文化治理的实践路径:基于一个街道的案例分析

通过梳理文献发现,党组织引领社区文化治理主要通过价值引领、文化熏陶、文化宣传、文化活动等方式来提供社区公共文化服务和动员社区居民参与社区治理。本项研究通过对全国不同地区的社区文化治理实践方式进行调查,发现党组织引领社区文化治理的方式虽然在形式上存在差异,例如,文化活动的类型不同、文化宣传的形式不同、文化品牌的名称不同,但是文化治理的机制大多类似,且在社会主义核心价值观和社会主义先进文化的统一要求下,社区文化治理的理念和内核也高度一致。本项研究以湖北省武汉市武昌区南湖街道为个案,其通过强化党建引领、社区文化阵地建设,以红色文化、志愿文化、邻里文化为抓手,大力培育和践行社会主义核心价值观,弘扬"奉献、友爱、互助、进步"的志愿服务精神,全面提升了社区治理效能,南湖街道下辖6个社区已有4个社区获评最美志愿服务社区。因此,南湖街道在揭示党组织引领社区文化治理的理论原理和实践逻辑时具有一定的代表性。更为确切地说,党组织引领社区文化治理的具体方法和手段并非本项研究关注的重点,选取具有代表性和典型性的个案才能够满足研究需要。

（一）红色文化引领社区价值观和文化方向

南湖街道运用红色文化凝心聚力，强化社区党组织建设，为社区治理提供坚实组织保障。红色文化浓缩了中国共产党人坚定革命理想和信念、坚信革命事业必然胜利的精神，为了实现民族独立勇于牺牲的大无畏精神，坚持独立自主、实事求是、一切从实际出发的精神，紧紧依靠人民群众、密切联系群众、同人民群众同呼吸共命运的精神。社区红色文化建设不仅仅是社区党组织的任务，也是街道党工委的重点工作之一。南湖街道在党工委的统一领导下，引导下辖各社区党委充分挖掘和开发社区红色文化资源，积极搭建党员党性教育阵地，灵活运用组织红色文化教育培训、红色文化宣讲活动、红色文化知识竞赛、红色文化集中汇演等多种方式，引导党员干部不断强化党性淬炼，提高党员干部队伍的向心力、凝聚力、执行力，为推动社区文化服务和文化发展提供强有力的组织保障。南湖街道党工委旨在将社区中的居委干部、党员和积极分子培养成为宣传党的思想的主要发起者和推动者。

南湖街道采取各种居民喜闻乐见的方式来宣传社会主义核心价值观，营造邻里和谐、互敬互爱、互帮互助的社区文化，推动和谐社区建设。在党建引领社区文化治理的具体实践中，引导下辖社区党组织通过宣传党建红色文化、组织开展特色活动、开展居民文明实践，传播道德"好声音"、传递道德"正能量"、讲述道德"好故事"，深入繁荣群众性文化活动，发挥政治文化的引领示范作用。我国基层党组织从革命时期就拥有运用文化动员鼓舞群众的方法，灵活运用"文艺式""互动式""网络式"的宣讲表演等方式，第一时间把党的声音、党的政策、党的理念传播出去。例如，发挥政治文化特色，开展红歌会、红色主题艺术表演以及"百名党员坐红船，回顾党史表初心"等文艺活动，"沉浸式"宣传党建引领红色文化。充分发动社区居民，采用小区宣传栏、小区宣传标语、社区居民议事会等互动化渠道，深化习近平新时代中国特色社会主义思想和中国特色社会主义核心价值观宣传教育，大力弘扬中华优秀传统文化和时代精神。紧跟时代潮流，通过党建网站联盟、学习强国软件、小区各大微信群等网络渠道，开展社区居民政治文化教育。

（二）党员带动社区文化与治理的内部运转

党组织在社区治理中具有重要的政治优势和组织优势，基于党员身份的政治认同和政治信任能够使社区文化治理从内部运转起来。南湖街道依托社区教育学校，汇聚了5000余名学员，开设常态化课程和活动，丰富老年人生活。在提供养老服务的基础上，培育"银发先锋"团队，让流动老党员依托社区教育平台——南湖街道老年大学建设文化养老阵地，成为文艺先行的阵地和集大成者，并且积极参与到社区治理中来，担任社区规划师等，发挥流动老党员的志愿者红色领头雁作用，打造"银发先锋，我是党员，我来干"的社区特色品牌，在社区治理中起到了先锋战斗堡垒的作用。同时，让不同类型的下沉党员在活动中亮身份、显活力、增能量，充分发挥志愿者在社区中的带头示范作用，"让旁观的你，变成行动的我"，开展"文明停车我先行""疫情防控我带头"等志愿服务活动，在社区志愿服务的过程中提升党员服务意识、能力水平和党群关系，营造"打开门我是志愿者，推开门都是志愿者"的良好志愿文化氛围。

南湖街道党组织通过大力弘扬志愿文化、组建志愿服务团队、党员带动社区居民个体参与，不仅实现了居民自治，还实现了社区共治。南湖街道大力宣传志愿服务文化，自2005年开始举办第一届"感动南湖人物"评选，2021年底第十一届评选线上线下同步直播，近11万人观看，2万余人次点赞。17年来，通过广泛推选、专家评审、公开评议等方式累计选出了98个个人和团体，其中多人被评为市、区级身边好人、最美志愿者、文明市民等。街道倡导志愿服务人人可为、事事可为、时时可为。引导居民从身边小事做起，从现在做起，热情参与、积极投身到帮贫救困、扶弱助残、倡导文明、维护秩序、爱护环境等社会公益性志愿服务活动中，做好事献爱心，排民忧解民难。带动其他主体走进社区，走进基层，围绕弱势群体、困难群体开展志愿服务，真正把服务送上群众家门，把援助送到居民手中，把爱心送进居民心里，汇集强大正能量，奏响时代主旋律。街道通过举办多样化的文化活动传播爱心，营造传递友爱、共襄善举、守望相助的社会风气，使核心价值观在潜移默化、润物无声中浸润群众心底，融入日常生活，掀起志愿服务活动新热潮。

（三）党组织吸纳多元主体参与社区文化项目

南湖街道党工委通过组织吸纳，与其他治理主体有效合作，整合不同的社会群体、多方利益和多元价值，构建共建共治共享的社区文化服务格局。南湖街道下辖各社区坚持公共文化服务由政府主导，向社会运作、多元参与转变，街道引导各社区文艺团队建立街道文联，通过街道文联链接、整合社区文艺社团、企事业单位等多方资源共办公共文化活动。街道文联主席由社区文艺能人担任，组织整合社区各类文艺团队形成多样的文联团体会员。目前南湖街道文联共有声乐协会、舞蹈协会、戏曲协会、服饰协会、民间民俗协会、创作协会、器乐协会、体育协会、摄影书法协会、曲艺协会等十个团体会员，每个协会每年通过资源众筹组织大量公共文化活动，如"唱响新时代音乐会""戏曲艺术节""南湖好声音"歌手大赛等。南湖街道文联声乐协会举办的"2019南湖好声音"歌手大赛，向商家和社会组织筹得奖品、奖金和其他经费折合人民币达50万元。南湖街道还大力培养社区志愿服务组织，涵盖邻里关爱、义剪、全职妈妈赋能、文化教育、文明劝导、安全巡逻、科技普及、家园清洁、养老等多类。其中，巧姐姐志愿服务队、爱之翼公益理发队、乐分享妈妈公社、小红砖、南湖大妈、雏鹰志愿队等志愿服务队积极参与各类公益创投项目，获得省、市、区、街公益奖项50余项。

街道充分发挥下沉党员、流动党员的先锋模范作用，下沉党员干部通过深入社区居民的日常生活，提供思想引领、心理慰藉、法律顾问、物业监督、帮扶解困等服务，居民的幸福感、获得感和认同感显著提升。2021年街道推动解决了校园周边治安维护、小区环境绿化等涉及居民切身利益的各类突出问题45个，为小区办理民生实事148件。武汉住房公积金中心和武昌区行政审批局向社区捐赠测温门，开展认领"微心愿"活动，为独居空巢老人赠送报纸。区城管七中队支部倡导居民垃圾分类，助力社区治理，已为东方莱茵小区添置垃圾分类桶，居民生活水平和生活质量明显提升。

四 党建引领社区文化治理的基本原理

党建引领社区文化治理的基本原理在于，党组织的引领能够克服社区文化服务中的单一服务供给困境和社区文化治理的功能转换困境，消除文化管理模式下的文化服务"悬浮化"和社区治理机制"刚性"，从社区内部实现文化服务的供给和社区治理手段的柔性，降低地方政府公共文化的投入成本，增强市场主体参与社区文化服务的供给活力，保障社区文化服务的质量和水平，最终实现政治、社会与市场三大面向下的社区文化治理目标，达成"软服务"与"软治理"的双维提升。

（一）通过政治文化增强党的组织领导能力

党建引领社区文化治理的政治原理在于，发挥政治力量在社区文化孕育发展中的重要作用。任何统治阶级要实行有效的统治，不仅要依赖暴力和国家机器等，还必须让被统治者接受统治阶级的世界观，使统治阶级的哲学成为"共同志向"，成为广大群众的哲学，即让广大群众接受为他们生活的社会所公认的道德、风俗和行为准则。葛兰西提供了实现"文化领导权"的两种方式：一种是认同、同意等民主方式，另一种是宣传、引导的方式。一种政治制度建立起来之后，如果没有与这一制度相一致的政治文化的存在，即使拥有雄厚的物质保障，也难以避免许多不安定和破坏性的因素，甚至有可能存在旧制度复辟的威胁。[1]

新中国成立以来，我国基层社会建设发展始终围绕国家整体发展战略，基层社会文化价值发展同样有赖于政治力量的引导推动。在这一背景下，党建引领本身就是社区文化治理中非常重要的文化要素和价值观旗帜，通过在社区弘扬红色文化、宣传时代精神、塑造核心价值观等，有助于保证社区文化治理的方向性和引领性，同时也有助于

---

[1] 张康之：《政治文化：功能与结构》，《中国人民大学学报》1999年第1期。

社区居民增强对党的领导及其合法地位的认同感、归属感和信任感，使党的政治思想、政治意识形态深入居民的政治心理层面，凝结为一种政治文化和政治认同，从而有效维护政治制度和政治秩序。

（二）通过身份认同实现社区文化的内部建构

党建引领社区文化治理的另一大优势是，我国不同年龄层次的党员干部广泛居住于不同的社区，他们既是党员也是居民，能够切身体会和明确社区公共文化建设的真实需求，成为社区文化服务和文化建设的先锋队，成为社区文化内部建构的主力军，彻底解决文化服务和建设的"悬浮化"问题，实现社区文化和社区治理的完美契合与融入。社区文化治理的功能性和服务性都要求社区文化服务的精准性以及社区文化的内生性。社区党员的示范带头作用能够不断鼓励社区群众相互协调和睦邻合作，引导群众不断追求高尚的理想和目标，将中华优秀传统文化、革命文化、社会主义先进文化、西方文化的精华嵌入社区治理之中，使得社区居民在长期交往中逐步形成共同的理想目标、价值观念、风俗习惯、信仰和归属感，即形成某种共同的"社区精神"，增强对社区的认同感，助力社区治理。[①] 社区党员能够依托党员身份，引导居民以社区主体的精神文化生活来重建其人生价值和生活意义，并形成新的身份认知和社会认同，形成人民群众追求美好生活意义上的"最大公约数"和"最大同心圆"，构建共建共治共享的社区治理共同体。

党建引领社区文化治理是一种聚焦人民群众实践，尊重人民主体地位，鼓励人民群众参与文化创新创造，充分发挥人民群众在文化建设中的主体作用的治理实践。在传统社区建设的选项排序中，文化需求和文化治理常常因涉及个人价值尊严需求被置于社会需求层次的高级阶段而虚置，因此社区文化需求就被正当地置于生存保障需求之外。而传统行政主导下的社区公共文化服务和文化建设批量化、规模化地提供单一形式的文化服务内容，虽然这种模式可以促进公共文化

---

① 贺少雅、萧放、鞠熙：《乡风文明建设的创新探索、现实困境及推进策略》，《社会治理》2021年第10期。

服务均等化发展,但是从成本核算与绩效考核等角度来考察这个问题,便会发现城市社区的公共文化服务供给模式缺乏精准性。[1] 党建引领社区文化治理能够发挥党员带动作用,鼓励社区居民自主参与公共文化服务的供给过程,让城市居民成为文化的供应者。这种文化供应模式从传统的国家需求、政府需求为主导转换成社区群众需求为主导,城市社区的基层组织更多地负责搭建平台,文化内容则由第三方企业和城市居民共同创造。

(三) 通过统筹协调保障市场主体的文化服务质量

在传统公共文化服务网络的结构中,公共文化活动常常远离个体行动者的生活视野,公共文化服务的供给手段较为单一而又缺少市场的有效补充,使得政府的文化建设部分背离了其原有的形塑公共生活的理想。[2] 党建引领社区文化治理能够在基层政府和党组织的主导下,基于实现社区公共利益和满足社区文化治理需求,开展多元主体的协商合作,共同构建人人有责、人人尽责、人人享有的社区治理共同体。市场经济呼唤诚信意识的回归,社区党组织可以凭借其政治身份,一定程度上破解市场主体参与社区公共文化服务供给中的初始"信任危机",通过和市场主体的合作,整合市场文化资源来满足社区居民多样化、多元化的精神文化需求。基层党组织还能够在市场供给和居民文化服务需求不一致的情境下,通过搭建平台来协调社区居民与商业化企业之间的关系,引导社区居民和第三方公共文化服务的供应者共同坚守理想信念和伦理道德。

基层党组织能够成为市场主体提供社区公共文化服务和产品的监督者。通过指导市场主体供给文化服务工作,明确社区的文化治理目标需要,对不符合社区文化服务需要和文化服务供给中的不当行为及时指正纠偏。基层党组织还能够与社区居民共同监督市场主体,形成社区文化服务市场供给的监督合力。这种监督模式能够充分调动城市

---

[1] 赵昊杰:《党建引领社区文化治理的实践路径研究——以上海市奉贤区金海社区为例》,《上海城市管理》2021年第5期。

[2] 颜玉凡、叶南客:《文化治理视域下的公共文化服务——基于政府的行动逻辑》,《开放时代》2016年第2期。

居民参与公共文化服务的热情和主人翁意识，保障社区文化服务内容的多样性和多元化，提升社区对文化资源的使用效率，推动社区公共文化服务提质升级。党组织引进下的社区公共文化服务供给能够充分尊重社区群众的诉求，有效整合多元文化资源，监督指导市场主体，保障文化服务供应的精准性、有效性和规范性。

五 党建引领社区文化治理的现实挑战

从实现文化治理的理想条件和社区文化治理的需要而言，党建引领社区文化治理是最理想的选择，不仅能够同时满足文化治理三大不同面向的目标要求，还能实现社区文化"软服务"和社区治理"软治理"的双维提升。但是，党建引领社区文化治理的实践中，仍然存在一定的现实梗阻和条件制约，影响社区文化治理目标最终的实现程度和效果。例如，部分社区党建引领下的文化治理仍然将行政化逻辑作为主要的行动选项，对于文化治理的功能性转化机制和手段创新运用不足；部分基层党组织的组织和动员能力弱化，社区党员的联结度和向心力不足，难以满足引领社区文化治理的需要。此外，社区文化治理中多元主体的弱参与性不是一朝一夕能够轻易改变的，需要时间、情感和认同的不断积淀，因此，党建引领社区文化治理依然面临机制、组织和价值的现实挑战。

（一）治理机制适应转换不佳

一是社区文化治理机制尚未形成体系化。党领导下的社区文化治理涉及多元主体，也涉及空间、资源、人才等方方面面的内容。当前，部分社区文化治理中，领导机制、协商机制、合作机制、共享机制等多元机制的排列组合及其灵活运用还需优化，行政手段的路径依赖依然存在，治理机制单一或手段匮乏依然制约着社区文化治理绩效的发挥。二是社区文化治理还存在供需对接不够精准的情况，党组织调动行政资源和社会资源来推动社区文化治理，但是很多文化项目和活动往往交由社会主体或市场主体进行，由于缺乏监督，社区文化活动和文化项目依然是"换汤不换药"，内容与社区居民的真实需要往

第七章 党领文化：社区"软服务"与"软治理"的双维提升 167

往存在差距。三是社区党组织对于辖区单位、市场主体和社会组织参与社区文化治理的开放性不够，造成当前一些社会组织参与社区党建工作意识淡薄，思想认识不够到位，共建合力不强，内在动力不足，离社区"资源共享、共驻共建"的要求还有很大差距；同时，部分社区党员参与社区党建活动积极性不高，缺乏有效的制约和激励机制。

（二）组织文化治理能力欠缺

社区党组织文化治理能力薄弱主要表现为党组织在组织和动员社区党员中的能力不足，同时，社区党员对于社区党组织的认同感和归属感不强。从历史维度来看，很多社区内的党建工作不够深入细致，部分党员对社区党组织这个新家不熟悉，也不愿融入、认同感不强。社区党组织对于社区党员的教育管理缺乏有效的机制。社区现实条件是内部党员分布复杂，同一社区中，有着新经济组织党员、离退休党员、在职党员，还有流动党员，增加了社区党员管理教育的难度。从社区党员管理的方式来看，模式僵化、内容单一，基本上沿袭了党政机关的传统做法，局限于定期组织读书看报、座谈讨论的小圈子里，缺乏趣味性、灵活性和实效性，影响了部分参与社区文化治理党员的积极性。

（三）文化治理价值理念认知差异

社区文化治理是一项需要多元主体参与和协调配合的公共事务，只有多元主体价值观念和思想认识一致，才能形成社区文化治理的整体合力。实践过程中，部分社区内部各主体对文化治理没有达成有效共识。一是部分社区居委会在社区治理中存在治理方式的路径依赖，对于需要时间投入和情感投入的社区文化治理认知不足、运用不足、创新不足。二是部分社区的区域化党建工作开展得不够深入，多方共建联建的机制尚未形成且缺乏持续运转的动力，导致对社区文化治理的认知存在差异，尚未形成整体合力。究其原因，在于多元主体共驻共建社区文化工作中没有涉及权责划分、资源整合等深层次问题，社区与驻区单位之间沟通、协调不到位，共筑共建的整体功能难以得到有效发挥，没有真正实现社区大党建格局。从辖区单位、包联单位的角度来看，部分单位认为社区文化治理理应由社区自身承担，对他们来说是"分外事"，参与不参与影响不大，对于社区文化治理的价值和作用认识不够、自觉性不强。因此，驻区单位很少主动与社区党组织联系，影响了社区文化治理的效果。三是社区在职党员由于自身条件限制，对于社区文化治理的认识和能力不足，缺乏主动参与社区文化活动的积极性。

六　党建引领社区文化治理的优化策略

（一）机制层面：以集体主义身份认同塑造社区文化治理的自觉

一是要构建文化空间营造机制。文化空间是指一个社会群体的文化现象、文化需求和历史记忆在一定区域的空间表现，以及社会成员在这个空间进行文化交往的表达方式。社区公共文化空间包括物理场域、文化活动和服务、参与主体三个元素。其中，物理场域是开展文化活动和服务的空间平台，也是空间各方参与的物质载体；文化活动和服务是连接参与方和物理场域的重要媒介，在参与中实现交往和价值情感的生成；参与主体既是物理场域和文化活动的建设者及提供者，同时也是物理场域和文化活动的受益者或服务对象。[①] 党建引领社区文化空间的营造，就是要注重文化阵地的基础设施建设与投入，增加社区公共文化空间和文化活动的场域，让社区居民能够在充足的空间场域内进行文化交流和互动。因此，要通过社区文化空间的再造，为社区文体爱好者提供文化展示的平台。党建引领社区空间营造旨在通过特定的仪式，以文化活动来不断诱发社区空间再现，在文化服务中建构和更新认同，增强社区治理机制的"柔性"与韧性。

二是要形成文化精准服务机制。社区党组织要以人民为中心，充分发挥社区居民的积极性、主动性和创造性，促进群众性文化活动常态化、制度化，提高社区文化、红色文化、志愿文化、邻里文化等建

---

① 曾莉、周慧慧、龚政：《情感治理视角下的城市社区公共文化空间再造——基于上海市天平社区的实地调查》，《中国行政管理》2020年第1期。

设水平，引导群众在文化建设中自我表现、自我教育、自我服务，实现社区文化服务的自主性精准供给。要以文化活动为载体，大力开展社区文化活动，以社区各街道、居委会、住宅小区以及企事业单位的文化活动场所为活动阵地，以社区党员发挥模范带头作用为引导，以为社区居民搞好各种服务为基础，利用各种载体引导群众广泛参与，开展生动活泼、丰富多彩的社区文化活动，使不同文化修养及情趣爱好的群众都能各展所长，各得其乐。这样，既满足了社区居民求知上进做文明市民的心理需求，展示社文明风尚，又增进了社区居民对社区的认同感、归属感和自豪感，进而增强了社区广大居民对社区文化建设的参与意识。

三是要形成社区文化共建共享机制。要引导和鼓励居民走出封闭的小家庭，参与社区文化的创建和分享，在创建中丰富精神生活，在活动中增进邻里间感情，在体验中愉悦身心。社区居民的文化兴趣和需求既有共同性又有差异性，要了解不同群体、不同阶层多样化、多层次的文化需求，并采取各种居民喜闻乐见的形式，激发广大居民参与的热情。既要满足老年人、未成年人、外来务工人员的文化需求，也要吸引青年群体、白领阶层、社会精英参与社区文化建设，满足他们的文化需求。要重视社区文化建设积极分子、文化建设中心户、文明楼栋的示范带动作用，形成立体示范网络；要积极培育和扶持各类社区民间文化团队和协会，鼓励他们在社区这一平台上开展公益性或兴趣性文化活动，既自娱自乐，也为社区群众提供雅俗共赏的表演和服务。

（二）组织层面：以社会化服务推进社区文化治理模式的转变

一是要发挥社区基层党组织"总揽全局、协调各方"的核心功能。特别是以党建引领克服社区治理中存在的行动惰性和"搭便车"困境，在社区公共文化服务中发挥举旗定向、文化定调、坚守底线的旗帜性作用。二是要构建社区场域内公共文化服务"政府主导、居民主体、市场参与"的组织架构。社区公共文化服务社会化本身要求改变过往政府"垄断包办"的文化治理模式，逐步发挥社会力量在文化生产供给中的积极作用。三是要创新居民自治的文化平台，培育社区居民文化主体性。在公共文化服务的供给链条中，社区居民并不仅仅是消费意义上的参与者，更是塑造社区文化属性和培育自身文化主体性的最基础环节。因此，应构建接地气的自治组织平台，激活居民群众深度融入社区公共文化服务，推进社区文化治理的可持续性和深度发展。

此外，要建立社区文化的自组织机制。社区文化建设主体是多元的。基层党组织在社区文化建设中扮演着引导者、推动者的角色，政府的责任在于制定社区文化建设政策和发展规划，并进行宏观的管理，还要对社区文化事业提供经费支持，否则就是不作为。但政府不能也不应该越俎代庖去亲自组织社区文化活动。社区文化建设也不能只依靠社区居委会和少数积极分子。社区全体居民、各类社区组织、驻社区单位等社区成员既是社区文化的受益者，也是社区文化的参与者和建设者，在社区文化建设上都负有自己的责任。这就需要进一步拓展社区文化建设的思路，激励和吸引各类社区成员广泛参与社区文化实践，在共建中共享，在共享中共建。[①]

（三）价值层面：以先进文化增进社区文化治理的价值认同

在党建引领的范畴内，社区文化目标的底线在于不能背离社会主义制度的意识形态底线。党建引领意味着为社区文化注入更加合理合规的文化目标内涵，从而让社区文化和社区精神朝着积极开放、善治良序的方向发展；让每个社区居民带着鲜明的目标意识参与到社区治理中，营造更加美好的社区生活。党建引领下社区治理必然要以文化自信融入社区文化治理的各个环节之中。一是要树立以文化自信为底蕴的社区主导性价值标杆。在快速城镇化进程中所孵化出的超大型社区为不同职业和阶层的社会个体提供了维持个体日常生活的集聚性空间，也带来社区内部多样化文化观念以及价值观冲突等社区文化治理难题。基层党组织需要制定具有权威性和约束性的集体文化原则，为社区文化生活提供支撑底线。二是要培育包括居民个体、社会组织、基层党组织等在内的社区治理主体的价

[①] 杨贵华：《重塑社区文化，提升社区共同体的文化维系力——城市社区自组织能力建设路径研究》，《上海大学学报》（社会科学版）2008年第3期。

值观自律,以此促进文化自信在社区场域的在地化发展。三是多元主体依据权责能力相匹配的原则打造良性治理结构和体系,并且在原则规范和价值指向层面塑造积极的情境适应性。

就社区公共文化服务的市场化供给而言,基层党组织要以社区公共利益和公共价值为核心不断强化监督评估功能。通过建立社会化监督评估工作机制,使社区公共文化服务始终处于公益性和文化性范畴内,保证社区公共文化服务整体工作流程环节的科学公正有序。在社区公共文化服务供给领域,党组织要以先进的社会主义文化为依托,引导市场主体有序参与社区公共文化服务和建设。通过党建引领社区公共文化服务体系建设,使得服务主体和服务业态更加丰富,线上线下服务机制更加融合,精准化、精细化、智能化水平持续提升,社区组织动员能力不断增强,基本公共服务均等化水平明显提升,人民群众操心事、烦心事、揪心事得到更好解决,获得感、幸福感、安全感不断增强。

七 结论与讨论

(一)结论

1. 党建引领社区文化治理能够实现"软服务"与"软治理"的双维提升

首先,从社区文化治理的理论指向和实践要求来看,社区文化治理既要满足社区公共文化服务的需要,又要满足运用文化进行社区治理的需要,理论和实践对实施社区文化治理的主体提出了双重要求。基层地方政府能够在一定程度上满足社区公共文化服务的需要,提供相应的文化基础设施和产品,但是往往存在"不精准""不接地气"的情况,难以从社区内部生产和培植出聚合群力的公共文化和社区专属文化。其次,对于运用文化功能进行社区治理而言,地方政府更多存在行政主导方式的路径依赖,具有行政管理的行为惯性,缺乏从互动、情感、认同维度进行联结和服务的理念和时间,刚性的社区治理方式往往是常态化的选择。从社区自治和社区居民维度来看,也难以承担社区公共文化服务的责任和任务,且公共议题失语、公共事务参与不足、公共精神缺失等情况长期制约着社区文化治理的成效。研究发现，党组织引领社区文化治理既能够克服行政主导下社区公共文化服务供给的"悬浮化"和"刚性化"，从社区居民内部生长和培植出符合社区公共文化治理需要的先进文化，也能够引领社区文化的发展方向。最后，在运用社区文化进行社区治理时，党员干部还具有情感优势和信任优势，通过带头示范，能够充分调动社区居民参与社区文化建设的积极性。总而言之，党建引领社区文化治理的基本原理在于，能够克服行政主导自上而下的"文化下乡"和社区内部自下而上的"文化饥饿"两者之间的结构性困境，满足文化治理中政治、社会和市场三大面向的目标要求。

2. 党建引领社区文化治理需要从机制、组织和价值三大层面进行实践优化

当前，党建引领社区文化治理有很多创新型实践探索，形成了一系列研究成果和实践模式。虽然不同社区类型和文化属性决定了党建引领社区文化治理的方式和方法上的差异，但从总体来看，都取得了较为理想的实践结果。需要明确的是，党建引领社区文化治理虽然具有理论上的制度优势，但是在实践中还可能受到多重因素的影响，制约党建引领社区文化治理的成效。研究发现，当前还需要从机制、组织和价值三个不同的层面来优化党建引领社区文化治理。首先，要建立健全文化空间营造、文化服务精准供给和文化成果共建共享机制，进一步拓展社区文化空间，广泛开展社区文化活动，让文化成果惠及和影响更多居民。其次，要从组织层面进一步明确党组织的核心领导作用，发挥其"总揽全局，协调各方"的作用，让企业、居民、志愿者等更多主体参与到社区公共文化服务供给之中，理顺不同主体之间的关系，明确各自的责任，让社区文化治理成为多元主体共同共通的事业。最后，依然要发挥文化塑造人的功能作用，运用社会主义先进文化，重构社区文化治理主体的价值观念。只有从机制、组织和价值层面进行系统优化，党建引领社区文化治理的双维目标才能实现更大程度上的提升与优化。

（二）讨论

笔者讨论了社区文化治理的双重困境、社区文化治理理论的渊源与概念，探讨了党建引领社区文化建设的基本原理，对实现"软服务"与"软治理"双维提升的逻辑进行了初步剖析，实现了从党组织引领社区文化治理的机制研究向理论逻辑研究的转变。笔者在一定程度上揭示了党组织进行价值引领、文化熏陶、空间营造、文化宣传等文化治理机制背后的逻辑与原理，从文化治理的三重面向回应了"党组织为何要引领社区文化治理"和"党组织为何能引领社区文化治理"的问题。一是通过党建引领社区文化治理，能够增强社区政治认同，提升政治统治的合法性，维护政治制度和政治秩序。二是通过党员带动社区居民参与文化治理，一方面，在社区树立起新的社区风尚，融合了社区关系，调和了利益冲突，提升了社区凝聚力，推动了社区治理共建共治共享目标的实现；另一方面，社区党组织凭借情感优势和身份认同，通过党员干部的带头示范，能够充分调动社区居民参与社区文化建设的积极性，为社区文化定性、方向定位、原则定调，推动社区公共文化服务的自主性和内部性生产。三是通过社区党组织的统筹协调监督，克服了行政主导下"不经济"的文化服务供给，保障了市场主体的文化服务质量。据此得出，党建引领社区文化治理能够实现"软服务"和"软治理"的双维提升。

第八章

党塑空间：社区公共空间生产与社会重塑

城市社区是国家与民众互动的公共治理单元，具有科层系统与社会共同体双重角色代表性。[①] 社区公共空间作为社区组织的重要构件，是社区居民聚集产生社会性互动的重要场所，也是国家治理重要的政治工具。国家通过对空间进行规划与管理来建构社会秩序[②]，空间成为国家与社会主体进行角色互动的现实载体。习近平总书记在中央城市工作会上强调，必须认识、尊重、顺应城市发展规律，统筹空间、规模、产业三大结构，空间是其中重要的组成部分。近年来，为进一步完善社区建设体系，国家出台多项政策文件推进社区空间改造工作，着力改进社区配套基础设施与公共服务设施，如城镇老旧小区改造项目等。在国家进行的城市社区空间更新项目中，涉及国家与社会治理的多元主体，如社区、居民、相关政府部门与社会力量，社区公共空间改造作为城市社区空间更新项目的重要一环，为各主体间互动提供了契机，国家与社会多元主体间的互动也成为学界关注的重点话题。在城市基层治理空间改造的实践过程中，社区党委发挥了重要作用，以中国共产党独特的领导优势统合社区空间治理场域中的主体、资源，实现了物理空间的再生产，从而促进了社区空间治理的改造升级。

[①] 黄宗智：《经验与理论：中国社会、经济与法律的实践历史研究》，中国人民大学出版社2007年版，第47页。

[②] 包亚明：《现代性与空间的生产》，上海教育出版社2003年版，第62页。

一 文献综述与研究问题

列斐伏尔认为，空间"不是一个起点，也将不会是一个终点，它是一个中间物，即一种手段或工具"[①]。从空间出发，城市是以空间作为重要组成部分的分配制度的情景与结构，各类人类活动与组织功能都投影在城市空间内。[②] 从人类活动的组织载体来看，城市空间更新的过程是国家与社会展开互动的轨迹。在城市社区公共空间改造过程中，社区居委会是社区公共空间改造的执行主体；居民作为国家与社区的服务对象，是社区公共空间改造的直接受益主体；此外，社区公共空间改造还涉及城市规划与管理的政府部门以及物业、社会组织等社会力量，共同组建形成了社区公共空间改造的参与主体结构。这些国家与社会主体在城市社区公共空间中展开交流，形成了两个面向的空间更新路径。

其一，基于权力与利益的主体间博弈再造空间面向。主体间进行利益博弈是其互动常态，空间则是利益相关者围绕权力开展斗争的场域，城市社区空间改造是国家对于社会基础单元空间的安排，抽象的权力支配着占主导地位的行动者与其他行动者一起，通过利益博弈以应对城市社会潜在或已经发生的内在矛盾。[③] 有学者指出，地方政府作为国家权力的载体，在城市社区空间生产中占据着自上而下的主导地位，以社区精英为主的非正式组织则遵循着自下而上的话语宣传局面，二者的反向运动对空间结构产生作用力。[④] 因此，城市空间改造是物质空间的重构，涉及社会关系重组、各类资源碰撞以及利益分配调整等层面。也就是说，城市社区空间中的主体作为利益相关者及其

[①] [法] 亨利·列斐伏尔：《空间与政治》，李春译，上海人民出版社2015年版，第24页。

[②] [英] 彼得·桑德斯：《社会理论与城市问题》，郭秋来译，江苏凤凰教育出版社2018年版，第58页。

[③] 郑震：《空间：一个社会学的概念》，《社会学研究》2010年第5期。

[④] 何瑞、吴旭红：《从商品空间到权利空间：制度化社区空间的再生产——基于湖畔社区"车位之争"的案例分析》，《甘肃行政学院学报》2021年第5期。

构成的权力关系决定了空间的结构形态,并形成机制的制度安排与政治性空间。①

其二,基于关系生产的主体间合作再造空间面向。从生产关系角度来看,空间包含了各主体间互动产生的社会关系。空间的结构形态是复合而非单一的,多元力量维持制衡并共存是维系开放平衡的空间结构形态的关键所在。② 城市社区治理是由多元主体共同参与、管理、决策和协商的合作治理结构,社区公共空间改造亦是社区多元共治属性的载体,各主体之间基于社区利益对于社区公共事务进行参与、互动、协商与合作,对于完成社区公共空间生产、优化社区秩序具有重要意义。③ 通过合作化的空间生产方式,社区公共空间通过生产劳动过程形成了作为商品的空间价值,也产生了人与人之间的特定的社会化的空间关系,比如对于居民自治力量的启发与调动,由此也形成了社区有效的主体参与机制。④

从城市更新的组织形态变更过程来看,城市社区公共空间改造是由多元主体参与的,或基于权力与利益,或基于关系生产,主体间博弈抑或合作形成了社区公共空间新的组织形态。不难看出,主体间的互动是社区公共空间再造所重点关注的,对于不同形态的互动方式也从不同的理论视角进行了分述,地方政府是城市空间更新的重要助推因素,但国家权力结构的变化表明,中国共产党在城市空间更新过程中发挥着越来越重要的作用。那么,在城市基层空间治理的过程中,基层党委是如何引领城市空间变革的?更值得关注的是,作为社区公共空间改造的路径,主体间互动的助推动力是什么?换句话说,主体间互动是如何开始并持续进行的?这是需要深入讨论的前置条件。

---

① 宋道雷、丛炳登:《空间政治学:基于空间转向分析框架的空间政治》,《东岳论丛》2021年第7期。

② Martina Low, *The Sociology of Space*: *Materiality*, *Social Structures and Action*, New York: Palgrave Macmillan Press, 2016, pp. 26 – 32.

③ 陈家喜:《反思中国城市社区治理结构——基于合作治理的理论视角》,《武汉大学学报》(哲学社会科学版)2015年第1期。

④ 沈娉、张尚武:《从单一主体到多元参与:公共空间微更新模式探析——以上海市四平路街道为例》,《城市规划学刊》2019年第3期。

二 空间生产视角下的党全面领导社区治理的逻辑

20世纪中叶，空间视角进入社会科学的关注领域，空间与文化、社会、政治和历史等议题相结合并被重新予以理解，成为社会科学的空间转向[1]，并由此诞生了空间政治学派。其代表人物列斐伏尔明确指出，空间是政治性的、策略性的[2]，空间不仅仅是关系的、社会的，更是意识形态的、政治的，空间的政治性是其重要的研究对象。

（一）空间生产理论的中国语境

作为社会科学的重要面向，空间政治学的主要研究对象是试图在空间中共存的多元主体，具体而言，它旨在揭示权力机构在空间中嵌入政治制度和权力结构的机制，以及社会力量在空间中共存与再生产的行为逻辑。[3] 空间生产是空间政治学的重要过程性概念，列斐伏尔认为，空间生产由一些具有一定"客观性"的活动构成，是一个在时间性（联系与连接）与空间性（同时性与共时性）之间来来往往的过程。[4] 现代性背景下，城市社区空间的显著特征是主体利益的多元化，这使得空间在生产过程中呈现出碎片化特征，整体空间被不断分割为孤立、隔绝的单元空间。同时，空间生产是社会的产物，必然包含由主体间资源与利益的碰撞所带来的社会关系重组，社会关系的生产亦构成了社会空间生产的核心内容。

在城市基层治理场域中，中国共产党是重要的助推主体，在城市空间更新过程中扮演着重要角色，权力、制度、社会、利益等也与基

---

[1] Edward W., *Soja. Seeking Spatial Justice*, University of Minnesota Press, 2010, pp. 15–17.

[2] ［法］亨利·列斐伏尔：《空间与政治（第二版）》，李春译，上海人民出版社2015年版，第41页。

[3] Massey, D. Milton Keynes., "Philosophy and Politics of Spatiality: Some Considerations", *Geographi-sche Zeitschrift*, Vol. 87, No. 1, 1999, pp. 1–12.

[4] ［法］亨利·列斐伏尔：《空间的生产》，刘怀玉译，商务印书馆2022年版，第26页。

层党组织具有密不可分的关系。党建引领城市基层治理的独特优势在于中国共产党的先天优势,这集中体现为以下几个方面。第一,党建引领基层治理意味着权力与资源的同步下沉。对于城市基层治理,特别是城市空间改造而言,资源的投入与及时补给是关键的因素,基层党组织领导一切的性质决定了社区在进行空间改造的过程中,能够对场域内的主体及其所附带的资源进行集中调度与配置。第二,党建引领城市基层治理彰显了党的组织与治理能力。社区空间治理需要多元主体的参与,尤其是社区居民,在社区中,基层党组织具有强有力的组织能力与治理能力,动员社区治理场域中的个体与组织。具体而言,中国共产党的组织能力主要包括中国共产党在基层的领导力、动员力、管理力与执行力等;而治理能力则主要包括濡化其他主体的能力、协调各主体的能力、提供公共服务的能力等。[1] 第三,党建引领城市基层治理的过程也是提升合法性认同的过程。社区空间治理是一个复杂的过程,场域内的主体对空间改造形成认同是空间治理的重要目标。党建引领基层治理也是党推动场域内主体增进共同认知、提升治理合法性的过程,因此,从中国当前的治理语境来看,社区空间改造的过程也是党建引领基层进行空间治理的过程。与此同时,实践验证了理论的思考:党建引领基层治理的作用因素以及目标方向对于理解空间生产的内在机制具有独特意义。在现代性背景笼罩下的碎片化单元空间内,国家如何重塑社区空间的整体性,国家能力的实现在这一过程中需要怎样的生产条件,这是城市社区空间生产讨论的核心问题。

(二)空间生产视角下党建引领社区空间治理的实现条件

社会是一个有机整合的系统。在不同阶段,社会的进化与发展由不同的整合机制缔造而成。在商品经济与民主政治高度发达的现代社会,国家建构对于社会进化起到了重要作用。[2] 法律、公共仪式以及

---

[1] 肖剑忠、朱斌荣:《党员志愿服务的探索和创新——对宁波市北仑区"红领之家"的调查》,《观察与思考》2015年第5期。

[2] 司汉武:《制度理性与社会秩序》,知识产权出版社2011年版,第105页。

第八章 党塑空间：社区公共空间生产与社会重塑

公共领域中的非正式互动是国家建构社会的载体，国家通过法律规定人们的行为准则、彰显社会价值观念，通过公共仪式来获得民众的支持与拥护，进而在非正式互动中形成一个由论争主导决策的平等空间，从而促进社会生长。[①] 在治理现代化背景下，科层组织自上而下的权力链条与社会主体性诉求的平面网络之间形成了更为紧密的衔接，这是党建引领基层治理的背景条件。基层党组织基于权力、利益与观念等要素对于社会的有效助推，促使社会生长与国家建构形成理性的统一。具体而言，党建引领助推城市社会生长的生产条件有三个方面。

空间政治学认为，空间是统治阶级利用权力管理社会的工具，具有天然的政治属性。[②] 空间生产过程中，自上而下的政治权力在空间进行控制与管理，与自下而上的社会行动者的能动性一起构成了空间生产的权力结构关系。权力渗透了列斐伏尔所指涉的三个空间：实际的物理空间、场所空间到话语空间，无一不贯穿着权力的争夺，这也分别意味着空间不同的生产层面。[③] 在城市社区空间生产过程中，权力作用的核心逻辑是"博弈"，博弈的目的是多元主体对资源与利益的竞争。在外在空间干预的情境下，都市邻里已经成为权力和社会实验的主要场所和大部分斗争的组织基础[④]，现阶段我国城市社区空间的博弈主体与形式的多元化特征也日趋明显。在城市社区空间场域内，权力的施行方与受制方之间的权力关系及其为争取自身利益最大化而作出的博弈行为，形成了既定的制度安排，并嵌入政治性空间，塑造着城市社区空间生产的结构。

权力体系与参与体系在空间中共时存在，是空间政治性的重要特征。列斐伏尔在阐释空间生产的三元辩证法时提到空间实践，是社会

---

① [美] 乔尔·S. 米格代尔：《社会中的国家》，李杨、郭一聪译，张长东校，江苏人民出版社 2013 年版，第 172 页。

② [法] 亨利·列斐伏尔：《空间的生产》，刘怀玉译，商务印书馆 2022 年版，第 7 页。

③ 黄晓星：《"上下分合轨迹"：社区空间的生产——关于南苑肿瘤医院的抗争故事》，《社会学研究》2012 年第 1 期。

④ Castells M., *The City and the Grassroots: A Cross-cultural Theory of Urban Social Movements*, University of California Press, 1983, p. 276.

成员通过对空间的解读、使用、控制、改造等行动进行空间生产与再生产[1],强调复合主体空间中行动者自上而下的能动性与自上而下的权力结构相互渗透,从而构成公共空间的"可达性"这一前提条件。[2] 对于城市社区治理场域而言,公共空间发展的重要方向是公共领域,是行动者透过言行展现自我、与他人协力行动的领域,关注主体的参与性、能动性、互动性。[3] 于是,在城市社区空间的生产中,多元主体在既定的权力结构安排下,进行个体与组织的利益交互、资源交流与观念置换,这是个体与群体生存、发展的条件。城市社区空间的本质则是对这些条件进行分配与再分配,平衡多元主体的权利诉求,以维系多元主体开放的平衡结构。

文化是城市空间的表达载体。人类对某一特定空间普遍具有"恋地情结",人类与空间深刻的情感联系赋予了其特定的文化意涵。[4] 列斐伏尔认为,空间概念联结了精神与文化、社会与历史,在发现空间、生产空间以及创造空间的过程中,通过空间符号将空间中个体的内心世界与自然、社会环境关联起来,构成空间与文化层次的双重意向,在城市社区空间中表现为居民空间意识形态的构建。[5] 也就是说,在城市社区空间生产过程中,文化通过城市的空间元素以及文化宣示标识等空间符号,试图对城市居民感知的空间与构想的空间进行塑造,从而潜在地影响与塑造人们的交往行为与社会关系。空间生产跨越了物理空间的生产,转向社会关系生产,这是文化与空间共同演绎的"地方芭蕾"[6]。

---

[1] Lefebvre H., *The Production of Space*, Translated by Donald Nicholson-Smith, Blackwell Ltd, 1991, pp. 33–39.

[2] Geddes P., *Cities in Evolution: An Introduction to the Town Planning Movement and to the Study of Civics*, London, Williams, 1915, p. 58.

[3] Arendt H., *The Human Condition*, University of Chicago Press, 2013, p. 45.

[4] Tuan, Y. F., *Topophilia: A Study of Environmental Perception*, Englewood Cliffs, NJ: Columbia University Press, 1974, p. 87.

[5] 孙江:《空间生产——从马克思到当代》,人民出版社2008年版,第175页。

[6] Seamon D., *A Geography of the Lifeworld: Movement, Rest and Encounter*, New York: St Martin's Press, 1979, p. 47.

（三）党建引领重塑社区公共空间的实现机制

城市社区空间不仅仅是一个物理意义上的空间场域，亦是多元主体交流互动的社会空间，还是作为国家治理单元的政治空间。权力体系、参与体系与文化体系赋予城市社区空间多重属性，政党权威下沉与情感文化上行相结合，作用于多元主体在城市社区空间中的参与行为，纵横交错的主体交互活动在空间中进行资源、利益与价值的互换。在这一过程中，形成了基于政党权威在场的政治空间、多元主体参与的社会空间以及文化联结邻里的情感空间，三者相互作用，由此，城市社区空间从个体孤立、隔绝的单元空间逐渐转换建构成为整体相通、黏合的公共空间，如图 8.1 所示。

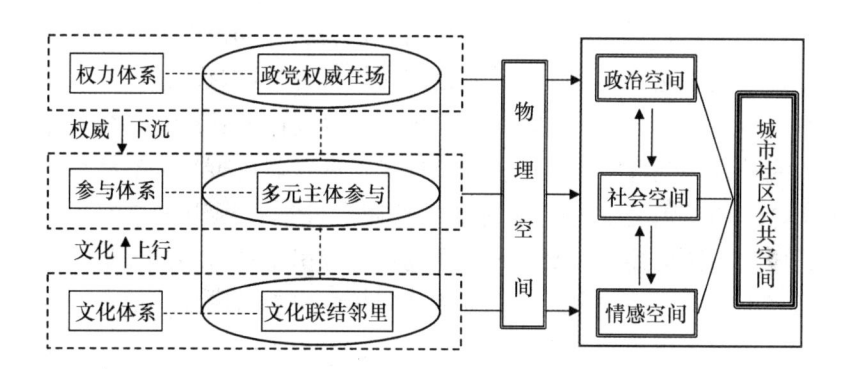

图 8.1 城市社区公共空间的重塑路径与机制

三 党全面领导社区空间治理的实践观察

2020 年国务院办公厅印发《关于全面推进城镇老旧小区改造工作的指导意见》，提出要大力改造提升城镇老旧小区，改造内容主要涉及小区建筑物外墙与公共部位维修、建设环境配套改造、公共服务设施配套建设等基础类、完善类、提升类改造项目。自 2020 年 10 月起，笔者在武汉市武昌区长期进行参与式驻点观察，发现武昌区各街道、社区在推进老旧小区改造的过程中，重点关注与居民生活密切相关的小区建设环境与公共服务设施改造项目，小区公共空间与环境改造升级成为亮点。宝安社区是武汉市武昌区南湖街道下辖的社区，在推进老旧小区改造的过程中秉持人本主义改造原则，通过老旧小区改造，将社区公共空间改造工作融入社区治理工作中，从而拓展了社区物理空间改造的外溢效应，具有良好的示范效应与借鉴意义。

宝安社区是一个具有深厚历史文化的社区，其前身是武汉南湖机场。辖区内大部分小区为单位老旧小区。与其他老旧小区所面临的情况相似，一方面，宝安社区的物业只负责提供满足居民基本生活需要的清扫楼栋、安全防范、维护绿化等"温饱"服务，社区基础设施耗损比较严重，公共服务设施匮乏，导致居民公共活动空间严重不足；另一方面，由于长期缺乏规范管理，居民滥用社区中的公共空间与资源，在小区绿化带中乱垦乱种，影响了社区的整体环境生态。2020年以来，宝安社区积极响应老旧小区改造计划，以"飞机场社区"这一空间特色为改造理念，进行社区公共空间改造升级，运用社区室内环境美化、社区基础设施改造、社区环境绿化改造、社区文化提升改造四步走策略，完成了一系列社区空间改造：旧机场的航站楼改造为社区的党群服务中心；停机坪变为社区居民聚集开展娱乐活动的文体广场；跑道变为社区的文化长廊，进行社区历史与文化的宣传；原来的荒地摇身一变成为健身场馆，吸引了社区中热爱运动的居民与兴趣团队；锅炉房改造升级为社区的党史教育基地，成为社区开展党群建设工作的重要阵地；机场堆放杂物的垃圾堆变为"格格小院"，社区将其改造为居民种植花草、蔬菜的生态小院。由此可见，宝安社区公共空间改造实现了社区公共资源的再利用与收益最大化，既美化了环境，又为居民和社区提供了开展活动的场地，是一项比较典型的社区公共空间改造案例。宝安社区各个场地的空间改造情况如图8.2所示。

在城市基层治理场域中，空间是各个主体进行交流、互动的平台与载体，长期以来较为固定的关系互动模式使其维系着较为稳定的组织结构。而空间改造则是打破稳定组织结构的机遇，在重组原有物理空间排列元素的同时，也影响着空间中各个主体之间的关系网络结构，各主体间的互动场所、方式、频次都因物理空间的改变而发生变化。在对宝安社区的观察中发现，党对于社会的建构要素、方式与轨

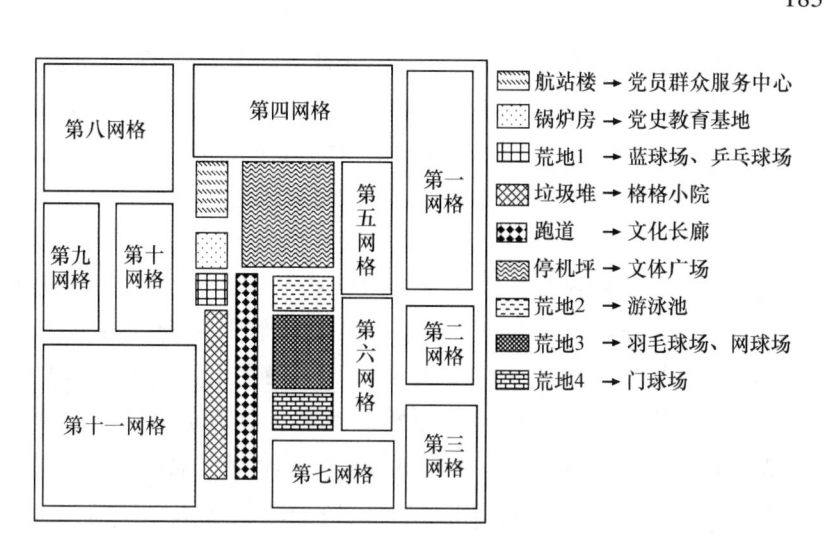

第八章　党塑空间：社区公共空间生产与社会重塑　183

图 8.2　宝安社区空间改造情况

迹嵌合在社区公共空间改造过程中，空间生产与社会生产是在同一时空内发生的两个面向，从宝安社区公共空间生产的实践轨迹中可以看出。

（一）顶层设计与资源聚集：政府在场进行空间改造整体规划

在空间改造与生产过程中，政府扮演了不可或缺的角色，依托国家权力对空间生产进行规划，此时，空间规划是国家对社会空间进行建构的政治工具，是国家对于社会的"空间战略"[1]。帕尔在分析空间规划时指出，经济社会政治权力的分配状况是影响空间规划的重要因素。[2] 在城市社区的空间改造过程中，这一点尤为显著。

宝安社区属于国家老旧小区改造的范畴，如前所述，社区内基础设施与公共服务设施老旧耗损，是武汉市老旧小区改造的重点工作。宝安社区遵循"应改尽改"的原则，对小区内可以改造、应该改造

---

[1] De Certeau M., *The Practice of Everyday Life. Berkeley and Los Angele*, University of California Press, 1984, p. 184.

[2] Pahl R. E., "Urban Social Theory and Research", *Environment and Planning A*, Vol. 1, No. 2, 1969, pp. 143–153.

的空间进行了提前考察与规划，依托宝安社区的南湖机场旧址这一特点，进行整体规划与综合考量，分解机场空间中的各个部分，分别改造成为各不相同的功能空间。由南湖旧机场指挥大楼改建的社区办公楼，是宝安社区的标志性建筑物，在本次空间改造过程中，维持办公楼外部原貌不变，对于内部装饰改建宝安社区沿袭了打造"飞机场社区"的改造理念，航站指挥大楼变为党群服务中心。此外，出于满足居民对日常娱乐场所的需要，对南湖旧机场的停机坪进行改造，成为社区的文体广场；跑道改建成为文化长廊，展示丰富多彩的社区文化；旧机场的锅炉房在保留特色原貌的基础上，改造为党史教育基地，成为社区里的学校；而以前旧机场的垃圾堆与荒地也被社区变废为宝，分别建成了社区规范种植的"格格小院"与居民休闲锻炼的健身场馆。值得注意的是，从空间布局上来看，宝安社区的空间改造较为集中，而且与社区党员群众服务中心距离较近，可以说是以社区党群服务中心为中点向外扩散式分布，形成了宝安社区的公共活动空间片区。

此外，资源链接对于空间改造而言是重要的条件，也是国家进行空间规划的一个重要表现。在宝安社区的空间改造过程中，社区党委充当了很好的资源链接主体角色，链接包括社区空间改造的不同项目涉及的各个部门资源，这给宝安社区书记的工作带来了极大的便利。"我们社区空间改造的硬件上面，用的是国家拨付的老旧小区改造的基金，软装上面呢，我们则是得到了区委组织部、园林局以及区委宣传部这一块的支持，另外，还有就是先进设备企业的技术支持与指导。"（宝安社区书记LHF20220511）老旧小区改造涉及横向多部门之间的协调，社区党委进行顶层设计与整体规划，有效减弱了资源协调与调度的难度，并积极协调各主体的资源注入社区社会网络中，有助于把社区层面的政治、社会结构与国家治理格局联系在一起，国家离社会更近一步。

（二）协商议事与身份认同：借由空间改造搭建居民议事平台

居民参与是城市社区治理的重要治理方向。宝安社区是单位型老旧小区，单位制改建的冲击使得居民之间缺乏交流互动的平台，具有

第八章　党塑空间：社区公共空间生产与社会重塑

现代社区治理的通病——居民参与度低，出现"热心"居民参与"无门"的尴尬情况。宝安社区在空间改造过程中关注到这一点，以解决居民在社区公共空间中乱栽乱种的现象为由头，社区以"格格小院"的改造为试点，为居民"无事找事"，搭建小区居民议事平台。格格小院虽体量不大，但事关社区居民利益，则无小事。首先，对于格格小院的布局、种植品种、更新频率、成果分配、后期管理等方面，社区通过社区中的党员群体发动群众，将小院的规划自主权交给居民，居民自行组织进行议事决定，社区全程参与居民议事过程，并在其中进行指导与监督，很好地扮演了小院"守门人"的角色。一年的时间，原先的旧机场垃圾堆变为布局合理、美观整洁、管理有序、循环持续的"格格小院"。在这个过程中，居民是绝对的主角，在社区党委的引导下，居民自发组织议事决定格格小院的一切事宜，解决了乱栽乱种的问题，美化了社区环境，同时，也增强了社区主人翁意识，对自己的社区身份逐渐明确。

居民议事制度的确立，拓宽了空间改造中的居民参与渠道，增强了社区居民对空间改造的参与感。因此，社区党委将这一制度扩散至空间改造的其他项目中。在社区党群服务中心的改造过程中，居民议事制度也发挥了重要作用。宝安社区的居民对于航站楼的改造意见并不一致，一方坚持全面改造更新航站楼，另一方则力主维持航站楼原貌。两方产生了比较大的分歧与矛盾，这对社区党群服务中心的改造工作构成了阻碍。为更快地推进工作，社区召集居民召开居民代表大会商议航站楼的改造修缮事宜，社区提前三天收集了居民关于航站楼改造的意见，并提交居民代表大会进行商议，经充分协商后表决结果显示，85%的居民同意以飞机场的特色对航站楼内部进行改造修缮，航站楼外观则维持原貌。经过居民议事会的决议与表决，党群服务中心的改造规划得到了绝大多数居民的同意，居民之间的矛盾与分歧也就此消解，居民也对自己参与改造的社区空间有了认同感，社区党群服务中心成为居民常来常往的空间。

宝安社区为居民"无事找事"，搭建起居民议事平台，为居民提供了参与社区公共事务的平台。宝安社区居民对空间改造的效果也很满意："社区给我们提供了场地，蛮好，我们可以在这里休闲娱乐，这里离社区近，社区有事招呼我们一声就过去了，我们也非常乐意帮社区做一些事情。"（宝安社区居民HYP20220524）对于社区而言，居民参与到社区公共事务中来，意味着社区自治力量的增强，社区可以解放更多的力量用于社区的动员组织，是为社区"做减法"的可借鉴方法。同时，通过协商居民参与社区公共空间改造的规划议事，激活了居民对于"社区人"身份的认知，增强了居民对于社区的身份认同，这是国家对于社区居民身份的重塑过程，进而奠定了国家创造与激活社会的组织基础。

（三）志愿治理与组织融合：物理空间改造融合社区志愿服务

社区公共空间更新不仅仅是物理空间的改造升级，社区在空间改造过程中满足居民生活休闲需要的同时，也在寻找契机与社区治理相融合。近年来，志愿服务成为社区进行组织与动员的新形式，志愿者的公益行为与志愿服务精神对周围场域的人与环境会产生正向影响。宝安社区的空间改造项目在经历第一阶段的"硬件提升"之后，迈入了"软件优化"阶段，物理空间的改造与志愿服务治理相融合。

宝安社区"格格小院"经过前期的建设，已经形成了比较规范的运转流程，为了维持小院的长效可持续发展，社区探索出了"绿色种植+志愿服务"的发展路径，对居民在格格小院中所得的种植成果实行"一半收获，一半奉献"原则，在社区公益集市上进行售卖，并对此制定了积分兑换规则，公益售卖所得汇入社区"小而美"基金会，用于社区建设，形成了志愿服务社区的良性循环。此外，格格小院在建设过程中孵化了志愿服务团队——绿肺志愿服务队，由社区居民自发组建而成，主要负责对格格小院进行保洁、绿化、值班巡逻等维护，还协助社区开展垃圾分类、环境整治等环保行动。有了志愿服务的助力，格格小院才不仅仅是"农场"，也提供了社区志愿服务与治理的肥沃土壤。当然，志愿服务并不仅仅限于格格小院，在社区健身场馆的改造中，门球场、网球场、篮球场、乒乓球场、羽毛球场、游泳池等六大场馆深受社区居民的欢迎，热爱健身运动的居民纷纷建立起兴趣团队，自行维护场馆设施，自行制定场馆使用规则，而且在社区举办活动或者疫情防控时，积极响应社区号召，参与社区公共事务，形成了以兴趣团队为依托的志愿服务团队，将居民个人生活与社区治理相结合，为社区志愿服务事业增添了新力量。从组织优势的角度而言，志愿服务队伍具有信息、资源等方面的组合聚力，通过这类社区社会组织，社区与国家可以更加便捷地了解城市居民动态，有助于协调和化解社区内部矛盾，社区志愿服务组织也成为基层党组织的补给力量。此时，国家面对的社区不再是由一个个原子化个体拼凑而成的松散结构，取而代之的是组织化的社区，极大地降低了信息沟通、政策落实与组织管理的成本。

在志愿服务拓展的过程中，党员的力量不容忽视，特别是下沉党员及下沉单位。宝安社区空间改造过程中涉及相当多的技术问题，场馆内的设计、装修、专业设备与技术等得到了宝安社区党员干部下沉单位区园林局的大力支持，下派专家与社区共同协商社区空间改造方案。此外，社区也积极激发下沉党员的积极性，通过广纳改造建议的方式让更多的党员带动群众参与进来，充分发挥群众智慧。宝安社区的一位老党员非常积极地参与到社区的空间改造行动中，利用自己园艺管理的经验，结合社区居民实际需求，为社区空间改造建言献策。"我70岁了，但是我是党员，社区的事情就是我的事情，我经常跟社区的人说要怎么改建这个小花园最好，要怎么种植树木更好，他们的工作做得蛮好。"（宝安社区居民YCL20220524）在宝安社区的空间改造过程中，我们可以看到，居民对涉及社区环境等与自身利益息息相关的事情非常乐意参与，社区通过改造升级为居民提升了社区环境与生活品质，作为回报，居民自然乐意通过积极参与志愿服务来服务社区，从而形成了"人人为我，我为人人"的良好志愿服务氛围。

（四）文化治理与情感联结：社区空间治理中的社会网络建构

单位制时期，居民彼此兼具邻居与同事的双重身份，生活与工作场域高度重合，居民之间的交流与互动自然也就更多，形成了邻里亲情。进入社区制以后，原有的单位制体制消除，但是，人们之间的感情并没有立即消失，而是重新激发了居民所渴望的非现实、理想的邻里空间。在这中间，空间符号与象征的存在引导文化留存下来并发挥作用。

格尔茨认为，文化不是狂热的崇拜与习俗，而是塑造人们经验的主导叙述。在宝安社区空间治理过程中，通过一系列改造将文化的这种作用贯彻下来，旧机场以前的锅炉房改造为党史教育基地，成为宝安社区的一个重要标志性建筑物。在该场馆中，社区党委通过协商决议，将宝安社区的发展历史沿革印在文化墙上，成为居民对于邻里文化的记忆点。党史教育基地以文化为出发点，改建成为文化活动客厅、航空航模活动室、传统文化展览室、书画室、图书阅览室、初心小院等场地，社区经常在此举办活动，居民在参观、休闲的同时，通过党史教育基地所传递的文化符号将个体的内心世界与其对社区的整体认知关联起来，从而构建起社区的"文化空间"。"我们蛮喜欢在这里练练字，在初心小院喝茶下棋，氛围蛮好，墙上还有我们这个社区以前的历史，现在的年轻人不知道的话，过来看看挺好的。"（宝安社区居民DCT20220524）此外，社区公共空间也是社区为居民服务的窗口。宝安社区在党史教育基地开设了心理咨询室、家事调解室、法律咨询室等，在固定的时间会有社区志愿者中的专人值守，负责调解居民个人心理问题、家事以及邻里纠纷，居民的矛盾自己化解，居民之间的关系更加和谐，越来越多的居民愿意在公共空间中活动，并参与到社区公共事务治理中来，从而在社区的公共活动空间中形成了良性的邻里文化。

在社会建构过程中，从文化到制度是一个从观念、习俗到规则体系的演变过程，文化的变化会一点一滴地影响到制度，文化因素累积到一定程度时就会导致制度质的飞跃。在宝安社区公共空间改造过程中，社区具有象征意义的文化符号逐渐影响居民个体与组织的行为，从而在文化层面组建成为强有力的社会网络，从而形成了相对来说比较稳固的、深入社区居民群体心理深层的社区秩序状态，社区公共空间成为国家对社区进行凝聚的工具。

四　多维空间：党建引领社区空间治理的新格局

空间不仅是物理形态的呈现，更凸显着社会性，内嵌着生产关系和社会关系的脉络。空间具有物质存在和社会存在双重属性，即表现为一种物质客体与社会关系有关的进程，空间不断重建各种社会关系，或者说，空间不断促进各种社会关系的重建。在城市社区空间改造的过程中，在基层党组织引导物理空间改造的同时，物理空间不断与基层治理场域中的权力、资源、文化、情感等要素实现链接，从而形成了包括政治空间、社会空间、情感空间在内的多维空间，构成了党建引领基层空间治理的新空间格局。

（一）政党权威在场建构社区政治空间

在我国，城市社区具有行政与自治双重属性，长期以来，社区的自治属性不断被纵横交错的行政网络挤压，社区行政化的情况显著影响了城市社区的自治生长。中国共产党作为领导一切的重要力量，在基层空间改造过程中充分发挥政党权威在场的优势，将场域内的主体及其资源凝聚起来，实现了场域内主体的有效参与，对于唤醒城市社区自治具有重要意义。从空间生产的角度而言，党建引领城市社区空间改造实现了物理空间的升级，主体间的资源在物理空间中进行交换流动，形成了以基层党组织为核心的城市社区政治空间。

（二）社区文化记忆唤醒邻里情感空间

在现代社会中，认同不再是简单的人与人之间的关系，而是对于某个具体事物本身的认同，诉诸情感以及个人信念，能够比较客观地影响民意。[1] 在城市社区空间改造过程中，基层党组织通过社区文化营造共同记忆以及居民的"生活场景"。具有主体性的居民与城市空间改造进行互动，具有强烈主观色彩的群体性观念认知、价值导向行为符号、美学意向随之产生，也就是独特的城市文化。[2] 这一过程也是由基层党组织来主导实现的，在城市空间更新过程中，通过将社区的文化传递到社区物理空间的改造过程中，唤醒了社区居民对于共同文化的记忆，从而在城市社区中建立起邻里互帮互助的情感空间。社

---

[1] 胡泳：《后真相与政治的未来》，《新闻与传播研究》2017年第4期。
[2] 何艳玲：《人民城市之路》，人民出版社2022年版，第238页。

区不再只是冷冰冰的"钢铁与混凝土丛林",在社区文化的培植下也拥有了更具温度的空间,物理空间由此升级为情感空间。

(三) 多元主体参与凝结基层社会空间

城市社区空间改造的过程实际上是多元主体交流、交互并产生关系的过程,在这个过程中,基层党组织是各主体之间关系的协调主体,对于场域内的社区居民、空间改造承办主体、辖区单位等进行关系的协调与聚合。各主体在改造过程以及改造后的物理空间中,增加了交流与互动的机会,特别是对于社区居民而言,城市社区进行空间改造是为社区居民提供更多社会活动的场所。因此,对于社区而言,城市社区空间的改造不仅是物理空间的改造,也为党在基层开拓新的社会空间奠定了基础。换句话说,在进行物理空间改造升级的基础上,社区治理场域内各主体交流与互动的社会空间也由此构建。

由此,在党建引领基层治理的过程中,社区物理空间实现了改造升级,基层党组织通过权力与资源下沉、引导多元主体参与、寻找共同记忆等方式建构了政治空间、社会空间与情感空间,从而与改造后的物理空间共同构成了党建引领城市社区的多维公共空间新格局。

五 "党建社会":社区公共空间重塑路径与机制分析

城市基层治理场域中的国家与社会依托空间这一载体发生持续互动。在宝安社区空间改造过程中,通过权力体系、参与体系与文化体系的交互作用,解决了老旧小区积难已久的公共设施老旧问题,国家、社会、社区以及居民在空间改造过程中有效联结,形成了国家助力下的社区"治理立方体"。在完成空间改造的同时,也在不断扩大空间改造的外溢效应,物理空间改造与志愿服务、文化情感相融合,带动了居民参与社区公共事务的积极性,从而构建了更为广阔的社区社会空间,完成了空间生产过程。在这一过程中,空间既是起因,又是媒介,既是被改造的客体,又是促进社会生长的重要媒介,对于社区公共空间的重塑以及国家与社会关系的演化具有重要的解释力。

第八章　党塑空间：社区公共空间生产与社会重塑

（一）空间生产的核心特征：党建引领社区空间改造

空间既是政治嵌入制度安排的手段，也是多元力量共存的母体。①从共同体的角度来看，开放空间中多元力量的持续互动和共存是空间生产的理论关注点。② 城市社区是国家基层治理单元，兼具国家治理与社会自治的双重属性，决定了社区治理与空间生产的多元主体属性。在多元主体的互动过程中，基层党组织是核心主体，通过党建引领城市社区治理场域内的各主体有序参与社区公共空间改造。

在社区公共空间改造的过程中，基层党组织作为空间场域中的政治主体，是空间生产的权力与资源的输送者。基层党组织在空间生产过程中进行制度传递与权威下沉，其资源作为附带也传输至空间生产场域中，增加了空间生产成功的筹码；宝安社区的居民作为空间的直接使用者与受益者，共享同一物理空间使得他们具有天然的共同体特性，而在空间生产过程中，居民在参与和自己生活场域息息相关的空间改造时，更多扮演主人翁的角色，是空间生产的参与者与管理者；此外，在基层党组织的引导下，社会力量被带入宝安社区的空间生产过程中，物业企业、各类社会组织在参与社会公共事务的解决上具有与生俱来的灵活性，对于资源的补给、利益的分配与协调都起到了重要作用。由此可见，空间生产过程实质上是党建引领城市社区进行空间改造的过程，同时也是党建引领下社区治理场域内多元主体参与、互动、协商与合作的过程。然而各主体出于理性经济人的考量，在空间生产过程中会表现为多样化的利益诉求相互作用共同形成空间生产的利益诉求，空间生产过程也需要响应多元主体的诉求，才能促使各主体的参与和作用方式对于空间生产有效，这也是保证主体权利以实现空间正义的基本要求。

在空间生产场域中，在基层党组织的凝结下，国家与社会围绕空间生产重新聚合，多元主体基于自身利益诉求与立场进行交流与互

---

① 宋道雷、丛炳登：《空间政治学：基于空间转向分析框架的空间政治》，《东岳论丛》2021 年第 7 期。
② Massey, D., *Spaces of Politics in Human Geography Today*, Cambridge: Polity Press, 1999, pp. 279 – 294.

动，重塑了空间场域内的制度安排、组织结构与利益格局，从而摆脱封闭、僵硬的乌托邦式空间结构，转而迈向开放、平衡的空间结构。国家与社会的多元主体在空间中共同生活、相互作用，继而造就了空间生产的实现与升级。在城市社区治理场域中，空间生产与社会生产是同一事件的两个不同面向，社区在完成公共空间改造的同时，实际上完成了基层党组织建构社会的过程。因此，理解社区公共空间建构的过程与路径，对于解释这一过程中社会生产与成长的机制具有重要意义。

（二）党建社会：社区公共空间重塑机制

空间政治学认为，空间与社会是相互作用的。一方面，空间不是空洞的物理空间，还是有生命的社会空间，是人们具体的实践所生产的，作为一种工具被用来形塑人们的思想和行为。[①] 另一方面，从空间生产的视角来看，城市社区是多元主体互动参与产生的社会关系的总和，是国家与社会互动形成的社会结构形塑的产物，空间的形式和过程是由社会关系与社会结构所塑造的。[②] 在这一双向作用的过程中，党利用空间这一工具，通过权威下沉、参与协同与文化联结等途径实现了对于社区公共空间的改造。与此同时，基层党组织也实现了对于社会主体的凝结，即完成了社会建构过程。

第一，空间作为基层党组织权力传输的工具，影响场域内各主体的权力与资源分配。基层党组织通过空间进行社会秩序建构的方式是权威下沉，以及伴随权威下沉而来的资源下沉。资源是社区空间改造不可或缺的元素，而基层党组织则是掌握包括制度资源与物质资源等在内的供给主体，因此，党通过权威下沉的方式来介入社区空间改造工作，是实现重塑社会结构的基础。宝安社区空间改造过程中，基层党组织首先对社区空间改造进行顶层设计与规划，体现着党改造社会的意志，设计成为各具特色的功能性空间。此外，在空间布局上也有

[①] [美]张鹂：《城市里的陌生人：中国流动人口的空间、权力与社会网络的重构》，袁长庚译，江苏人民出版社2013年版，第75页。

[②] [英]曼纽尔·卡斯特：《网络社会的崛起》，夏铸九等译，社会科学文献出版社2003年版，第504页。

统一考虑，改造后的宝安社区公共空间以社区党群服务中心为中心向外扩散，居民在公共空间活动时接触社区党群服务中心的机会更多，这一物理空间的布局有助于拉近基层党组织与民众之间的距离。同时，权力下沉带来的资源在宝安社区公共空间改造过程中也发挥了非常重要的作用，政党权威下沉营建的各级、各部门政府的纵横资源协调网络为社区公共空间改造解决了大问题。

第二，基层党组织建构空间引导多元主体参与，平衡主体利益诉求。在城市社区公共空间改造过程中，多元主体参与是空间生产的核心特征，也是国家进行社会建构的目的。居民是其中最重要的主体，宝安社区在进行社区公共空间改造的过程中，通过搭建居民议事平台，使得居民充分参与到建设改造自己使用的公共空间过程中。在这个过程中，居民之间、居民与社区之间增加了沟通与联系的频率，从而增强了居民参与社区公共事务的积极性。社区公共空间改造的"意外之喜"远不止于居民，志愿组织与社会力量的发展也是公共空间改造的外溢成效。一方面，来自社区内部的志愿力量蓬勃生长，居民的兴趣团队实行自管制度并参与社区公共事务，以此转化为社区志愿服务队伍；另一方面，来自社区外部的社会力量结成志愿服务团队，以下沉党员与下沉单位为代表的社会力量为宝安社区公共空间改造建言献策，逐渐发展成为社区的常驻外援。这样一来，基层党组织在社区公共空间改造的过程中建立起了更加完善的组织体系，有助于基层党组织全方位、全层次地调动社区各个主体，尤其是社区居民参与到社区公共空间改造过程中来，进而提升社区居民对于社区公共事务的参与度。

第三，基层党组织以文化感染居民情感，营建强社会网络。公共文化是城市社区公共空间的灵魂。一般来说，布局合理且具有一定规模的公共空间有利于基层重构治理关系、优化公共服务、化解冲突矛盾、培育公共精神，良性的社区公共空间是邻里互动的重要条件。[1]宝安社区在社区公共空间的改造中，注重以文化作为着力点来引导居

---

① [丹麦]扬·盖尔：《交往与空间》，何人可译，中国建筑工业出版社2002年版，第95页。

民参与。宝安社区是一个机场旧址社区，居民对于机场旧址具有比较强的情感认同，社区在进行空间改造的过程中，将机场旧址的相关元素保留了下来，比如航站楼的外观、锅炉房的烟囱，并且重新设计了很多旧机场的元素，比如党史教育基地的文化墙和初心小院。这些象征性符号的存在，为社区居民保留了机场旧址的原始记忆。经过社区公共空间的改造，居民有越来越多的机会进入社区公共空间中进行交流与互动，又在文化的凝聚下进一步加强了对于社区的情感记忆，使得社区公共空间充满活力。这样一来，基层党组织在社区公共空间改造的过程中建立起了基于社区文化与共同记忆的社会网络，为基层党组织进行动员奠定了良好的基础。

（三）治理立方体：党建引领社区空间改造的组织模式

如前所述，城市社区公共空间是物理空间、政治空间、社会空间、情感空间的合体，权力体系、参与体系与文化体系赋予了城市社区公共空间多重属性。现代社区的公共性遗失已经成为一个普遍性问题，人际关系冷漠、社区参与不足、缺乏公共精神等，居民与居民之间、居民与社区之间缺乏有效联系，国家缺失建构基层社会的支点。社区公共空间改造就是将多元主体的需要与利益整合与协调的契机，以宝安社区为例，通过公共空间改造，政党有了向社区输送权力与资源的途径，居民充分、积极地参与到社区公共事务的治理中，社会力量也充分嵌入到这一活动中。原先散落在城市社区治理场域中的国家与社会的各股力量，开始以空间改造为契机，参与到社区公共事务的治理中，党、社会、居民主体之间的层级互动与交流形成了立体化的治理组织结构，称为治理立方体。

从组织结构来看，空间改造契机下形成的治理立方体是公共权力与私人利益的糅合体。首先，政党权威下沉构成社区公共空间改造的权力与资源来源，来自最上层的权力逐渐向治理立方体中渗透，形成了政治空间；其次，与居民生活息息相关的文化上行构成社区公共空间改造的情感联系纽带，来自基层的文化逐渐向治理立方体中融合，形成了情感空间；最后，两方力量汇聚到多元主体参与体系中，构成了社区公共空间改造的社会空间。由此，政治空间、社会空间、情感空间在社区这一物理空间中实现了充分交融，各个空间中的主体也在不断地进行联系与互动，从而形成了各主体充分联动的治理立方体。

从形成过程来看，空间改造契机下形成的治理立方体是党建引领城市社区，助推社区场域内各主体共同参与治理的结果。党、社会与居民参与了空间改造的具体过程，并在其中进行资源、利益与情感的交流与互动，搭建了治理立方体的框架；而后，建构起来的社区公共空间吸引居民参与其中，开展休闲娱乐互动，也拉近了居民与社区之间的距离，从而居民对自己社区居民的身份认同更加清晰，越来越多的居民逐渐从私域空间走向公共空间，从而充实了治理立方体的组织结构。在这一过程中，居民与社区、社区与国家之间的互动频次与效果都在增长，居民参与到社区公共事务中，国家也在更多地关注社区，城市社区公共性得以提升。

六 本章小结

社区公共空间改造是改善社区公共设施、提升居民生活水平的重要事件，在这个事件发展过程中，基层党组织以权力体系、参与体系与文化体系为实现条件，实现了对社区公共空间的改造，同时也实现了对社会空间的建构，产生了积极的外溢效应。一则实现了社区物理空间的改造与营建，拓展了居民的公共活动空间，提升了居民的幸福感；二则实现了物理空间与政治空间、社会空间以及情感空间的融合，居民积极主动地参与到社区公共事务的治理过程中来，提升了社区动员能力。在宝安社区公共空间改造过程中，党通过顶层整体规划、搭建议事平台、融合志愿服务、营造空间文化等策略，赋予了社区公共空间除物理意义之外的叠加意涵，从而形成了整体相通、治理融合的治理立方体，即国家与社会良性互动建构的社会空间。对于新时代背景下党建引领如何促进社区公共空间改造以及促进社会成长这一重要现实问题，笔者从空间生产的视角切入，进行了理论回应，具体表述如下。

第一，国家与社会关系讨论的新支点。20世纪90年代以来，国家与社会关系的讨论在国内政治与公共管理学科视野中从未停歇，近几年来热度逐渐下跌，被贬为讨论治理问题的"万金油"。但对于社区治理而言，国家与社会力量一直在场并进行互动，这是研究基层治理结构、改革与变迁不可回避的重要问题。公共空间作为国家与社会力量产生交集的重要载体，从空间视角出发看待社区治理场域中的国家与社会力量的互动，对于国家与社会关系的解释有新的启发与思考。而且，近年来，党在国家治理中的作用与位置也越来越重要，对于传统的国家与社会关系范式也产生了一定的冲击，比如在城市社区公共空间改造的过程中，党建引领基层的效应充分凸显，这是一个新的趋势。

第二，政党建构社会空间的临界点。国家治理体系与治理能力现代化背景下，国家治理重心随着权力与资源等要素不断下沉到基层，基层党组织在横向与纵向上都不断拓展自己的组织范畴。由此可见，国家尝试不断拉近与社会之间的距离，以消弭彼此之间的区隔与缝隙，这成为国家治理的总体趋势。那么，在这样的现实治理态势下，政党通过何种身份与角色在建构多大规模的社会空间？换句话说，政党建构社会空间的临界点是什么，政党在其中扮演了什么样的角色，是否还有增长的空间？这些都是值得讨论的理论问题，也具有重要的现实意义。

第三，社会空间生长的时间点。空间是政党建构社会的载体，而时间则是反映社会空间生长轨迹的重要标识线。在党建引领基层治理的作用下，社会空间得以被建构，完成了"党建社会"的过程。其中，政党、政府与社会的力量、角色、作用策略、呈现方式等都发生了变化。关注这一时间轴上的变化轨迹，对于理解国家治理与基层治理的新发展以及政党建构社会的边界都具有重要的理论与现实意义。

第九章

党领自治：社区公共事务自主治理的中国之道

党的十九大报告指出要"打造共建共治共享的社会治理格局，加强社区治理体系建设，推动社会治理重心向基层下移"，多元治理主体在社区治理中发挥着越来越重要的作用。党的二十大报告继续提出要建设"人人有责、人人尽责、人人享有的社会治理共同体"，因此强调居委会、业委会、物业公司等"三驾马车"和社区社会组织、社区居民等社区自治力量在社区治理中的作用，促进群众的自我管理、自我服务、自我教育、自我监督，建设德治、法治、自治相融合的城乡社区治理体系，是构建基层社会治理新格局的内在要求，也是时代发展的趋势所在，更是国家治理体系和治理能力现代化的重要基础。现实中，我国社区公共事务自主治理面临着居民参与不足、集体行动难以达成等诸多困境，从全球比较视野来看，这当中既有我国特殊国情和制度背景所产生的"特殊"困境，也有人类社会公共事务自主治理面临的共同困境。因此，破解我国社区公共事务自主治理的困境，既具有中国意义，也具有世界意义。在实践中，一些地方通过加强党对社区公共事务自主治理的全面领导，形成了"政党引领性社区公共事务自主治理模式"，实现了社区公共事务的有效治理。探索这一成功经验的内在逻辑以及实现机制，无疑具有重要的理论和实践价值。尤其值得指出的是，基于中国情景、中国治理案例的理论建构，具有国际学术对话、拓展一般理论的可能，以及为人类社会公共事务自主治理提供中国方案、中国智慧的意义。

一 问题提出与文献综述

（一）政党引领社区公共事务自主治理：何种属性？何以可能？

改革开放以来，中国在市场化进程启动之后也卷入了前所未有的全球化、信息化、城镇化进程，国家治理既要回应社会差异性，又要回应社会多元性即双向回应。① 在社区治理层面，形成复杂形态下社区公共事务自主治理的有效模式，是双向回应的重要议题。社区治理实质上是各治理主体通过不断协调与持续互动以共同治理社区公共事务、增进社区公共利益的过程。实践中，尤其是党的十八大以来，我国社区基本上建立了与经济社会转型以及国家治理结构变革相适配的治理体系，形成了相应的治理能力。与此同时，社区公共事务的有效治理也面临一些困难，其中最为突出的问题是，社区居民群体由"熟人社会"转变为"陌生人社会"，社区治理集体行动的基础社会资本不足，社区党委和居民委员会（简称社区"两委"）组织困难。

理论上破解公共事务困境、实现公共事务有效治理有三条路径，即国家路径、市场路径和自主治理路径（即自治路径）。从我国社区治理实践中可以观察到，社区公共事务的有效治理逐步形成一条既非国家路径，也非市场路径，同时不同于自治路径的独特路径，即党组织引领自治的路径。这一路径的特点是，在党组织的引领之下，居民委员会、业主委员会、社会组织、驻社区企事业单位、党员居民、普通群众、志愿者等多元主体形成治理共同体，共同解决社区公共事务问题。党组织引领的社区公共事务自主治理模式的实践逻辑，既不同于传统的国家—市场—自治中的某一单一逻辑，也不是超越国家与市场存在的"第三领域"，它既涵盖自治因素，也包括国家和政党因素，呈现出复杂治理的特征。因此，既有理论与我国实践之间出现了巨大张力，无法有效解释我国社区公共事务自主治理实践。那么，在我国社区场域中，政党是如何引领社区公共事务自主治理的？其背后

---

① 何艳玲：《中国行政体制改革的价值显现》，《中国社会科学》2020年第2期。

第九章　党领自治：社区公共事务自主治理的中国之道　199

的逻辑是什么？本书以武汉市武昌区南湖街道Z社区党组织引领社区自主治理的实践为案例，剖析党组织有效介入社区治理并促进社区自治的机制，揭示社区作为"共治"场域运用中国特色的治理机制突破公共事务有效治理困境的内在逻辑。

（二）文献综述

社区公共事务的自主治理何以实现，已有研究从不同角度给出了多种层次的回答。最具代表性的学者埃莉诺·奥斯特罗姆基于世界上自主治理的诸多成功案例，从制度供给、可信承诺、相互监督三个方面进行了阐释。对于中国的社区场域和治理情境下的公共事务自主治理何以可能，学界亦有丰富的研究成果。

一是丰富的社会资本是实现社区公共事务自主治理的基础和前提。一方面，信任是自主治理的前提。自主治理需要建立强有力的信任机制才能使自组织成功，只有成员之间相互信任合作才能持续。信任是公共事务治理与合作的基础，能够形成一种"软约束"，规训和塑造社区的秩序，有效地抑制"搭便车"等机会主义行为。[1] 同时，信任也是人们自愿组织起来的原因，缺乏信任会导致治理主体采取观望态度。[2] 当社会关系处于高度信任状态时，人们有较高的意愿与他人进行交易或合作性的互动，还能增强集体行动的一致性，提升集体行动的效率。[3] 另一方面，自主治理还需要建构合作网络。自组织作为一种治理机制，本身就包含网络中成员的互动和自组织团体的网络结构等，网络成员的动员、成员间的互动、社会网络的结构、资源与权力的交换与依赖等均会影响自主治理的效能。[4] 合作网络作为人与人之间互动而形成的相对稳定的关联体系，能够在自主治理中发挥共

---

[1]　何可、张俊飚、张露、吴雪莲：《人际信任、制度信任与农民环境治理参与意愿——以农业废弃物资源化为例》，《管理世界》2015年第5期。

[2]　毛寿龙、杨志云：《无政府状态、合作的困境与农村灌溉制度分析——荆门市沙洋县高阳镇村组农业用水供给模式的个案研究》，《理论探讨》2010年第2期。

[3]　汪杰贵：《超越公共事务自主治理制度的供给困境——基于自治组织的社会资本积累视角》，《社会主义研究》2011年第1期。

[4]　罗家德、李智超：《乡村社区自组织治理的信任机制初探——以一个村民经济合作组织为例》，《管理世界》2012年第10期。

享信息、提供担保和分担风险的优势和功能。① 总之，丰富的社会资本能够降低自主治理的难度，从而促进社区集体的形成。

二是规则和制度是解决自主治理的关键变量。制度和规则的功能是划分自主治理过程中各主体的权利和责任，以此来处理自组织过程中的各种冲突和矛盾。② 其中，制度既包括正式制度如法规，也包括非正式制度如组织规范。良好的制度运作能够促使人们相互合作，不合理、软弱的制度则会阻碍社区的发展建设。③ 非正式制度在社区治理由独立行动转向合作行动的过程中发挥着重要作用，社区通过有效的制度安排将分散的治理主体组织起来从而达成集体的一致性，避免行动个体的理性行为造成集体非理性行为。④ 规则在一定程度上是制度的细化体现，能够对自主治理中违反制度和"搭便车"等越矩行为进行惩罚。社区范围内的共享规范要求各主体间相互尊重，它可以和规则融通一体，有利于在更大范围内构建信任，对集体行动发挥作用。⑤ 因此，明确的规则和良好的制度设计对公共事务自主治理起着推动作用。

三是集体行动的常规机制是实现自主治理的补充要素。这些机制包括多元主体的参与机制、公共精神的培育机制、权威的领导机制和共同需求和利益的达成机制等。多元主体的参与机制能够利用各治理主体良好的社会资本来降低制度运行和监督的成本，进而实现相关利益主体的信任合作和自我激励，让公共事务达到良性的利益均衡⑥；

---

① 郭云南、张晋华、黄夏岚：《社会网络的概念、测度及其影响：一个文献综述》，《浙江社会科学》2015年第2期。

② 李文钊、张黎黎：《村民自治：集体行动、制度变迁与公共精神的培育——贵州省习水县赶场坡村组自治的个案研究》，《管理世界》2008年第10期。

③ 毛寿龙、陈建国：《社区治理与可持续发展——由"美丽园事件"探讨自主治理的可持续之道》，《中国行政管理》2008年第3期。

④ 佘湘：《城市社区治理中的集体行动困境及其解决——基于理性选择制度主义的视角》，《湖南师范大学社会科学学报》2014年第5期。

⑤ 刘筱红、柳发根：《乡村自主治理中的集体搭便车与志愿惩罚：合约、规则、群体规范——以江西Y乡修路事件为例》，《人文杂志》2015年第5期。

⑥ 谭江涛、彭淑红：《农村"公共池塘"资源治理中的集体行动困境与制度分析——基于安徽桐城市青草镇黄砂资源过度采集问题的个案研究》，《公共管理学报》2013年第1期。

第九章 党领自治：社区公共事务自主治理的中国之道　201

文化认知和道德层面的公共精神培育能够为信任、规则和制度的建构奠定基础，因为社区公民精神为社区治理带来了共同的知识、理解、认识、期望等，有利于治理主体间相互沟通和自主治理的可持续①；权威的领导能够提高社区自主治理的效率，这种权威可以来自个人也可以来自组织。个人型权威包括族长、社区书记等社区领袖，组织型权威包括政府、受信任的社会组织、社区居委会等。在中国这样一个关系社会中，自主治理成功实现的关键不仅在于社区自身拥有丰富的社会资本存量，也在于存在一个或若干个对社会大众负责的民间领袖或精英。②居民委员会、社会组织、政府等组织权威能够在自主治理的制度起源阶段利用多种项目工具搭建行动舞台，从而为治理主体进行情景建构③，通过财政介入为自主治理的集体行动提供资金支持④；共同需求和利益是集体行动的引擎⑤，一定的需求和利益关联能够紧密各治理主体间的关系，进而促进社区集体行动的达成。

综上可见，既有研究在埃莉诺·奥斯特罗姆提出的制度供给、可信承诺和相互监督三要素的基础上，结合中国的场景讨论了社区公共事务自主治理何以可行的问题。社会资本与规则均是自主治理理论所强调的关键变量，这也说明了人类社会在面临公共事务的自主治理时取得成功的方式具有共通之处。与此同时，中国的自主治理又具有自身的特殊性，因此学者们也提出了权威领导、多元共治、公共精神培育等实现自主治理的中国路径。

与此同时，相关研究也表明，当前阶段我国社区公共事务自主

---

① 李文钊、张黎黎：《村民自治：集体行动、制度变迁与公共精神的培育——贵州省习水县赶场坡村组自治的个案研究》，《管理世界》2008年第10期。
② ［美］杜赞奇：《文化、权力与国家——1900—1942年的华北农村》，江苏人民出版社1989年版，第5页。
③ 邓国胜、李怀瑞：《情景建构、制度内生与自主治理：公益组织参与乡村治理的创新路径》，《学海》2019年第6期。
④ 陈潭、刘建义：《集体行动、利益博弈与村庄公共物品供给——岳村公共物品供给困境及其实践逻辑》，《公共管理学报》2010年第3期。
⑤ 陈天祥、叶彩永：《新型城市社区公共事务集体治理的逻辑——基于需求—动员—制度三维框架的分析》，《中山大学学报》（社会科学版）2013年第3期。

治理面临一些突出难题。其一，社区公共事务自主治理的社会资本缺乏。《中华人民共和国宪法》和《中华人民共和国城市居民委员会组织法》等法律从制度上建构了社区的居民自治单一地位，但作为建制单元，社区并不是自我演化出来的、天然的自治场域。例如，社区居民的社区认同感普遍不高，"陌生人"社区居民的人际信任不高并表现出"差序格局"的特征[①]，基于制度权利的居民自治和财产权利的业主自治关系尚未理顺[②]，社区公共事务要么与居民的利益关联度不高，要么呈现出与市场主体物业公司之间的利益纠葛和紧张关系，甚至转化为社区冲突[③]，成为城市社区矛盾的集中点。其二，一些地方在社区治理中过多依赖行政机制也对社区公共事务自主治理产生了一定的"挤出效应"。行政对社区事务的过多包办，会导致社区自治组织功能虚化、社会力量有效参与不足等现象[④]，社区忙于承接不同条口的行政任务，或忙于各种检查和竞赛[⑤]，而自主治理的能力以及功能却被弱化了，这也导致国家面临较大的资源压力、能力挑战等。

面对这些挑战，作为社区治理体系领导力量的社区党组织，如何激活社区的自治功能，统筹社区的行政力量和市场力量，建构政府治理、居民自治和社会调节的良性互动机制，从而建构起人人有责、人人尽责、人人享有的社会治理共同体，是亟待实践破局和理论深入研究的重要议题。其中，如何在社区党组织的领导下建立起社区公共事务的有效自主治理制度、机制，则是核心议题之一。而社区党组织引领社区公共事务自主治理存在的一个内在张力是：社区党组织虽然不是行政力量，但依然是国家力量，既要激活、培育社区公共事务自主治理，又要避免政府治理"包办"的窠臼，这构成了一对矛盾。因

---

① 王亮：《社区社会资本与社区归属感的形成》，《求实》2006年第9期。
② 朱光喜：《居民自治与业主自治：两种社区自治机制的比较——基于公共事务自主治理理论的视角》，《广东行政学院学报》2012年第4期。
③ 陈家喜：《反思中国城市社区治理结构——基于合作治理的理论视角》，《武汉大学学报》（哲学社会科学版）2015年第1期。
④ 郑建君：《公共参与：社区治理与社会自治的制度化——基于深圳市南山区"一核多元"社区治理实践的分析》，《学习与探索》2015年第3期。
⑤ 闵学勤：《社区协商：让基层治理运转起来》，《南京社会科学》2015年第6期。

此，基于成功案例，揭示社区党组织化解这一矛盾进而促进社区公共事务有效自主治理的过程、机制以及内在逻辑，无疑具有重要的理论意义和实践价值。

二 自主治理和公共事务解决的内生性困境

（一）自主治理理论的核心与重点

自主治理理论讨论了在小范围的公共池塘资源内一群相互依赖的委托人怎样才能把自己组织起来进行自主治理，核心问题是对于一个地方和社群中相互信赖的公民而言，如何真正有效地自我组织和治理，从而在所有人都面对"搭便车"、规避责任或其他机会主义行为诱惑的情况下，取得持久的共同收益。该理论指出，在复杂而不确定的情境中，预期收益、预期成本、内在规范、贴现率四个变量影响着理性占用者的行为策略选择，个体的"搭便车"、规避责任等行为有较大概率发生，进而导致了集体行动的困境。人们的策略选择会对公共池塘资源产生共同的作用，并会影响使用者未来行动的预期成本和收益。[1]减少监督和制裁成本的共享规范可以被用来解决公共资源问题，人们内在的规范也会受到其所在环境共有规范的约束，进而对个人行为选择产生影响。内部贴现率同样会受到他人对未来贴现率预期的影响，进而对当前的策略选择产生影响，"那些对过了当年是否还有足够的食物抱有怀疑的占用者在对生存可能性的增长进行权衡时给予未来收益很高的贴现率"[2]。

依据自主治理理论的逻辑，相互依赖的公民利用自身力量解决制度供给、可信承诺和相互监督三方面问题，便可破解集体行动困境，解决社区公共事务问题。制度供给即由谁来设计自组织的制度，或者说什么样的人有动力和动机建立组织，以实现公共池塘资源使用者的利益均衡。之所以需要供给制度，是因为制度扩大了理性人的福利，

---

[1] ［美］埃莉诺·奥斯特罗姆：《公共事务的治理之道》，余逊达、陈旭东译，上海译文出版社2012年版，第44页。

[2] ［美］埃莉诺·奥斯特罗姆：《公共事务的治理之道》，余逊达、陈旭东译，上海译文出版社2012年版，第42页。

能够使人们不再单独行动并促成均衡结局以协调人类活动。① 同时，自主治理的成功案例告诉我们，制度的供给是可能的，"尽管有许多人仍痛苦地挣扎在毁灭他们自己资源的陷阱中，但是另一些人已经从公地困境的陷阱中解脱出来"②。社会资本是实现制度有效供给的关键因素，居民们在公共池塘资源系统中通过长期不断的相互交流、沟通、磋商，产生认同感和信任感，同时也会形成共同的行事逻辑和互惠的行为准则。这种信任和社群观念会让公共池塘资源系统的使用者在面临有限重复的囚徒困境和对局人收益不确定的情况下选择合作，形成一系列互利有效的对局，解决集体行动的二阶困境，促进新制度的产生。③

可信承诺即制度建立以后需要解决"你遵守我就遵守"的可信承诺问题。当诱惑出现时，以往针对公共池塘资源使用情况达成的共识和承诺如何对当前的行动者进行约束以使其继续作出牺牲，外部监督通常是一种巧妙的、有效的解决方案，但问题在于，自我组织的群体必须在没有外部强制监督的基础上解决相互承诺的问题，必须自己实施激励、监督和制裁行动。④ 因此，要解决监督的问题，首先要保证相互监督能够实现。自我激励的相互监督可以降低诱惑出现时公共池塘资源使用者违背共同承诺的概率，提高承诺的可信度。

没有监督，就不可能有承诺，没有承诺就不可能产生新的规则与制度，集体困境就得不到解决。⑤ 实行自主治理的人们会因个人利益和权变策略产生监督他人的动机，还会建立规则并对遵守规则作出权变的策略承诺，而规则的建立又会增强监督他人的积极性，从而使得

---

① [美]埃莉诺·奥斯特罗姆：《公共事务的治理之道》，余逊达、陈旭东译，上海译文出版社2012年版，第50页。
② [美]埃莉诺·奥斯特罗姆：《公共事务的治理之道》，余逊达、陈旭东译，上海译文出版社2012年版，第60页。
③ [美]埃莉诺·奥斯特罗姆：《公共事务的治理之道》，余逊达、陈旭东译，上海译文出版社2012年版，第51页。
④ [美]埃莉诺·奥斯特罗姆：《公共事务的治理之道》，余逊达、陈旭东译，上海译文出版社2012年版，第53页。
⑤ [美]埃莉诺·奥斯特罗姆：《公共事务的治理之道》，余逊达、陈旭东译，上海译文出版社2012年版，第54页。

相互监督得以持续。已经有许多地方对相互监督的实践进行了探索，并且获得了成功，他们设计的制度和规则既能使公共池塘资源的使用者产生相互监督的动力，又降低了监督成本。

（二）自主治理与集体行动的内生性困境

在自主治理理论讨论的公共事务自主治理的制度供给、可信承诺和相互监督三个重要方面，理论上还存在一些需要深化的问题，这些问题在实践中也是公共事务解决和集体行动本身的内生性困境。具体来说，制度供给方面，埃莉诺·奥斯特罗姆认为制度的供给是可能的，一方面是由于公共池塘资源的占用者为了实现利益最大化的目标对制度供给有自然的需求，另一方面是因为公共池塘资源的占用者有提供制度的能力，大量成功案例证明了这一点。但问题是，制度到底是如何实现成功供给的？为什么在小规模公共池塘资源环境下，人们通过不断地沟通建立起信任之后就能进行制度的自主设计？新制度的形成是否有人主导？如果有，由谁主导又是怎样主导的？

可信承诺方面，自主治理理论认为"即使一个占用者花费时间和精力去分析他们碰到过的问题，去设计有可能增进他们利益的规则，供给的努力仍然没有进展，除非占用者能够做出遵守规则的承诺"[①]。但诚信承诺只能在相互监督得到解决之后做出。埃莉诺·奥斯特罗姆认为公共池塘资源的占用者会遵循以下的准则并做出权变承诺：一是规定有权使用公共池塘资源的一组占用者；二是考虑公共池塘资源的特殊性质和公共池塘资源占用者所在社区的特殊性质；三是由当地的占用者设计全部规则或至少部分规则；四是由对当地占用者负责的人规则的执行情况；五是采用分级惩罚对违规者进行制裁。[②] 因为"当所制定的准则符合这些标准时，人们就会做出谨慎、适当和可信的承诺"。但值得注意的是，这些准则所适用的对象是"容易犯错误但服从准则的个体"，适用的情境是"复杂的和不确定的环境"。也就是

[①] ［美］埃莉诺·奥斯特罗姆：《公共事务的治理之道》，余逊达、陈旭东译，上海译文出版社2012年版，第53页。

[②] ［美］埃莉诺·奥斯特罗姆：《公共事务的治理之道》，余逊达、陈旭东译，上海译文出版社2012年版，第217页。

说，自主治理理论还是无法回答一般情境下制度形成之后为什么被人遵守、占用者遵守的动力是什么、动力来源于内在约束还是外在强制力等一系列可信承诺的问题。

关于相互监督，埃莉诺·奥斯特罗姆基于实践总结了八条原则并认为这些设计原则能够影响激励，使占用者在这些系统中自愿遵守设计的操作规则，监督各自对规则的遵守情况，并把公共池塘资源的制度一代代维持下去。这些原则是：清晰界定边界、占用和供应规则应与当地条件一致、集体选择的安排、监督、分级制裁、冲突解决机制、对组织权最低限度的认可、嵌套式企业。[1] 这些设计原则被视为有效公共池塘资源制度特征的设计原则，但这并不能表明有了好的规则，占用者就能遵守这些规则。埃莉诺·奥斯特罗姆用"准自愿遵守"这一术语来形象地解释在有效的自主治理制度中人们对监督、制裁等活动的资源投入，但这显然没有清楚地解释公共池塘资源的占用者们是如何达成相互监督的。奥斯特罗姆认为在她所探讨的这些成功案例中，并没有一个无处不在的外部强制权威在日常的规则实施中发挥任何作用[2]，那么占用者和他们的官员怎么能够迅速通过成本低廉的地方公共论坛来解决占用者与占用者以及占用者和官员之间的冲突？自主治理理论并没有说明在监督达成的初级阶段如何才能保证监督得以持续的问题。

三　突破社区公共事务治理的内生性困境：党组织全面领导公共事务有效治理的实践表达

本书选取武汉市武昌区南湖街道 Z 社区为个案，试图通过对 Z 社区党组织引领社区形成"一诺二评三监督四联动"红色物业监督法，进而有效解决社区物业服务问题的研究，来揭示党组织引领社区公共

---

[1] [美]埃莉诺·奥斯特罗姆：《公共事务的治理之道》，余逊达、陈旭东译，上海译文出版社 2012 年版，第 108 页。

[2] [美]埃莉诺·奥斯特罗姆：《公共事务的治理之道》，余逊达、陈旭东译，上海译文出版社 2012 年版，第 112 页。

事务自主治理的路径与机制以及内在逻辑,也即揭示党组织引领突破社区公共事务治理内生性困境的过程、机制以及内在逻辑。

随着住房商品化和物业服务市场化的深入,社区的相关矛盾逐渐增多。其根源有二,一是物业、居委会、居民三者之间的角色关系尚未理顺,物业纠纷治理呈现碎片化特征。二是以《物业管理条例》为主要规则的制度体系不完备,物业问题的解决缺乏具体可行的指导原则。《中共中央国务院关于加强和完善城乡社区治理的意见》也明确提出"改进社区物业管理是城乡社区治理亟待补齐的短板"。因此,社区亟须探寻有效的治理模式解决物业服务的相关矛盾。Z社区始建于20世纪90年代末,是商品房制度下典型的全封闭型物业管理社区,共有居民3000户8500多人,社区辖区内仅有一个小区,社区治理的内部规模相对较小。物业作为"三方联动"的主体之一,是社区治理的重要力量,物业服务的质量直接关系着居民的幸福感。Z社区的物业费从建立之初便处于同一标准,随着服务成本的增加,物业公司基于自身利益选择降低服务质量。社区随着时间的流逝逐渐老旧,基础设施也老化严重,社区居民因此对优化居住环境、提升物业服务质量有着共同的诉求。要提升物业服务质量,物业公司提出提高物业费的诉求。而社区居民对于物业服务质量提高的预期收益和预期成本看法不一,因此物业公司涨物业费的要求无法得到满足。物业公司面对低水平的物业费和逐渐攀升的物业需求选择"消极作业"。社区各方治理主体的多方合约不能达成,改善社区居住环境和物业服务的集体行动无法实现,物业公司和居民的矛盾由此变得十分突出。如何让相互依赖的治理主体——居民和物业针对物业问题意见达成一致,如何让社区的集体行动得以达成,社区坚持党建引领社区自治的理念,探索出了"红色物业监督法"的自主治理路径,用"一诺双评三监督四联动"的做法切实解决了当代物业管理型小区物业费涨价难、物业企业与居民群众"水火不容"的集体行动困境,该法在2018年也被评为全国最具代表性的十大工作法。

(一)居民个人的理性策略选择和集体行动的困境

理性居民对集体行动的预期成本、预期收益以及内部贴现率会影响公共事务的解决和集体行动的达成。在自主治理过程中，预期收益与预期成本对个体行为的影响是直接的，当居民个体对社区行动达成的预期成本和内部贴现率估计过高，同时对预期收益估计过低，便会选择理性逃避，则集体行动较难达成。此外，居民们利用共享的价值规范对公共事务的判断会通过在居民间传递相互间的期望影响集体行动的达成。最终，个人的理性行为会造成集体的非理性，集体行动难以有效达成。

在Z社区改善社区居住环境、提高物业服务质量的集体行动中，物业公司要求提高物业价格，1/3的社区居民认为提升物业费的预期成本和贴现率相对较高而预期收益相对较低，物业费的提升并不会完全带来服务质量的相应提升和居住环境的相应改善。"我担心的是质价不相符。我花了这个钱，是不是真正地会享受到服务的提升呢？有可能出现我花了这个钱效果还不如以前的现象，因为物业公司各方面物资在消耗，人工费用和管理费用都在提升，我们居民出的钱会被拿来维护物业公司的正常运营而不是提升物业服务质量，还不如不涨价。"（TY220316）与此同时，居民共享的价值规范认为物业公司是纯营利性质的企业，其行为是逐利导向的，物业费涨价可能会使得物业公司卷款逃走，居民的利益受到损害。还有1/3的社区居民则认为提高物业费的预期收益较高，但总体来说预期成本要高于预期收益，若是能将预期成本降低至可接受的范围之内抑或提高物业费涨价的预期收益，则集体行动可以达成。"物业费可以涨，但是不是涨得多了点儿？原来4毛现在涨成了6毛，涨了50%，物价和工资也没涨那么多。或者是说现在一个星期扫一次地，那么我增加了50%的费用以后，你是不是一个星期就最少再给我增加一次清洁或其他服务？"（WY220316）剩下1/3的社区居民则处于观望的中间人状态，因此，物业费涨价的集体事务因得不到法定的2/3的业主签字同意而以失败告终，提升社区居住环境的集体行动陷入困境，导致社区陷入"物业服务差→物业费收缴率低→物业服务更差"的恶性循环。

（二）自组织行动初尝试与公共事务治理的失败

理性的个体为了改善自身的处境对集体行动有着一定的需求，按照理性个体追求利益最大化的原则来看,若采取集体行动的收益是可预见的且对收益的评估大于可预见的成本,则相互依赖的个体会选择结合的方式发起集体行动。Z社区的居民改善自身的居住条件,想要获得高质量物业服务的需求极为强烈,强烈的内在动机驱使社区居民采取相应的行动。Z社区的业主委员会首先采取了行动,召开集体会议讨论了物业服务的相关事项。大部分业委会成员表示"确实我们小区物业费也十多年没有涨了。周边相同情况的小区多多少少也稍微涨了一点,有的还涨了很多,虽然说居民有一些意见,反正最后物业费还是涨了一点,但我们这边确实这么多年一直就没动"。因此,经过业主委员会的集体讨论,对物业费涨价之事达成了普遍共识。随后业主委员会与物业公司磋商出台了涨价的书面方案,但根据民法典、物业管理条例和住建部物业服务收费管理暂行管理办法规定,商品房物业管理费的涨价,必须征得广大业主同意。因此,方案出台后,业主委员会需联合物业公司入户征求全体业主的签字同意。但历经七八个月,业主委员会和物业公司自组织行动没有得到广大居民的认可,涨价后的物业合同还是得不到2/3的业主的同意,公共事务治理的初次尝试失败。依据自主治理理论设计的原则来看,由占用者本身或者至少一部分人设计制度并且制度保证绝大多数受规则影响的个体能够参与对集体规则的修改,自主治理才有可能成功。Z社区的此次自组织行动既没有设计出良好的制度安排,也没有解决居民之间的可信承诺和相互监督的问题,无法形成公共事务有效治理的格局。

(三)党组织动员触发新制度的供给实现

1. 党员居民主导形成制度雏形

制度设计是集体行动达成的前提,是自主治理实现的基础。制度设计的实现需要一批有动力和动机建立组织和规则以达成治理主体间利益均衡的居民群体,而党员居民通常是社区中主导制度供给的关键群体。一方面,党员居民对自身"全心全意为人民服务"的身份认知和党员的责任担当促使党员在社区治理中主动亮身份,承担社区公共事务治理的诸多重要事项。另一方面,改革开放以来党领导群众创造的诸多中国奇迹使居民群众相信党员的能力、信任党员的品质,对党员的行为有着角色期待，促使党员居民在社区治理中发挥引领示范作用。此外，党员是社区两委最容易动员的力量，在社区各治理主体无法达成一致意见、公共事务无法解决的情况下，党员居民可以发挥带头作用主导多方合约的达成和制度的供给。

  Z社区党委为了破除居民集体行动的困境，引导居民解决社区的公共问题，促进社区善治的实现，动员党员居民筹集民智共同解决社区公共事务难题。针对物业服务费涨价在走访业主、寻求业主签字环节出现的"门难开、字难签"的问题，党员居民与社区工作者首先在全社区范围内开展走访调查，通过实地访谈发现居民不愿调价的原因主要有两条：第一是全体居民对物业公司收缴的物业服务费的收支状况不清楚、不明晰，对物业服务费在当下必须调价的原因缺乏清晰的认识；第二是居民对物业公司缺乏信任，担心调价后居民的物业服务仍得不到保障。针对居民担心的问题，党员居民与社区两委会一同向物业公司提出解决方案——物业公司在制定物业服务承诺时，若是以解决居民群众最急、最怨、最恨、最盼的"四最"问题为突破口，物业费涨价之事就有可能。物业公司向居民所承诺的事项必须既包括非常规性质的、依社区实际情况而定的重点维修及环境整治方面的内容，例如对小区楼栋破损渗水的墙面进行统一的翻新维护、对小区多处生长过于茂盛的树枝进行修剪清理等；也包含常规性的服务以及质量标准须达标的内容，例如做到对小区的日常生活垃圾日日清、对楼栋的公共卫生隔日清等，能让业主对物业服务事项有清楚的感知，将担心转化为放心。在党员居民的努力下，Z社区的物业集体行动有了制度雏形。

  2. 关键群体配合促进制度完善

  关键群体在社区治理中发挥着重要作用，是社区治理的关键力量。关键群体是社区治理中的积极行动者，他们不仅具有超强的责任感、集体荣誉感和主人翁意识，同时还具有很强的执行力、领导能力、感召力。关键群体通常能够响应党组织的号召，自愿参与到社区治理中来，主动地扮演组织者、领导者、动员者的角色，解决社区治理中的相关集体行动问题。因此，关键群体是除党员以外社区党委最容易动员的居民群体。与此同时，关键群体还能通过自身的动员与努力,以"滚雪球"的方式构建社区治理的小团体网络和积极分子网络,发掘更多的社区小能人,动员其参与到公共事务的治理中来。①总之,在解决社区集体行动问题的过程中,社区党委可以动员关键群体参与到制度供给的设计中来,并将自身作为免费的人力资源奉献给社区。

为了解决物业费涨价过程中居民担心的问题进而促进物业与居民间双方合约的达成,助推集体行动的成功实现,Z社区党委动员关键群体居民参与组建专项审计小组,负责解答居民群众对于物业费涨价的诸多疑惑。业主委员会成员、骨干业主以及社区居民内部的注册会计师、注册物业管理师等关键群体在社区党委的动员下,主动加入审计工作,自主成立了物业服务测算及审计小组,对物业服务费和物业财务账目进行测算和审计,弄清楚物业费涨价以及涨这么多的客观原因。社区审计小组在物价局及房地产管理部门的指导下,在物业公司的配合下,花了1个月的时间完成对社区近三年物业服务费收支状况的审计工作,并结合当前的物价和通货膨胀率,详细计算出了确保小区正常运转的最基本的物业服务费标准。随后,审计小组将专业审计报告和测算数据向居民群众进行了公示和解释,居民群众由此明白了物业涨价的明细,认可了物业公司提高物业费的提议。物业公司也借此契机提出了提升物业服务、改善社区居住环境的十项服务承诺,获得了居民的同意。居民与物业公司关于物业费提升的合约初步达成,集体利益达到了均衡的状态,集体行动的制度供给在关键群体的配合下得以完善。

(四)党组织嵌入促成可信承诺的达成

1. 组织、文化嵌入生成治理信任,引导物业作出承诺

增进治理主体各方利益的规则被制定之后,只有确保规则被各方遵守即各方作出遵守规则的可信承诺,且当诱惑发生时各方不会作出违背规则的行为,制度供给才会进一步生效。在中国的社区治理情境

---

① 罗家德、李智超:《乡村社区自组织治理的信任机制初探——以一个村民经济合作组织为例》,《管理世界》2012年第10期。

下，党组织可以通过多种嵌入手段来引导多方治理主体作出"你遵守我就遵守"的可信承诺。对于物业公司，社区党委首先通过构建社区大党委的组织化嵌入方式，将物业公司党支部纳入社区大党委的范围内。其次，社区党委通过组建党建联席会的方式将物业党支部吸纳到社区治理的队伍中来，用党的服务理念引导物业公司将企业的经济收益最大化与社区的公共利益相结合，打造"红色物业"，严格遵守与居民签订的物业合约。

Z社区构建了社区党委、居民、物业、业主委员会四方主体相互交流的四联动平台，实现了党务、治理事务、物业服务相互融合。物业公司在社区党委引导下与居民和业主委员会不断交流，在社区党委的意识形态的灌输下，作出了绝对遵守与居民签订的物业服务合约的承诺。为了进一步确保物业公司承诺的可信度，物业公司还实行了押金制，保证自身绝对坚持诚信为本的理念，提取物业费涨价部分的百分之十，交至业主大会、业主委员会作为遵守承诺的质量保证金，并由业主委员会加以保管。与此同时，物业公司还作出了如果其物业服务达不到大多数居民的要求则将押金退回社区居民使用的承诺。由此，物业公司在党组织的引领下作出了可信承诺。

2. 活动、服务嵌入加强治理信任，换取居民遵守承诺

在制度建设过程中，一方遵守规则并不能带来集体行动的必然成功和公共利益的绝对增进，只有多方主体都遵守制度设计的规则，相互依赖的多方主体才会达到帕累托最优状态，公共事务才能真正得到解决。在Z社区的自主治理中，物业公司作出了遵守规则的承诺，居民只有相应地作出遵守规则的承诺，提升物业服务的集体行动才能真正达成。理性居民个体可能会因环境和个人信任的变化改变行为策略，选择不遵守共同的规则。对于居民，社区党委则通过全社区范围内常规的服务嵌入和活动嵌入提高社区的社会资本存量，增加居民之间以及居民对物业公司的信任，进而促使居民作出继续遵守规则的相关承诺。

具体而言，一方面，Z社区党委在主题党日活动和党建联席活动上组织物业公司与居民进行深度交流，组织居民、物业公司成员联合举办社区春晚、社区中秋联欢晚会等活动，利用党建活动嵌入的方式缓和居民与物业之间的关系，建立了彼此之间的信任。另一方面，Z

社区党委号召物业公司参与社区的志愿服务，过节时为居民送温暖，居民有矛盾时充当"岔巴子"，日常进行治安巡逻，通过对居民的党建服务嵌入来增进居民与物业公司之间的关系。活动嵌入加上服务嵌入使得社区内部的信任感、凝聚感、认同感得到增强，居民逐渐相信物业公司的行为并作出遵守物业合约的承诺。为了使承诺更具有可信性，居民们还倡导在物业管理中实行奖励制度，若是物业公司提升物业服务的实际行动得到绝大多数居民的认可，则将社区公共收益所得的百分之五作为奖金奖励给物业公司。总之，党建的活动嵌入和服务嵌入换取了居民的可信承诺。

（五）党组织权威激励相互监督的持续

1. 党组织充当"诚信担保人"助推监督形成

在自主治理的过程中，相互监督是制度得以实施和规则得以遵守的成本较低且效果较好的方法。与外部强制的方法相比，相互监督是集体行动主体之间的互动，有助于各治理主体掌握规则的实施情况和信息以便制度进一步改革和完善。相互依赖的主体在集体行动过程中都会产生相互监督的动机，因为相互监督能够较大限度地保证规则和合约得以遵守，增进各主体的共同利益。但是，在相互监督的过程中，有可能存在少数主体之间的共谋和包庇现象。少数主体之间若是形成利益共同体，选择共谋或相互包庇，则会损伤制度规则的有效性。那么，谁来监督这些监督者呢？在社区治理的场域中，社区党委有着较高的权威和合法性，受到各治理主体的共同信任。同时，社区党委既非规则的制定者，又非集体行动的直接受益者，与社区各治理主体之间无利益纠纷，是集体行动的"裁判"而非"选手"。所以，社区党委可以作为第三方权威力量充当各治理主体相互监督的监督者，促进监督的形成。

Z社区党委在各主体自主治理的过程中充当了各方"诚信担保人"的角色，向物业公司和居民担保双方均能遵守承诺，公平公正地开展相互监督工作。在社区党委的监督下，提升物业服务集体行动的监督得以形成，社区建立了日常监督机制。业主委员会成员、社区物业质量总监及业主代表组成了Z社区的物业工作监督小组，对物业公司的日常服务进行监督考评，一是确保物业公司的日常服务实现"人在岗"，确保物业服务人员数量、各岗位配置要求及人员排班按要求实施。监督工作小组还运用"钉钉考勤"、电子巡更等互联网技术实时监控检查物业服务人员的到岗情况和工作状态。二是确保"钱到位"，保证物业服务费用按照合同约定规范使用。如天台维保及墙面零星维修费用必须专户计提，小区公众责任险必须足额支付等。三是确保"物完好"，实现社区公共服务基础设施的维修保养到位。同时，物业公司也设专人监督居民物业费的缴纳情况，对不及时足额缴纳物业费的居民予以警告。物业公司还对业主委员会保管押金的情况进行监督，确保押金的保管及使用情况得当。物业公司与居民之间的相互监督在社区党委的监督下得以实现。

2. 党组织充当"外部论坛员"促进监督持续

监督达成以后是否可以持续也是自主治理需要解决的重点问题。当公共池塘资源的使用者们建立起监督规则时监督可以持续，但是当公共池塘的占用者不能改变用来组织操作选择的规则时，那么对公共池塘的占用者来说，唯一的集体选择论坛就是外部的论坛。Z社区自主治理过程中，社区党委充当了外部论坛的角色，引导居民和物业公司建立了"组织评价＋群众评价""好评付费"的监督规则。每年年终，社区党委便会指导物业公司和业主委员会组织包括社区党组织、居民委员会、业主委员会、群团组织、社区社会组织在内的五类社区组织和包括社区居民小组长、楼栋长、业主代表、居民代表在内的四类居民群众对本年度的物业服务情况进行打分评价。若是年终社区组织和群众的满意度评价结果达到百分之八十五以上，则物业公司可拿回交由业主委员会保管的押金，反之则会将押金当作社区基础设施维修基金。若是社区组织和群众的满意度评价结果达到百分之九十三点七及以上，且此后三年满意度评价都达到百分之九十以上，物业公司就可以拿到业主设置的奖金。年终评价式监督规则的建立使得Z社区的监督年复一年地得以持续。

基于党建动员、党建嵌入和党建权威支撑，Z社区居民和物业公司在自主治理过程中实现了新制度的成功供给、可信承诺的成功达成、相互监督的成功持续，破解了集体行动的难题，成功实现了物业服务质量的提升和社区居住环境的改善，自主解决了社区内部的公共事务问题。

四 政党引领性自主治理：党组织引领社区公共事务自主自治的中国化方案

（一）社区公共事务政党引领性自主治理及其实现机制

我国当前的社区治理实践中，大部分社区属于"陌生人"社区，社会资本较为薄弱，居民处于原子化和分散化的状态。[①] 社区治理因居民利益分化、制度供给不足[②]等因素面临着"弱参与"困境和合作困境，居民与居民、居民与社区两委之间难以有效达成共识。同时，社区能力发展较为缓慢，自上而下的属地责任使得越来越多的治理任务下沉至社区，社会主要矛盾转化背景下自下而上的社会压力又进一步增加了社区的治理压力。因此，社区疲于应对各项公共事务，治理能力得不到有效提升，社区仅靠自身力量无法有效地解决自组织的集体行动难题，矛盾无法实现自我化解，社区治理无法实现效果最优。在社会力量薄弱的条件下，国家和政府等公共权威的合理介入在陌生人社区的治理过程中发挥着"引导程序"作用[③]，"国家创制社会"[④]的方式能够激发社区的内生动力和治理自觉，促进自主治理制度的形成与实现。具体来说，党组织的治理嵌入能够将公共权威作为社区的外生力量，在社区内生力量不足的情况下充当驱动器，构建赋权机制使得社区自主治理转动起来，我们将这种具有中国特色的自主治理模式称为"政党引领性自主治理"（如图9.1）。

---

① 李友梅、肖瑛、黄晓春：《当代中国社会建设的公共性困境及其超越》，《中国社会科学》2012年第4期。
② 王星：《利益分化与居民参与——转型期中国城市基层社会管理的困境及其理论转向》，《社会学研究》2012年第2期。
③ 方亚琴、夏建中：《社区治理中的社会资本培育》，《中国社会科学》2019年第7期。
④ 吴晓林、谢伊云：《国家主导下的社会创制：城市基层治理转型的"凭借机制"——以成都市武侯区社区治理改革为例》，《中国行政管理》2020年第5期。

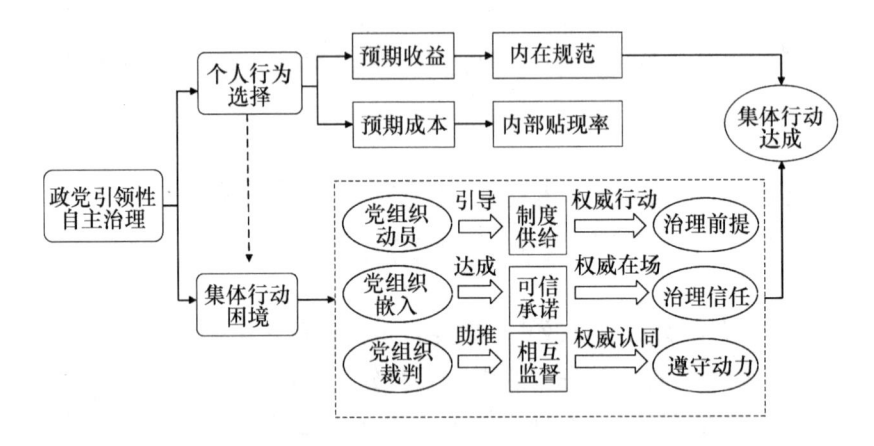

图 9.1　党组织引领社区公共事务自主自治的机制与逻辑

资料来源：作者自制。

1. 党组织动员引导社区制度供给：权威行动创造自治前提

党组织的权威是一种公共权威，公共权威基于共同规范和共同价值的合法性认同，比强制权威更有效率。① 在治理领域，党建式公共权威的适当介入可以引导治理主体识别自身角色，建立治理的共同规则约束，引导制度的成功供给。② 具体来说，党组织的公共权威在公共事务治理的认可上贯彻权利与义务相一致的原则，以权威的方式规定参与主体的权利资格。③ 此外，当治理主体因个体利益、价值偏好等原因无法实现有效组织化来达成集体行动时，公共权威能通过高度认同将人们有效地组织起来，在治理主体中间形成一种凝聚力，为成员树立共同目标，激发集体行动的热情。④

---

① ［美］丹尼斯·朗：《权力论》，陆震纶、郑明哲译，中国社会科学出版社 2001 年版，第 56—59 页。

② 万江红、孙枭雄：《权威缺失：精准扶贫实践困境的一个社会学解释——基于我国中部地区花村的调查》，《华中农业大学学报》（社会科学版）2017 年第 2 期。

③ 张喜军、王焕炎：《传统乡村社区组织中公共权威的合理性刍议——以明清时期山西地区农村水利基层管理组织为例》，《北京航空航天大学学报》（社会科学版）2011 年第 4 期。

④ 于洪生：《论公共权威认同的机理——一种透视权威现象的新视角》，《理论探讨》2006 年第 2 期。

基于社区居民对党组织政治权威的认可,党组织通过动员的方式引导治理主体的制度供给,动员是通过宣传、发动、选择性激励等方式影响和改变具有能动性的主体的行为动机的过程,也是集中人力、物力、财力等资源促成集体行动达成的重要方式。① 党组织通过动员式治理能够向社会释放参与能量,促进群众集体行动意识的形成,提高民众对党组织的认同与信任,实现党和国家对社会的高度整合。②

党组织作为公共权威组织动员社会力量首先是通过党员实现的,在社区场域内,党员是党组织盘活社会治理力量最重要的资源。党员对自身的身份认同会促进其在社区治理领域发挥先锋模范作用,带头并引导普通居民参与到社区公共事务的治理中来。在集体行动和公共事务的治理中,强烈的政治价值和身份认同会促发党员居民产生建立利益均衡机制的动机与动力,主导社区制度供给的实现。相对于普通群众来说,党员居民具有较强的主人翁意识、共同体意识和集体行动意识,还具有密切联系群众、全心全意服务群众的身份责任,可以将治理热情传递给社区其他群体。包括业委会成员、草根社会组织领袖等在内的社区能人,在党员的情感动员、宣传动员下成为社区治理的重要主体,共同促进社区集体行动层面制度供给的实现。总之,党组织的公共权威能够通过政治动员、情感动员、宣传动员等方式召集社区党员、社会组织领袖等社会力量实现社区治理的制度供给,为社区自主治理创造前提和基础。

2. 党组织嵌入达成社区可信承诺:权威在场生成治理信任

党组织权威作为一种重要的社会整合力量,在维系社会稳定、消除各治理主体之间的利益和矛盾纠纷方面发挥着重要功能③,可以促进治理主体之间可信承诺的达成。一方面,党组织式的公共权威作为

---

① 汪卫华:《群众动员与动员式治理——理解中国国家治理风格的新视角》,《上海交通大学学报》(哲学社会科学版)2014年第5期。
② 李增元、葛云霞:《动员式治理:当代农村社区建设逻辑及后果分析》,《中州学刊》2015年第2期。
③ 刘刚:《农地纠纷中的乡村权力与权威——对一起农地纠纷的调查分析》,《东南学术》2008年第6期。

第三方介入有利于提高治理主体之间的沟通和协调效率①，各主体在相互交流、协商一致的前提下可以达成关于制度的可信承诺。另一方面，党组织式的公共权威通常具有一定的前瞻性，在介入过程中其公共价值理念逐渐浸润于治理主体的行动中，可以实现个体对私人目标追求的熨合与包容，削弱多元诉求对外辐射的力度，将其张力内部化，促成冲突的纾解与相互信任的生成。②

党组织嵌入基层治理有利于更好地坚持党的领导，完善基层治理的制度体系，推进基层治理体系和治理能力现代化建设，破解基层治理中的集体行动困境。③ 治理实践中，包括区域化党建、楼宇党建、网格党建、党建联建等在内的组织嵌入有效地覆盖了社区治理的物理范围，包括意识形态教育和党建知识宣传在内的文化嵌入则有效覆盖了社区治理的精神范围，二者相加有利于提高社区的政治信任和社会信任，增强群众的政治认同，为社区自治和公共事务的解决奠定信任基础。

社区党建的活动嵌入与服务嵌入可以实现治理中的相互认同和人心凝聚，增加社区的社会资本存量，促进社区集体行动中可信承诺的达成。社区以党群服务中心为活动平台，以三会一课、主题党日、党员服务等为活动形式，加强社区党员之间的相互认同与信任。在社区治理中，党员主动亮身份为居民解决细小的生活问题，发挥党组织服务群众的功能，实现党组织的实际在场，拉近党员与群众居民的距离，增加社区内部的相互信任。活动嵌入所形成的党员之间的信任与服务嵌入所构建的党员与群众之间的信任会在社区治理的范围内形成示范效应和蝴蝶效应，既实现了党组织的有效在场，又提高了社区的信任感和凝聚力，促进社区自主治理可信承诺的达成，在全社区范围内生成治理信任。

---

① 韩燕、何欢、张琴：《郭艳.宗族组织、权威人物和农民进城对农村公共物品供给的影响——以川南乡村筹资修建"户户通"公路为例》，《公共管理学报》2021年第2期。

② 靳永翥、赵远跃：《辐射型多元诉求与前瞻性权威介入：公共政策如何在公共价值冲突中实现"软着陆"》，《行政论坛》2020年第6期。

③ 周建勇：《新时代党建中的嵌入治理问题研究》，《上海交通大学学报》（哲学社会科学版）2021年第1期。

3. 党组织裁判助推社区监督实现：权威认同化为遵守动力

从一定程度上来说，党组织式公共权威在各治理主体之间充当着黏合剂的角色，它可以将具有不同利益诉求的治理主体联系起来，使之为公共事务治理和集体行动的目标共同奋斗。[1] 因此，基于强认同和强凝聚的功能，一方面，党组织权威作为矗立于社会治理主体之上的公共权威系统，可以为公共事务治理纠纷给出公正的裁决[2]；另一方面，公共权威通过公共价值空间影响每一个人，通过"非正式问责"对治理主体形成道德压力。[3] 两方面结合督促治理主体提供公共物品，共同促进了主体间相互监督的继续和制度的成功落地。

在我国社区场域中，由于党的领导权威和制度权威加上长时期以来的体系作为合法性，在社区自主治理中，党组织可以作为超乎自然的第三方权威，扮演裁判员和担保人的角色，促成集体行动中的合约达成和相互监督的持续。集体行动理论通常预测人们不会对遵守规则的情况进行监督，即使这些规则是由他们自身制定的，因为监督也会出现"搭便车"的情况。在监督过程中，对违背共同规则的人进行惩罚的成本较高，监督和惩罚行为可以是某个人的行动，但惩罚所带来的利益却是全体公共池塘占用者享有，因此，集体行动会出现"搭便车"的二阶困境。[4] 党组织作为超然于各治理主体之上的公共权威，在社区治理中扮演裁判员的角色，能够监督各主体之间的相互监督，利用"党性""觉悟"等价值观对"搭便车"行为进行"非正式"问责，由此使得监督能够生成并得以长期存续。

---

[1] 毛彩菊、李丕：《论公共政策有效执行的权威基础及其强化》，《云南行政学院学报》2005年第4期。

[2] 张喜军、王焕炎：《传统乡村社区组织中公共权威的合理性刍议——以明清时期山西地区农村水利基层管理组织为例》，《北京航空航天大学学报》（社会科学版）2011年第4期。

[3] 韩燕、何欢、张琴、郭艳：《宗族组织、权威人物和农民进城对农村公共物品供给的影响——以川南乡村筹资修建"户户通"公路为例》，《公共管理学报》2021年第2期。

[4] ［美］埃莉诺·奥斯特罗姆：《公共事务的治理之道》，余逊达、陈旭东译，上海译文出版社2012年版，第54页。

（二）社区公共事务政党引领性自主治理的逻辑

1. 公共权威、信任转移与组织化：党组织介入社区公共事务自主治理的逻辑

不同于传统的宗族社会，市场经济下的社区治理缺乏内生的、族长式的公共权威来协调社区公共事务，引领集体行动的达成。公共权威是基于共同价值和规范的自愿服从，是一种权力关系，权力对象有公认的服从义务。[①] 一般来说，普通群众对公共权威有着较高的信任，在一定范围内，社区可以借助权威的强制力量来突破集体行动困境。当行动难以达成时，每一个理性的个体行为者可以将权力让渡给一个权威机构，基于权威机构的强制力量来组织集体行动，促进理性个体的合作达成，保证合作的持续。党组织通过自身的组织建设构建了科学合理的组织体系，通过发展经济、改善民生、构建社会保障体系等，获得了体系特征合法性，成为当前"陌生人"社区中的绝对性公共权威，赢得社区居民的信任。

信任是自主治理的前提，缺乏信任会导致社区集体行动的困境。在社区治理的物业服务问题上，住房商品化和物业服务市场化的深入使得社区治理中的物业管理方与社区居民之间的矛盾纠纷不断增多，彼此互不信任，二者在物业管理费上利益不能达成一致。这种矛盾纠纷在新时代背景下变得更为尖锐。信任虽然无法从社区居民与物业公司之间自动产生，但是可以从其他方面转移过来。居民和物业公司以及业主委员会等治理主体对党组织都有着较高的信任，党组织在各主体间充当担保人和协调者的角色，能够让各主体对党组织的信任转移到彼此身上从而产生愿意合作的想法，进而使自主治理变为可能。

基于党组织权威的信任转移为社区公共事务自主治理奠定了心理基础，要想达成集体行动，还需要将各治理主体组织起来解决自组织的问题。只有自组织成功了，后续的社区自主治理机制才能形成，各主体间合作才能维持。现实中社区呈现"碎片化"治理的特征，业

---

① ［美］丹尼斯·朗：《权力论》，陆震纶、郑明哲译，中国社会科学出版社2001年版，第56—59页。

委会、居委会、物业公司等主体之间的治理架构尚未完全成形，空间和权力等治理结构较为松散[1]，各主体无法有效地将自身组织起来。近年来，党组织的组织架构深入社区，加上党建社会化的实施，党组织在社区治理中能够直接、有效地将社区党员动员起来，在社区治理中带头发挥作用将居民群众组织起来，不仅能够解决自组织能否成功的问题，还能提高自组织的效率。同时，党员居民之间的互相信任也可以形成信任传递和信任转移，产生"蝴蝶效应"，筑牢群体间的信任基础。新的社区制度也能在党组织的动员和带领下形成。通过党组织的组织化动员、党员居民的组织化引领，社区能够形成"有组织""有领导"的自主治理模式。

2. 政党渗透的边界与自治的功能：党组织有限度介入社区公共事务自主治理的缘由

社区是居民自治单元，同时也是国家建构下的政治场域和行政场域。社区需要承担自我管理、自我教育、自我服务的自治功能，同时也需要承担国家的政治功能和政府的行政功能。三种功能交互作用，构成了具有复杂特征的治理场域。需要注意的是，政治和行政具有天然的自我扩张性，因此，提高社区的自治能力是实现社区治理能力现代化的重点。

社区自治有着自身的优势并在社区治理方面发挥着诸多功能。在治理方面，社区自主治理通过居民群众的广泛积极参与能够自下而上自发建立社区的共同规范、社会秩序、规则理念等，实现自身利益和资源的有效协调，降低社区的治理成本，提高治理的效率，增进居民的获得感、幸福感和安全感。自治与德治和法治相结合，有利于构建共建共治共享的社会治理格局，实现治理体系和治理能力现代化。在民主方面，社区自主治理有利于基层民主的发展。在自主治理的过程中，居民的权利意识、平等观念和参与意识得以增强，民主参与的能力和水平得到提高，形成积极参与社区集体事务的民主氛围和传统。自主治理的这种参与积极性会对政治参与产生反哺作用，促进基层民

---

[1] 陈鹏：《城市社区治理：基本模式及其治理绩效——以四个商品房社区为例》，《社会学研究》2016年第3期。

主的发展。从更高的制度层面说，社区自治具有外向性的作用，可以化解基层社会矛盾，降低社会风险，发挥社会整合的功能。因此，社区所承担的自治功能能够弥合政治功能和行政功能。与此同时，实践也表明，国家力量过多地替代社区自治力量，不仅会增加社会治理的成本，也会降低治理的效能，还会弱化社区本身的能力。所以，政党引领性自主治理必然是以党组织为引领、以社区各组织为主体的模式。

五　本章小结

（一）结论

社区公共事务自主治理是实现社区场域内多元共治、协同治理，打造社会治理共同体的前提和基础。自主治理理论为我国社区自治的实践提供了思路，结合我国社区公共事务面临的突出难题，党组织可以作为外生驱动力量适当介入社区治理以推动社区自治的形成、公共事务的解决和集体行动的达成。这种党组织引领社区自主治理的模式不同于西方的内生型自主治理，我们称之为"政党引领性自主治理"。党组织引领社区治理的模式既非政府治理也非市场治理，而是由相互依赖的委托人在社区党委的引领下，通过设计制度、作出可信承诺并对承诺进行监督的自组织治理模式，实现公共事务的有效治理。本书在自主治理理论指导下，分析了Z社区党委引领如何成功解决物业质量提升的集体行动问题，从党组织动员、党组织嵌入、党组织裁判三个方面揭示了党建引领突破社区集体行动难题的内在机制。

研究发现，居民个体的行为策略会受到预期成本、预期收益、内部贴现率和内在规范的较大影响，进而使公共事务的解决和集体行动陷入困境。党员居民是社区集体行动中的中坚力量，党员居民对自身的身份认同加上群众对党员角色的期待塑造了党员在自主治理中的主导者形象。因此，社区党委可以通过动员党员居民来主导新制度的产生，再依托社区关键群体的力量对形成的新制度进行完善。新的制度产生以后，社区党委通过党支部的组织嵌入和意识形态引领的文化嵌入方式提高社区的认同感,通过主题党日等的活动嵌入和日常志愿服务的服务嵌入增进各治理主体间的相互信任,以此来引导各主体作出"你遵守我就遵守"的可信承诺。基于党组织的权威和合法性地位,社区党委可作为自主治理的第三方权威力量来监督各方的行为,督促各方实施相互监督以使承诺变为现实。基于党组织动员、党组织嵌入和党组织裁判的支撑,社区的集体行动得以达成,自主治理得以实现。

(二) 讨论:制度优势与理论贡献

本书从公共事务的解决和集体行动本身出发探究了党建引领如何解决社区公共事务实现社区自治的问题,拓展并深化了公共事务自主治理研究和政党治理研究。一是深化了公共权威与公共事务自主治理的相关讨论。公共事务的自主治理是全世界面临的共性问题,大量成功的案例表明,在社会资本丰富的地方,一群相互依赖的个体可以把自身组织起来实现公共事务的解决和集体行动的达成。但我国社区公共事务治理面临着诸多结构性困境,在这种情境下自主治理何以实现?本书表明,在社区仅靠自身力量无法实现自主治理的情境下,公共权威可以充当第三方力量引领社区进行制度的成功供给、可信承诺的达成和相互监督的实现。在我国,这种公共权威体现为党组织的政治权威。党组织能够通过动员、嵌入、裁判的方式引导相互依赖的群体实现公共事务的自主治理。我们将我国实践探索出的具有中国特色的自主治理模式称为政党引领性自主治理,它既包含政党要素又包含自治要素。需要注意的是,公共权威能够带来社会治理的秩序,但它所扮演的角色并不是参与者而是引导者,公共事务本身还是由相互依赖的群体自身解决,公共权威起着助推器的作用。这样的发现有助于打破基于西方经验的自主治理的神话,拓宽自主治理的实现范围,发展自主治理理论的内涵和外延。

二是深化了党组织引领社区治理的相关讨论。本书指出,社区党委是社区场域内既非政府也非市场同时也不属于公共池塘占用者的一股力量,可以作为独立且权威的第三方力量来引导社区各方治理主体的集体行动,促进自主治理的实现,构建社区治理的和谐秩序。总之,在中国的治理情境下,党建引领是自主治理得以实现的关键,对社区治理起到助推器的作用，社区在党建力量的推动下能够实现自主治理的自我运转。

党组织引领社区治理解决的不仅仅是社区内部自主治理的内生性困境，它反映的更是公共权威作为一种结构性要素如何介入社会领域进而促进公共事务有效治理的问题，而公共事务的有效治理则是无论中外都需要回应和解决的难题。中国共产党作为中国最重要的政治权威力量，是使得公共事务得以有效运转的引领性力量，在包含群众、社会组织、企事业单位、新媒体等多方力量在内的复杂的社会网络之中发挥着领导和结构洞的作用。在公共事务的治理中，一方面，党既可以发挥领导核心的作用来主导公共事务的解决；另一方面，党也可以发挥结构洞的作用来为社会力量自主解决公共事务提供动力。由此可见，中国共产党作为一种公共权威力量，既可以直接塑造秩序，也可以间接引导秩序的生成。值得注意的是，在社会治理领域，在社会碎片化、居民原子化的当下，党和政府等公共权威对社区治理的介入是必要的但同时也是有界限的。在自我管理、自我教育、自我服务的社区治理场域，公共权威应当是引导者的角色，而非主导者的角色，党和国家可以充当权威的第三方力量来引导社区的自主治理，构建共建共治共享的社区治理格局。因此，党建引领社区自治得以成功的关键在于党组织在社区治理中一方面需要做到有效在场、引导与介入，另一方面又需要约束自身不过多干预社区本身的内部事务。只有真正做到了党建赋权社区，社区集体行动才能真正依靠社区自身力量达成，社区公共事务的困境和内在张力才能得以破解，党建引领社区自主治理才能成功实现。

本书不仅从理论上丰富了对党组织引领社区治理的讨论，也从社会资本培育、治理合法性等方面为党建引领社区治理的实践提供了思路。一方面，社区党委作为黏合剂，可以通过日常的志愿服务、主题党日、三方联动会议等活动将社区各主体联系起来以增进彼此的信任，增加社区的社会资本存量。另一方面，社区党委可以通过意识形态的引领和组织嵌入来提升自身在社区治理中的合法性地位。多种嵌入方式的运用本质上是社区党委与社区各治理主体间的互动，最终会降低党建动员的难度，提升动员的效率，促进善治的实现。

第十章

党培能力：基于"公益创投"项目制的一个考察

社区治理能力现代化是基层治理能力现代化的基础性环节。近年来，随着治理重心不断下移，社区承担的公共管理与公共服务越来越多，对社区治理能力提出巨大挑战。从实践层面来看，社区治理能力的提升往往滞后于社区事务的增加；从理论层面来看，社区治理能力的提升具有系统性、长期性，因而是一个普遍性难题。基于此，如何提升社区治理能力便成为一个既有理论意义又具实践意义的命题。

地方政府为提升社区治理能力作了诸多尝试，如成都武侯区的再组织化试验，北京东城区协同共治模式的打造，H省近年来则是采用"公益创投"带动社区参与以提升社区治理能力。"公益创投"也称为"公益风险投资"，是不以营利为目的、孵化培育社会组织的一种方式。在我国，"公益创投"的购买方通常是政府，"公益创投"由此便成为社会治理领域政府购买服务的一种创新方式。不同于其他地区，H省"公益创投"的承接主体是社区居民委员会（以下简称"居委会"）而不是专业社会组织，其目的就是创新社区公共服务提供方式，培育社区社会组织，打造社区治理亮点和品牌，以项目引导社区居民参与自治，进而提升社区与居民的治理能力。"公益创投"成为H省地方治理创新的亮点和品牌，H省民政厅每年花费大量精力，在全省范围内举办"公益创投"大赛，截至2021年，H省社区"公益创投"已连续举办七届。"公益创投"的引入对社区治理能力有何影响？笔者以H省H社区为例，揭示"公益创投"提升社区治理能力的内在逻辑，以回答该问题。

一 文献综述

(一)社区治理能力及其影响因素

关于社区治理能力的概念,学术界主要从系统论、互动论、资源论、类型学等视角进行了定义。系统论视角延续结构功能主义的思想,强调治理能力是治理一个社会子系统(包括被管理系统和管理系统)的总能力。[1] 互动论视角侧重社区各治理主体在参与治理过程中因互动而形成的能力,认为社区治理能力并不是由社区主体的能力简单加总而成的。在互相交流、参与治理的过程中,各主体的治理能力既会有所增加,也会有所削弱;既会互相扶持,也可能互相抵消。[2] 资源论视角则把社区各治理主体及对象视为社区的资源,强调资源的优化配置与整合作用,认为"社区治理能力是一种行动力,这种行动力是由社区各主体拥有的资源以及这些资源相互整合配置而成的,旨在实现社区治理目标"。[3] 类型学视角虽然没有明确定义社区治理能力的内涵,但是按不同标准将社区治理能力分为若干类型。从内容维度出发将社区治理能力划分为社区公共服务供给、居民参与社区事务、矛盾纠纷协调、依法办事、思想文化引领、信息化应用等六种不同类型[4];从治理主体出发将社区治理能力分解为社区党委、社区居委会、社区居民、社会组织的能力。[5] 基于已有研究,笔者在组织学视域下将社区治理能力视为一种组织能力,并具体定义为:社区党委和社区居委会(以下简称"社区两委")在各主体的共同协作、相互

---

[1] 王海涛:《社区治理结构与结构治理:框架、机制与影响》,《求实》2021年第3期。

[2] 孙锋、王峰:《城市社区治理能力:分析框架与产生过程》,《中国行政管理》2019年第2期。

[3] 陈诚、卓越:《基于结构与过程的社区治理能力评估框架构建》,《华侨大学学报》(哲学社会科学版)2016年第1期。

[4] 陈伟东:《赋权社区:居民自治的一种可行性路径——以湖北省公益创投大赛为个案》,《社会科学家》2015年第6期。

[5] 陆军、丁凡琳:《多元主体的城市社区治理能力评价——方法、框架与指标体系》,《中共中央党校(国家行政学院)学报》2019年第3期。

第十章　党培能力：基于"公益创投"项目制的一个考察　227

作用下，创造公共价值、利用资源、发挥制度绩效、解决社区问题、实现社区可持续发展的总能力。同时，借鉴 Laverack 对社区治理能力的经典划分，将社区两委的治理能力即组织能力划分为组织领导能力、组织协调能力、动员能力、问题识别能力、资源链接能力和公共服务能力。

关于组织能力的影响因素，既有研究从动态和静态两种角度进行了探讨。动态视角侧重将组织的能力提升看作一种动态过程，认为组织学习是提升组织能力最为重要且必经的途径。在战略与结构均给定的情况下，组织学习便是组织能力产生和发展的源泉[1]，是组织在长时间里遵循一组连贯政策的累积性结果。[2] 组织学习依赖于对理解和解决复杂问题的共同努力，是一个社会化和集体化的过程。[3] 从组织集体化过程中所产生的知识（以缄默知识为主）便会存储于组织的惯例和运行程序中，而惯例则成为组织能力的载体。能力只能由工作组织内生地发展出来，而没有任何组织之外的力量和过程可以替代。[4] 在此基础上，Teece 等人提出了动态能力理论，动态能力是组织"整合、构建、重新配置其内外能力来匹配快速变化的环境的能力"，而建立高抱负水平驱动下的动态能力是组织不断发展的前提之一。[5] 除此之外，信息交流也是影响组织能力的动态因素，信息交流、反复练习是学习机制的重要内容，均可促进组织能力的发展。[6]

---

[1] Zollo, M. and Winter, S. G., "Deliberate Learning and the Evolution of Dynamic Capabilities", *Organization Science*, Vol. 13, No. 3, June 2002, pp. 339 – 351.

[2] Dierickx, I. and Cool K., "Asset Stock Accumulation and the Sustainability of Competitive Advantage: Reply", *Management Science*, Vol. 35, No. 12, December 1989, pp. 1504 – 1511.

[3] Nelson, Richard ed and Winter, SG: *An Evolutionary Theory of Economic Change*, Cambridge, MA: The Belknap Press of Harvard University Press, 1982, p. 315.

[4] 路风、慕玲：《本土创新、能力发展和竞争优势——中国激光视盘播放机工业的发展及其对政府作用的政策含义》，《管理世界》2003 年第 12 期。

[5] Teece D. J., "Profiting from Technological Innovation: Implications for Integration, Collaboration, Licensing and Public Policy", *Research Policy*, Vol. 15, No. 6, December 1986, pp. 285 – 305.

[6] Calantone R. J., Cavusgil S. T. and Zhao Y. S., "Learning Orientation, Firm Innovation Capability, and Firm Performance", *Industrial Marketing Management*, Vol. 31, No. 6, September 2002, pp. 515 – 524.

静态视角则侧重分析影响组织能力的静态因素，这些因素可以分为宏观、中观和微观三个层面。其中，宏观层面因素包括组织环境（技术环境、制度环境）、资源、社会关系网络、制度、社会资本等；中观层面因素包括组织惯例、组织形态与结构、大数据等；微观层面因素包括管理者认知、心理契约、组织知识、能人素质等。

比较而言，管理学领域强调组织学习等组织能力的动态影响因素，而公共管理学、政治学领域较多关注组织学习的静态影响因素。比较一致的是，各个领域的学者普遍认为资源、制度、文化、社会资本、社会网络、知识、组织学习等因素与组织能力基本呈正相关，资源的注入、制度的嵌套、社会资本的融合等在组织能力建设中起着重要作用，能够促进组织能力的提升。

（二）项目制与社区治理能力

组织能力的动态过程依赖于组织内部的运转，组织能力的静态要素则与外部环境紧密相连，往往通过环境输入获得。H省"公益创投"投资方是省民政厅，各社区以项目申报的形式获取组织发展所需的财政资源。所以，"公益创投"本质上是H省地方政府在基层治理领域模拟中央的项目运作方式提供公共服务的一种新的项目制形式。项目制是分税制改革以来基层组织获得能力发展所需要素的重要方式。学界讨论了项目制与社区发展的关系：在项目制与社区能力建设方面，既有研究注意到项目制为社区输入了资源（包括财力、人力、技术等）、制度等静态要素的现象。项目制首先为社区提供的便是人力、财力、技术等资源，与传统的韦伯式科层体制相比，"项目制既能够赋予各级部门集中的资金管理权、特殊的人事安排权，还能够提高部门的动员效率"[①]，进而更有效地为社区输入所需资源，更深刻地影响社区治理结构，既为社区治理能力发展优化了整体外部环境，又促进了社区组织追求理性治理、绩效优先。

---

① 张琼文、韦克难、陈家建：《项目化运作对社区社会组织发展的影响》，《城市问题》2015年第11期。

第十章　党培能力：基于"公益创投"项目制的一个考察　229

在项目制研究中，多数经验研究的结论是项目制对基层社会与社区治理能力的影响是消极的，项目输入的资源、制度等要素未能成功地提升组织的能力。有些相关研究之所以作出项目制未能提升组织能力的判断，是因为这些相关研究只关注项目的静态要素输入，且聚焦分析项目资源被捆绑、被新的分利秩序吸纳，从而陷入资源输入内卷化的困境。这类研究观察了资源输入内卷化现象，但这并不是经验世界的全部，资源输入的影响需要进一步科学研究，而相关经验研究也揭示了资源输入的发展性结果。[①] 此外，这些相关研究忽视了项目制对组织能力动态形塑的过程。

基于此，笔者以动态能力理论为基础，重点关注项目制运行的外部静态要素输入和内部力量整合过程，并聚焦项目制提升社区组织能力的成功案例，深入分析"公益创投"是如何成功赋能社区的，继而剖析"公益创投"提升社区治理能力的内在机制与逻辑。

二　动态能力理论与分析框架

（一）动态能力理论

传统组织学认为组织能力是由资源或制度决定的。动态能力理论认为，一是组织需要专注于协调和整理可用资源。资源是组织能力发展的必需要素，但是没有一个组织能够实现对所需资源的完全控制，因此组织从外界环境中汲取并维持、整理可用资源。制度是特殊的可用资源，会影响组织行为，使组织"改变正式结构""采纳外部评估标准"和"稳定化"，并最终促进"组织的成功与发展"。制度还可以通过作用于组织规则设定、组织形式、组织战略、组织决策、组织工作程序、组织结构、组织职能等方面对组织能力产生深刻影响。二是组织需要注重内外部学习和资源的重新配置，使得能力具有动态变化的特征。动态能力与积累的内部因素的影响

[①] 张良、冷向明：《"内卷化"外的建构叙事：资源下乡与文化网络重构》，《南京农业大学学报》（社会科学版）2020年第6期。

要素包括组织学习、组织安排以及其他诸如组织结构与认知模式等。除此之外,"信息交流、重复性的实践、为知识进行编码、不断试错、事件发生节奏的快慢、组织惯例、缄默知识等也都对动态能力的形成与提升产生促进或妨碍作用"[1]。同时,动态能力理论还强调构建合作网络的重要性。为了获取高租金,组织还需要拥有和复制由"常规"或者资源加以整合或配置的关系网络。上述动态过程要素可以被总结概括为组织学习、建构合作网络、有效激励三大机制。

1. 组织学习在组织能力提升过程中扮演至关重要的角色,是组织能力发展最重要的环节

"学习会使组织在能力进化和发展过程中产生路径依赖,促使某些建立资源结构的方式由于低成本而更具有吸引力。"[2] 另外,"由于学习能够使组织更快速、有效地配置资源,使得学习同资源配置的时间密切相关,由此进一步保障组织能力提升的外部环境"[3]。与此同时,组织在学习的过程中还会持续不断地产生知识与惯例,知识与惯例也会反作用于组织,使得组织始终保持学习的状态。一方面,组织学习的过程始终伴随着对知识的管理。组织学习需要从简单地进入数据库获取更多的知识转变为促进知识自由迁移到组织,并以不同方式影响组织绩效。[4] 组织的知识分为显性导向的知识和隐性导向的知识即缄默知识。"显性的知识通常源于外部环境,主要包括图书杂志、互联网、高校、专业咨询机构、顾问公司、专业培训团队等,较为容易获得。隐性的缄默知识则来源于组织内部的互

---

[1] 黄培伦、尚航标、李海峰:《组织能力:资源基础理论的静态观与动态观辨析》,《管理学报》2009年第8期。

[2] Teece D. J., Gary P. and Amy S., "Dynamic Capabilities and Strategic Management", *Strategic Management Journal*, Vol. 18, No. 7, August 1997, pp. 509 – 533.

[3] 谢洪明、刘常勇、陈春辉:《市场导向与组织绩效的关系:组织学习与创新的影响——珠三角地区企业的实证研究》,《管理世界》2006年第2期。

[4] 姜晓晖:《公共部门的组织学习何以优化?——基于"学习进程—角色互动—知识管理"的思考》,《学习与实践》2019年第9期。

动,通常存储于组织成员的行动、文档中。"① 隐性的知识一旦生成,会转化为区别于其他组织的核心资产,成为组织能力的一部分,引导组织行为的发生,促进组织的发展。另一方面,"组织惯例可以视为一种规则集合,它可以起着约束和引导组织流程协调运行的作用,存在于组织能力的执行系统中"②。它"是以往经验行为和试错学习的选择性保留,反映的是一种经验性知识"。而管理的认知变化则是惯例产生的重要影响因素。"组织的支配性逻辑和认知惯性会在管理认知的影响下形成,惯例由此会产生增强的趋势,能力也会更为集聚。"③ 在动态变化的环境下,"惯例的动态化机制是组织获取与保持竞争优势的关键所在"。质言之,管理认知会促进惯例的产生,而惯例的形成又会实现组织行为的集聚,最终达到组织能力提升的目的。

2. 建构合作网络是组织能力提升的重要机制

根据交易成本理论,"组织与外界的合作关系在提高组织资源利用效率方面发挥重要作用,能够通过帮组织分担责任与风险的方式培养和发展组织能力"④。"良好的组织能力在很大程度上依赖于组织的合作关系,而良好的合作关系可以进一步促进组织能力和竞争优势的提升,二者具有交互作用关系。"⑤ 同时,组织内部合作网络的打造也能促进组织能力的提升。组织内部非正式的横向沟通交流对组织内部网络知识共享具有促进作用,从而提升组织的学习和创新能力。总的来说,"不管是组织内部的合作网络还是组织与外部环境的合作关

---

① Hansen and Morten T., "Choosing a Strategy for Managing Knowledge", *Health Progress*, Vol. 6, No. 4, August 1999, pp. 106 – 116.

② 王永伟、马洁、吴湘繁等:《变革型领导行为、组织学习倾向与组织惯例更新的关系研究》,《管理世界》2012 年第 9 期。

③ Giovanni G. and Daniel L., "Looking Forward and Looking Backward: Cognitive and Experiential Searc-h", *Administrative Science Quarterly*, Vol. 45, No. 1, March 2000, pp. 113 – 137.

④ 黄培伦、尚航标、李海峰:《组织能力:资源基础理论的静态观与动态观辨析》,《管理学报》2009 年第 8 期。

⑤ Eisenhardt K. M. and Schoonhoven C. B., "Resource-Based View of Strategic Alliance Formation: Strategic and Social Effects in Entrepreneurial Firms", *Organization Science*, Vol. 7, No. 2, March 1996, pp. 136 – 150.

系，都能够为组织能力的提升提供所需要的资源渠道，也能为组织搭建资源整合利用的平台"[1]，"还能促进组织网络信息流通和相互交流学习，推动组织能力的发展"[2]，实现互动赋能。

3. 有效激励是组织能力提升的又一重要机制

激励机制就是使制度的激励正确，即制度安排朝着有利于组织发展、有利于各类主体更加注重内化的能力建设等方向努力。"组织可以通过有效激励机制对组织内部成员进行激励，达到资源的优化配置，进而实现帕累托改进，促进组织能力提升。""组织通过诱导因素集合、行为导向制度、行为幅度制度、行为时空制度、行为归化制度。"[3] 对组织成员进行激励，即通过反复练习强化组织行为并将之固化，进而促进组织目标的达成，实现行动赋能，提升组织能力。

综上所述，组织能力的提升是一个动态的过程，且具有复杂性，一般从组织内部培育。与此同时，组织能力深深嵌入资源、制度、文化等组织内外部环境中，资源、制度等外部要素输入后，经过组织学习等内部力量的整合便可以转化为组织内生的动力与核心资产，一方面可以促进组织目标的实现，另一方面可以推动组织能力的提升。组织能力的提升还会促进新一轮合作网络的达成与组织学习的开始以及有效激励的进行，组织由此进入发展的新循环，组织能力在此过程中也会得到及时发展。

（二）分析框架

在"公益创投"过程中，社区治理能力在外部环境提供的要素基础上，通过内部力量整合以及互动等得以提升。为了更好地阐释"公益创投"提升社区治理能力的机制与路径，笔者基于动态能力理论，

---

[1] Kazadi K., Annouk L. and Dominik M., "Stakeholder Co-creation during the Innovation Process: Identifying Capabilities for Knowledge Creation among Multiple Stakeholders", *Journal of Business Research*, Vol. 69, No. 2, May 2016, pp. 525–540.

[2] Davis P. R. and Walker D. H. T., "Building Capability in Construction Projects: A Relationship-based Approach", *Engineering Construction and Architectural Management*, Vol. 16, No. 5, September 2009, pp. 475–489.

[3] 刘正周：《管理激励与激励机制》，《管理世界》1996年第5期。

建构了社区治理能力的动态能力框架,用以分析社区治理能力提升的行动赋能(如图10.1所示)。

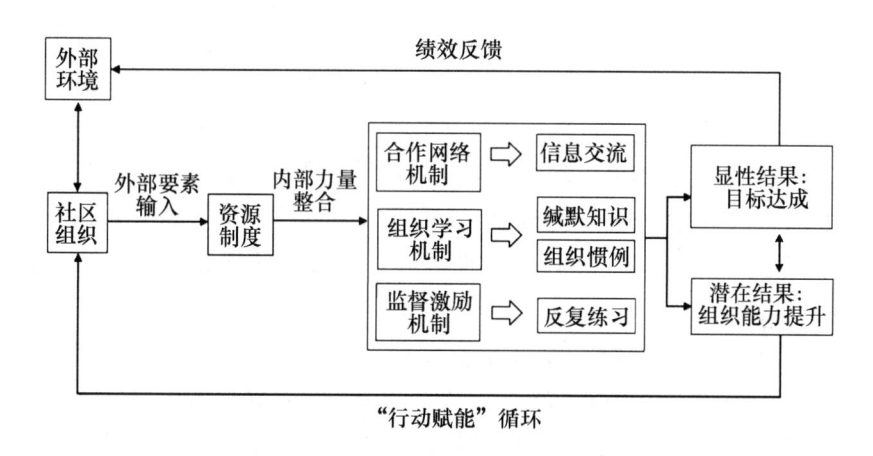

图 10.1 社区治理能力提升的要素、过程、机制分析框架

三 研究设计

(一)研究方法

为了探究"公益创投"影响社区治理能力的内在机制,笔者采取个案研究的方法。个案研究有助于研究者深入案例现场,充分挖掘信息,探究影响因素和作用机制。笔者旨在通过对参与"公益创投"的社区主体进行深度访谈,还原项目制的整体过程,考察在社区开展"公益创投"的过程中创投项目要素与社区治理能力的契合点,进而揭示项目制促进社区治理能力提升的路径与机制。

(二)案例简介

H省在借鉴上海、杭州、广州等地"公益创投"经验的基础上,结合本省社会治理现状,推出以社区为主的"公益创投"并在全省范围内大力推广,旨在达到创新社区公共服务提供方式、培育社区社会组织、激发社会创新活力等目的。各市在省政府相关部门的鼓励下纷纷启动了"公益创投"系列项目,其中以H社区所在市规模最大、社区参与率最高、形式最丰富。

H社区始建于2003年，是一个集经济适用房、商品房、廉租房于一体的综合性社区，辖区内设4个小区，现有住户4706户，总人口12000多人，老年人居多。因H社区建造时间较久，基础设施较落后，社区居民数量多、异质性强，社区治理面临居民自治参与意愿不强、程度不深、范围不广，招募志愿者困难，社区活动资金匮乏，公益活动可持续性不足等问题。因此，H社区两委始终秉持"汇聚公益力量，助力社区发展"的理念，坚持做好"软服务"，将公益与社区工作融合。2018年，H社区借助"公益创投"大赛的机会，积极组建团队申报项目，主要采用"巧姐姐"社团吸纳其他草根社会组织的方式形成"巧姐姐+睦邻互助联盟"进行公益众筹，成立"巧姐姐社团+公益金众筹理事会"，众筹资金开展社区公益服务、积分兑换。"巧姐姐"社团原本是由爱好做手工的阿姨们组成的兴趣爱好型草根社会组织，借助"公益创投"的机会成为承担社区治理事务的自治型社会组织。该组织项目创意在H省"公益创投"大赛中获得一等奖以及相应的项目资金，尤其是赢得了基层政府的支持，这使得H社区的项目实施更加顺利。截至2018年底，H社区既实现了项目目标，组建了公益众筹小分队，扩展了志愿服务队伍，又使得社区治理状态得到实质性的改变——选举了居民"能人"，成立了更多草根社会组织，拓宽了居民参与社区治理的范围，链接了辖区内更多资源。随后在2019年，H社区又以"流动老党员，共享公益爱心联盟"项目蝉联H省第六届"公益创投"大赛一等奖，成为H省"公益创投"领域的典型案例。这一变化，笔者将它作为本书因变量"社区治理能力"显著提升的经验证据。

笔者选择H社区作为案例的原因如下。首先，由于H社区在"公益创投"领域探索的成熟性，项目制作用于H社区治理能力的机制较为完整，有利于分析项目制提升社区治理能力的内在逻辑；其次，H社区的初始治理水平并不高，"公益创投"是社区治理能力提升的原因而非结果；最后，资料的丰富性，笔者对H社区进行了长期的参与式观察，获得了大量的一手和二手资料，这些资料可构成三角证据。

四　案例分析："公益创投"过程中的动态能力生成

（一）外部静态要素输入与社区治理能力提升

1. "公益创投"制度是自上而下推行的

参与是能力提升的前提，H省各级民政部门为鼓励社区参与创投项目，使用多种政策工具对社区进行引导，使得社区组织能够接受"公益创投"这一社会治理新形式。民政部门一方面使用命令式工具，要求辖区内各社区积极响应号召，参与从区到省的各级"公益创投"大赛；另一方面，又使用激励式工具，承诺不仅为获奖项目提供不同梯度的项目奖金，还为项目实施提供政策、荣誉等方面的支持，引导社区投入"公益创投"的潮流中。同时，民政部门还积极营造"公益创投"的社会氛围。自2014年起H省每年都在全省范围内举办"公益创投"大赛，要求各级单位高度重视，充分认识到"公益创投"对提高组织能力、完善社区治理结构的重要意义；通过丰富动员方式，积极发动和组织社区申报；积极将社会资源进行优化整合，激发社区从现实情况出发，紧扣活动主题，积极参与"公益创投"大赛以提高自身能力建设的水平。省民政厅还对"公益创投"大赛中"突出公益项目"给予20万元的项目资金，对"优秀公益项目"予以10万元的奖励。此外，民政部门在年度工作总结和工作安排中重点突出"公益创投"工作的开展，在全社会营造积极参与"公益创投"的氛围。由此可见，"公益创投"从产生之日起便具有各级政府的政策、行政等方面的制度优势，为承接项目的社区提供制度支持。反过来，基层政府的制度支持也使得社区组织逐渐接受"公益创投"这一新的社会治理形式。

技术培训、行政权威、资源保障等支撑社区治理活动。一是技术培训提升了社区两委的问题识别能力。"公益创投"首先为H社区提供的便是各级民政部门和社创谷①的技术支持。民政部门通知开展"公益创投"大赛之后，便组织各社区的社工和社区工作人员参加"公益创投"

① 社创谷，是指在各区和街道设立的社会组织孵化基地。

为期4—5天的封闭式能力培训学习。培训学习内容主要包括如何发现社区问题、如何转化居民需求、如何使居民社团化、如何使社团项目化等，以提高社区两委的问题识别能力，促使社区产生项目创意。H社区的社工MHW参加了民政部门举办的能力培训班，在培训班上学到了社群搜索法、积分兑换法以及如何将社区社团项目化的理念。MHW在返回社区后组织召开了居民议事会，利用开放空间技术讨论如何解决H社区公益服务资金不足、持续性差的问题，最终一致决定采用社团引导公益众筹的方式，形成了H社区"公益创投"的初步创意。

"省里面的'公益创投'，还有几次C教授的培训我都参加了。因为C教授传授很多观点或者技术方法，比如社群搜索法、积分兑换法、公共空间讨论等，所以我们在培训会上学到这些东西。我们也把这些方法拿到了社区的居民议事会上，让它落地到我们社区的各项活动当中去。通过培训，我们自身变得更加专业，能更好地引导居民参与到社区事务中来。"（MHW20210924）

2. 行政权威强化了社区两委的组织协调功能

行政权威的支持能够保障项目的实施，保证项目按计划完成预期目标。"公益创投"作为H省基层政府的一项主推政策创新，项目本身鼓励社区两委引领居民参与，这种政策和行政上的支持将转化为权力并赋予社区两委足够的权威，以便在整个项目过程中起到组织协调的作用。项目创意产生后，H社区两委积极组织居民进行项目策划。一是H社区两委向全体居民招募公益众筹成员，他们使用社群搜索法搜索到全社区共有4个团队、36名骨干队员有志愿众筹意愿。二是为了尽快让目标群体熟悉，打破彼此之间的疏离感，社区工作人员带领居民做"桃花朵朵开"等游戏。三是为了让团队成员更加了解公益众筹项目的目的和意义，H社区两委还策划了培训讲座，向团队成员讲述项目目标和培育流程。四是为了更好地链接资源，H社区两委使用谈话棒[①]、开放空间[②]等技术引导团队成员制作在地资源清单。

[①] "谈话棒"是一种议事工具，在会议中只有拿到"谈话棒"的人才能发言。

[②] 开放空间是一种民主讨论会议，即在一到两天半的时间内把50人到300人，甚至更多的人置于一个空间，由参会者自行讨论的一种动态会议模式。

第十章　党培能力：基于"公益创投"项目制的一个考察

为了进一步搜索项目执行团队，社区两委召集社区内爱之翼理发队、儿童手工作品义卖、巧姐姐手工义卖团队，利用635点子群①技术收集金点子，共收集4个金点子，即巧姐姐手工义卖、儿童手工作品义卖、理发服务和党员志愿者捐赠等，并通过居民投票的方法，最终确定了获得票数最多的巧姐姐手工义卖众筹方式。五是社区两委组织团队成员依照"自己愿意做，自己可以做"的理念、"人人管事，人人自治"的原则，制订手工作品义卖众筹行动方案，明确开展的具体时间、具体地点、具体人员、具体流程和责任，并将完善的方案转化为项目提案向区里进行项目申报。

3. 资金保障增强了社区两委的动员能力

资金是项目得以开展的基础资源，"公益创投"向社区提供了足够的资金支持，使得创投项目成员发挥了辐射带动作用。H社区的项目经历了项目创意、项目策划、项目完善三个阶段之后，最终确定以"巧姐姐社团＋公益众筹"的方式开展。"巧姐姐社团＋公益众筹"项目目标群体明确、活动方案清晰、人员安排合理、可操作性强，符合项目审定的可行性标准；"巧姐姐社团＋公益众筹"项目采用完全自愿的方式，筹集资金完全用于社区志愿服务项目，符合项目审定的公益性标准；"巧姐姐社团＋公益众筹"项目内生于H社区的特殊需求，符合项目审定的新颖性标准；"巧姐姐社团＋公益众筹"项目还制定了激励机制，符合项目审定的可持续性标准。经由H社区两委成员完善的项目方案，在市民政部门的项目审核中被评定为优秀案例，可进一步参与H省"公益创投"大赛。H社区为备战全省"公益创投"大赛，积极将社区内拥有各项技能的居民吸纳进入创投大赛备战团队中来，建议、指导和监督PPT制作、演讲。最终，H社区成功地拿下2018年度H省"公益创投"大赛一等奖并获得相应资金支持。有了资金以后，H社区的志愿服务活动就有了进一步的保障，更多的居民开始响应H社区两委的动员，参与到社区志愿服务的队伍中来。居民服务项目也从原来的关爱残疾人扩展到关爱孤寡老人、低保人

---

①　"635点子群"又称为"默写式头脑风暴法"，每次会议有6个人参加，要求每人在5分钟之内写出3个设想。

士、小孩等。H社区两委还动员社区内的退休老人参与到社区治理中来，利用获奖资金孵化组建了"老格子"团队，并为热爱唱歌的老人买队服、乐器等，以及提供场所练歌。总之，项目获奖资金的使用不仅使H社区居民的参与范围扩大了，还使社区两委赢得了居民和社会组织的高度认同，增强了社区两委的动员能力。

（二）内部力量整合与社区能力提升

1. 建构合作网络以进行信息交流促进互动赋能

"公益创投"区别于传统项目的地方在于项目的发包方——政府与项目的承接方——社区以及项目的参与者——社会组织与居民之间并不是简单的委托—代理关系，而是合作网络关系。四者的网络关系属于有主导的合作网络，主导者便是政府。在政府的引领下，"公益创投"以社区居民的需求为主导，项目的实施以社区为核心实行"三社联动"①，各主体间相互进行信息交流、协调，以期完成项目目标。具体表现为以下三个方面。

（1）自下而上的项目创意机制提升了社区的参与能力。不同于传统项目制，"公益创投"的发起端为社区，项目创意来源于社区的居民。居民基于社区的现状和自身想要解决的问题集思广益，进行信息交流，不仅提出问题的解决方案，还提升了自身参与社区治理的能力。H社区辖区内有不少廉租房，内有不少残疾人或生活不能自理的住户。为了帮助社区内的弱势群体，H社区党委书记（以下简称"社区书记"）号召社区居民做志愿者，轮流解决弱势群体的日常生活问题。在日常的志愿服务过程中，热心的居民相互交流组建了团队，并通过织毛衣、做手工等义卖活动提供志愿服务。如，居民在取得社区两委的支持后组建"巧姐姐"团队，使得志愿帮扶得以组织化，"巧姐姐+志愿服务"的方式也成为H社区"公益创投"的创意来源。

专家指导的项目孵化机制提升了社区两委的组织协调能力。H省在各区和街道设立了社创谷，而"公益创投"则为社区提供了与社

---

① "三社联动"指以社区为基础、社会组织为载体、社会工作为支撑的多元治理模式。

创谷专家交流的平台与机制，通过与专家团队进行信息交流，社区能力得到提升。一方面，经过专家深入分析以后，社区的创投项目方案更具可操作性、可持续性的特征；另一方面，基于社区治理实践，专家团队与社区共同讨论"如何科学地引导居民参与社区治理、如何引导居民集体行动一致"等问题，为社区两委的实际工作提供了理论指导，进而提升了社区的组织协调能力。

"区里社创谷的老师会给我们指点，我们的项目提交上去，会告诉你这个项目可以怎么做。所以说你每个项目进去，它都会有一个提升的，哪怕你没有得奖，你也知道你的项目以后可以怎么完善，被老师指点了之后肯定会有进步，是吧？"（ZY2021109）

供需平衡的项目购买机制提升了社区的公共服务能力。在传统项目制分级运作的模式下，项目大多是上级的意愿，而地方政府出于财政需求"争资跑项"，较少考虑居民的真实需求。"公益创投"则以居民需求为导向，政府与社区两委、社会组织及社区居民进行充分的交流，使得项目真正地解决社区问题、提高居民福祉。在"公益创投"过程中，首先，民政部门计划创投项目的全过程，出台各项政策方案以保证创投项目达到目标。其次，民政部门组织包括H社区在内的各大社区参与到"公益创投"大赛中，让制度政策落地社区。民政部门还协调各方资源为获奖项目提供资源保障，践行"社区是居民的，我们共同行动"的理念，使项目顺利落地。最后，民政部门通过项目督导与评估，真正实现项目"有益于民"的目标。在"公益创投"过程中，社区真正地了解了居民的需求，使公共服务实现供需适配与平衡，进而提高了社区两委的公共服务能力。

2. 组织学习实现隐性知识赋能

"当边学习边行动并通过行动来学习时，文化和结构、态度和行为之间就会不断地发生相互作用。"[1] 众所周知，技术培训、行政权威、资金保障等支持要素都是能力的外生推动力，组织学习才是能力的内生推动力。要使能力提升效果具有持续性，就必须关注组织学习

---

[1] ［美］加布里埃尔·A. 阿尔蒙德：《比较政治学：体系、过程和政策》，曹沛霖等译，上海人民出版社1987年版，第29页。

对能力的深层次影响。在"公益创投"过程中，社区的组织学习起于外部要素输入的技术培训，为组织能力全方位提升奠定了基础。而内生的组织自主学习将实现社区治理能力的实质性转变。

（1）活动生成的缄默知识提高了社区两委的内部资源链接能力。"公益创投"的理念是"社区是居民的，我们共同行动"，宗旨是"给力社工、助力社团、活力社区"，基层政府通过政策文件和语言号召将价值观念转化为文化符号传递给社区。

H社区书记在基层政府的引导下深知"社区工作就是做人的工作，社区工作的基础就是居民的参与和支持"。（ZL20211019）

H社区获奖后，在"公益创投"原有理念的基础上创作了H社区的社区口号——"让旁观的你变成行动的我"，还进一步提出了更高层次的志愿服务目标"打开门就有志愿者，推开门我就是志愿者"，将社区文化这种缄默知识外显化。H社区两委利用项目资金将社区口号、志愿服务目标、"公益创投"获奖照片等做成文化墙供社区居民浏览。H社区两委力图通过这些努力在全社区内形成了较强的凝聚力，将辖区的居民从旁观者转变为行动者。

为了落实创投项目理念，使文化符号现实化，让创投项目实施效果更好、辐射面更广、带动更多居民参与，使居民在活动中生成社区治理的意识，H社区两委在项目实际执行过程中将"巧姐姐"团队以外的更多成员纳入项目执行的队伍中，其中包括最新孵化的"老格子"团队、社区内流动老党员团队。此外，H社区两委还将社区内的全职妈妈召集起来成立"亲子沙龙公益众筹队"。本着"社区是居民的，我们共同行动"和"让旁观的你变成行动的我"的理念，H社区两委组织志愿服务团队开展了专项服务活动。在H社区两委的引导下，志愿服务队将筹集资金与社区的"精准扶贫"工作相结合，开展为社区残疾居民专项帮扶计划，为促进社区精准扶贫工作贡献了一份力量。居民通过社区组织的活动相互熟悉，有了认同感，对社区两委的信任也逐渐增强。同时，居民通过参与活动激发了社区治理的诸多智慧，形成了社区参与的诸多知识。

"有了'公益创投'之后，志愿服务团队成员首先得到了我们社区两委的认可，得到了居民的认可，然后他觉得自己更应该要去为小

第十章　党培能力：基于"公益创投"项目制的一个考察　241

区服务，体现了一种主人翁的意识。没有这些活动和项目的话，居民根本就不会理小区的建设，也不会了解到社区治理中的智慧。然后这些团队也会吸引更多的人加入社区治理，对社区的整体治理和人文文化是非常重要的提升。"（ZY20211019）

活动的举办一方面将项目的理念落到实处，使居民自主加入项目实施的过程中，构建了社区的缄默知识——社区文化，培养了居民间的信任；另一方面，还使社区两委赢得了居民和社会组织的高度认同，使社区两委能够充分链接社区内部资源，动员居民参与社区各项事务的解决。

（2）管理认知生成的动态行为惯例提升了社区两委的外部资源链接能力。既有理论指出："管理认知会促使组织形成支配性逻辑和认知惯性，惯例便会在此背景下产生逐渐增强的趋势，能力因此也更为集聚。在动态变化的环境下，管理认知实现组织能力演化目标的重要途径之一便是强化动态能力的'行为惯例'。"[1]依循这一逻辑，社区两委的管理认知会作用于社区治理的行为惯例，进而影响社区治理能力。在案例中，H社区两委认为，除了社区居民和草根社会组织之外，还应该将社区的项目理念传递给辖区内的商户、公司、学校等。一方面，社区网格员每天走访辖区内商户，询问商户们是否愿意加入H社区的志愿服务队伍，是否愿意成为H社区的公益众筹积分兑换项目基地。在H社区网格员持续的努力下，社区附近理发店的部分成员加入了H社区的志愿服务，并成立了"爱之翼理发队"。每周五下午，爱之翼理发队在H社区两委的组织下在社区广场为社区老人、小孩、残疾人和生活贫困的居民义务理发。另一方面，H社区书记借助街道的力量联系了社区附近的小学、中国移动公司等单位并与之建立了长期联系。H社区每月定期联合社区附近的小学、中国移动公司等开展大型公益活动，筹集资金用来服务社区居民。H社区还通过美篇、微信公众号等新闻媒介向辖区内外的居民传播志愿服务精神，持续不断地宣传H社区的口号"让旁观的你变成行动的我"，撬动了社

---

[1] Giovanni G. and Daniel L., "Looking Forward and Looking Backward: Cognitive and Experiential Search", *Administrative Science Quarterly*, Vol. 45, No. 1, March 2000, pp. 113 – 137.

区的外部资源。

正是由于 H 社区两委的管理认知，促进了整个社区对治理的概念认知，形成了不断适应外部环境、优化社区资源的行为惯例，提升了社区两委的外部资源链接能力。

3. 有效激励促进"反复练习"，加速行动赋能

H 省的"公益创投"从初始的街道一级到较高的区一级、市级再到最后的 H 省"公益创投"大赛，总共涵盖了四级。政府对社区"公益创投"的督导也分为审查方案、现场督导、过程观察等环节，全过程监督社区项目。在此过程中，社区需要不断地反复练习，一方面，在社区两委的带领下不断优化项目活动方案，在项目实践过程中发现并解决社区治理的新问题；另一方面，社区两委带领项目实践团队不断参加各级"公益创投"大赛，反复练习演示，取得了很好的效果。在社区各方力量的不断努力下，H 社区的项目被不断优化，最终获得了 2018 年省级"公益创投"大赛一等奖。同时，社区两委的领导能力及居民与社会组织的参与能力也在反复练习中得到提升。

"申报需要做 PPT，在做 PPT 当中也会想到我们这个组织下一步可以做一些什么样的事情。每一次创投比赛中，我们自己也是有一个很大的变化，就是我们会想这个社区还可以怎么样做，对吧？"（ZY20211109）

（三）正向反馈与循环"行动赋能"

经过外部静态要素输入与内部力量整合两阶段"行动赋能"[①]，项目目标得以实现——社区亮点品牌项目得以生成，社区将亮点品牌项目反馈给基层政府，由此基层政府在社会领域既打造了亮点品牌又实现了治理创新，还切实推动了社区真正问题的解决。社区"公益创投"亮点品牌项目的正向反馈让社区获得上级政府更多的注意力并赢得更多组织能力提升所需要的资源，社区与基层政府之间实现治理"双赢"。H 社区的亮点品牌项目是以"巧姐姐"团队为核心的志愿服务团队，团队不仅可以协助社区两委处理社区事务，活跃在社区治

---

① 行动赋能是指在互动、交往、学习等行动过程中建构能力。

理的各个角落，还作为区和街道等基层政府的亮点项目频繁接受媒体报道、新闻宣传和上级视察，H社区的影响力逐渐增加，从普通的老旧社区成为街道的"明星社区"。

社区两委的组织协调能力、公共服务能力在与居民的互动中得到提升，组织领导能力和资源链接能力在反复练习中得到加强，居民的自治能力也得到大幅提升。"公益创投"开启了社区能力循环提升的模式，社区在首次"公益创投"申报中所积攒的能力不仅可以作为下一次申报的基础条件，还为社区承接下一次的"公益创投"、打造亮点品牌奠定了基础，有利于破解居民自治内卷化困境，提升社区治理效能。由此，社区"公益创投"也形成了良性循环。

五 结论与意义

（一）结论

社区治理能力是国家基层治理能力的基础环节。在实践领域，地方政府不断创新治理模式以提升社区治理能力。在学术界，既有研究对社区治理体系探索较多，对治理能力讨论则相对较少。在一定意义上，关于社区治理能力的"理论供给"滞后于"实践需求"。笔者基于动态能力理论视角，构建了"公益创投"促进社区治理能力的解释框架，通过对H社区"公益创投"提升社区治理能力成功案例的剖析，验证了社区治理能力的影响因素，刻画了影响的过程与机制。主要研究结论如下。

一是"公益创投"作为基层治理中常用的项目制治理方式，有效地提升了社区治理能力。"公益创投"通过"外部静态要素输入"和"内部力量整合"实现对社区的"行动赋能"。"外部静态要素输入"包括技术培训、行政权威、资金保障等资源支持和制度支持。组织要实现能力提升必须从外界环境中汲取并维持、整理可用资源；制度则是特殊的可用资源，通过作用于组织规则设定、组织形式、组织战略、组织决策、组织工作程序、组织结构、组织职能等方面对组织能力产生深刻影响。能力的提升是一个动态的过程，一般从组织内部培育。社区通过"内部力量整合"，将外部输入的静态要素转化为内生组织力量，既促进了组织目标实现，又推动了组织能力提升。

二是"公益创投"通过要素输入、组织学习、建构合作网络以及有效激励等机制实现对社区的"行动赋能"。具体来讲，其一，要素输入是"公益创投"实现行动赋能的起点，为社区治理能力的提升提供了制度、资源支持。其二，组织学习不仅能够使组织更快速、有效地配置资源，还能够使组织在学习过程中产生缄默知识和组织惯例。知识与惯例则可以转化为区别于其他组织的核心资产，成为组织能力的一部分，作用于组织，使组织始终保持学习的状态以促进能力的进化与发展。其三，合作网络的建构则通过促进组织内外部信息交流，实现知识共享和互动赋能。其中，信息交流对组织内部网络知识共享具有促进作用，从而提升组织的学习和创新能力；组织内外部的合作与交流有助于提高组织资源利用效率，帮助组织承担风险与责任，使组织能力得以生成与发展。其四，有效激励机制是组织能力提升的润滑剂。对组织成员行为施以高强度激励，能够使组织对所学内容反复练习，进而实现资源的优化配置和帕累托改进，进而促进能力的提升。

三是社区治理能力提升的正向反馈触发社区能力循环提升。制度、资源等要素的输入是组织能力提升的起点，组织学习、建构合作网络以及行使有效激励机制，使外部输入的要素在组织内部得到有效整合，促使组织能力的发展迈入新的阶段。外部要素的输入与内部力量的整合使"公益创投"的外在目标——亮点项目得以生成，同时也促进了内在目标的达成即社区治理能力的提升。亮点品牌项目得以反馈给"公益创投"的发包方——政府，使社区获得更多的外部要素。而组织能力的提升又会促使新一轮"公益创投"的开启，组织能力的提升由此也进入新一轮循环。

（二）意义

笔者的研究结论具有以下理论意义：以往组织能力的相关研究，或寻找组织能力的影响要素，或将组织能力作为自变量探究它与居民幸福感、政府满意度等变量的关系，对于能力机制的研究较少；而"公益创投"的相关理论研究则往往在"项目制"讨论中侧重研究

第十章 党培能力：基于"公益创投"项目制的一个考察 245

"公益创投"对社区的静态资源输入及其结果。笔者基于动态能力理论，揭示了"公益创投"的过程实质上是对社区"行动赋能"的过程，包含"外部静态要素输入"与"内部力量整合"两大维度，刻画了要素输入、组织学习、建构合作网络、有效激励四大行动赋能机制，从而进一步丰富了对"公益创投"的概念化认知，揭示了社区治理能力提升机制的内在逻辑，深化了组织能力的相关研究。此外，本书还拓展了"项目制"的讨论：一方面，在以往研究关注的"项目制""外部静态要素输入"之外，拓展至对"内部力量整合"维度的关注；另一方面，验证了项目制对社区治理能力提升的积极作用，突破了"内卷化叙事"。

笔者的研究结论对社区能力建设实践具有积极价值。社区治理能力的提升需要关注资金、技术、制度等资源的输入，更重要的是要建构治理主体间的合作网络，实现组织学习和有效激励，以促进行动赋能。

尾 声

走向党全面领导的社区合作治理

一 党全面领导的社区合作治理：新时代社区治理新格局

党的十九大报告指出："经过长期努力，中国特色社会主义进入了新时代，这是我国发展新的历史方位。"这意味着，中国共产党引领下的国家与社会治理展开了新的篇章，在社区治理领域，中国特色社会主义新时代背景赋予了社区治理全新格局。研究表明，新时代背景下，中国共产党在社区治理中发挥着重要作用，中国共产党引领政府、社会以及社区、居民合作共生，形成了党全面领导城市基层治理的合作治理新格局。

（一）党建引领统筹多元主体，构建社区合作治理格局

中国共产党作为一个行动主体，突破了传统的"国家—社会"二分法的解释，扎根社区，并且凝聚起社区社会组织，给予社区治理各主体以权力与资源，充分调动起各主体参与城市社区公共事务治理的积极性与主动性，实现了党的"有效在场"。研究表明，在治理结构方面，在党建引领社区治理的实践过程中，各治理主体之间呈现出"一核多元"治理结构，以社区党委为核心，社区多元主体共同参与，进一步厘清了各个治理主体的地位、角色、分工与作用。在治理机制方面，党建引领下的城市社区治理呈现出"一体三化"的治理特征与"驭繁为简"的治理趋势,在提升城市社区民主自治、社会服务、教育文化、卫生环境、社区治安以及社区党建等职责事项的承载能力中,持续推进打造"复杂问题、简约治理"的基层治理"样板"。在组织架构方面,党建引领的社区治理继续深化了"纵向到底、横向到边"的治理组织模式,在纵向上通过治理重心下移、治理空间重塑、治理主体扩展、治理手段优化等将党的力量贯穿到了社区治理的最基层;在横向上以街道社区党组织为核心,有机联结单位、行业及各领域党组织,实现了组织共建、资源共享、机制链接、功能优化的系统建设和整体建设。由此,形成了党建引领下的社区治理多元主体权责分明、协调统一、相互配合、科学规范的合作治理格局。

(二)党建引领助推社会成长,完善社区合作治理体制

党建引领社区对社会进行普遍性赋权,社会成员的权利意识与自觉参与意识被激发,社区与民众之间的链接渠道被打通,逐渐形成了以社区党员群众服务中心为核心的交流链条,为共同体的形成打下了基础。从文化入手,培植党建引领市场参与社区文化治理的氛围,在社区内部实现文化服务的供给和社区治理手段的柔性,降低地方政府公共文化投入的成本,增强市场主体参与社区文化服务供给的活力,保障社区文化服务的质量和水平,促进社区文化治理"软服务"与"软治理"的双维提升。从人才入手,着力推动党管人才机制的创新与提升,规范与健全选人用人机制,实现"选人育人用人"的有机统一,凸显国家治理与社会发展中人才的重要地位。从空间入手,党建引领社区整合物理、政治、社会、情感空间,以中国共产党独特的领导优势统合社区空间治理场域中的主体、资源,实现了物理空间的再生产,从而促进了社区空间治理的升级改造。如上,加强社区内部与外部的主体能力建设,深入挖掘各主体在资源、制度、文化、空间等方面的优势,进一步提升了社区组织内部组织能力的培育,转化为组织内生的动力与核心资产,形成党建引领社区治理的核心优势。

(三)党建引领优化服务体系,打造合作治理的中国模式

治理主体之间的协作是治理过程中最艰巨也是最重要的任务。党

全面引领社区治理助推党委政府、社会以及公众进行资源、利益与情感的交流与联系，从而在治理主体之间形成了比较固定、稳定的联系，从而破解了集体行动困境，形成了党建引领下的城市社区治理合力。中国共产党作为中国最重要的政治权威力量，是使得公共事务有效运转的引领性力量，在包含群众、社会组织、企事业单位、新媒体等多方力量在内的复杂的社会网络之中发挥着领导和结构洞的作用。在公共事务的治理中，一方面，党既可以发挥领导核心的作用来主导公共事务的解决；另一方面，党也可以发挥结构洞的作用来为社会力量自主解决公共事务提供动力。由此可见，中国共产党作为一种公共权威力量，它既可以直接塑造秩序也可以间接引导秩序的生成，从而完善与深化党委领导、政府负责、社会协同、民众参与、法治保障的城市社区国家治理格局，不断优化社区治理的动力机制，进而构成生动活泼的话语体系和具有生命力的党建引领社区治理的实践体系。

二　党全面领导的社区合作治理的深层逻辑

理论与实践研究表明，社区治理面临着行政碎片化与集体行动困境双重难题，中国国家治理的理论路径表明，中国共产党作为我国国家权力与组织体系的核心，通过厘清社区治理主体的权利与责任范畴、权力下沉盘活社区资源圈层以及规范建设、价值引领、强化服务等方式不断完善与提升自我认同、社会认同与公众认同，实现了党建引领社区的合法性重塑。由此，党全面领导城市基层治理的互构型合作治理格局建立起来，形成了"党进、政转、社增、民参"的社区治理新进路，擘画了党建引领基层社会合作治理的新蓝图。本书在学界关于党领导社区治理的党建与治理两种研究进路的基础上，进行了深化研究与阐释，初步形成了党全面领导社区合作治理的治理模式变化与治理优势分解两大模块的内容。

（一）转型与建设：党全面领导社区合作治理的治理模式变化

新时代背景下，中国共产党在社区治理中发挥着重要作用，在组织架构、组织模式、治理机制、人才队伍建设、治理主体间关系方面进行了全面深化与改革，形成了以中国共产党为领导核心的社区合作治理新格局。

在组织架构方面，党全面领导社区治理完善了"纵向到底"的下沉格局。本书沿循既有研究，引入结构性视角，系统分析纵向组织下沉的制度背景、运行机制、实践效度、现实困境以及未来发展路径。研究发现，中国共产党全面领导社区治理单元下移，通过加强社区内部党组织建设，将党的治理体系延伸至"党员中心户"；同时，实现了治理主体扩展，从党组织内部挖掘新旧精英，从党组织外部引入下沉力量，从而增强了党组织在基层的领导与组织力量；通过重塑治理空间，以党领共治为核心，推动治理尺度实现再生产。这在基层产生了比较显著的效应效度，如，重塑了社区内部治理结构，构建了"社区—小区/院落/自然村—楼栋/村民小组/居民小组—党员中心户"的四级社区治理结构；覆盖了基层党组织末端，完善了基层党组织体系；社区治理趋于精细化，党建引领社区治理推进纵向下沉，丰富社区治理层级，在社区内部形成多级治理结构；社区居民获得感提升，党建引领城市社区治理的重要主体就是居民，纵向结构的下沉对于团结居民、发动居民以及引导居民起到了重要的作用。由此，党建引领社区治理的组织架构实现从"有形"到"有效"的转变，纵向下沉落到实处、落到根本。

在组织模式方面，党全面领导社区治理拓展了"横向到边"的组织网络。本书以组织网络的视角分析党全面领导社区治理在横向组织结构方面的延伸与发展，从学理上解开了"区域化党建何以有效"的难题，以区域化党建为切口透视党建引领基层治理的内在逻辑。研究发现，近年来，党推动社区从职域党建逐渐向区域化党建转型升级，通过分发挥街道"资源统筹、条块整合"作用，发挥社区"上下沟通、左右联动"的独特作用，建立健全社区"大党委"机制，搭建共建平台；通过建立健全街道"大工委"社区"大党委"工作机制、联席会议制度、清单项目制，健全共治机制；通过共享区域资源、共解区域难题、延续协作机制、共享治理成果，初步建成并完善了区域化党建的互动式协同，在建构阶段进行合法性管理、在动员阶段进行责任承诺管理、在综合阶段进行冲突管理、在激活阶段进行内生动力管理，从而建立起社区"有领导的组织网络"，社区党组织充分承担起管理和领导的责任，负责网络的正常运转，形成了行之有效的区域化党建，也构成了党全面引领社区合作治理的横向治理模式。

在治理机制方面，党全面领导社区治理进入了"从管理转向服务"的新阶段。本书以"嵌入式治理"视角，阐释了基层党组织作为基层社会治理的核心主体，以组织动员嵌入、资源服务嵌入以及目标价值嵌入等方式进入基层社会治理，实现基层党组织的嵌入性建设与党全面领导基层社会治理的主导性发展。具体而言，基层党组织通过组织动员嵌入、资源服务嵌入、目标价值嵌入构建起了党建嵌入社区治理的逻辑链条、重要载体以及最终目的。总体而言，我国城市社区治理创新机制呈现"一体三化"的治理特征与"驭繁为简"的治理趋势，在提升城市社区对民主自治、社会服务、教育文化、卫生环境、社区治安以及社区党建等职责事项的承载能力中，持续推进打造"复杂问题、简约治理"的基层治理"样板"，实现党全面领导社区治理的"四化服务"，即创新简约治理的"一体化"机制、创新动态治理的"高效化"机制、创新精细治理的"类型化"机制、创新自主治理的"弹性化"机制。在此基础上，实现社区治理机制从管理导向逐渐调转为服务导向，营造"社区为人人，人人为社区"的良好氛围。

在干部队伍建设方面，党全面领导社区治理创新选贤任能新模式。本书充分挖掘了新时代党全面领导社区治理的人才培养新思路。研究表明，在党全面领导社区治理的具体实践中，不断发掘治理人才、壮大治理队伍、提升治理能力，探索出"过程完备、立体开放"的人才培养模式，以独特经验创新了社区治理中的找到"人"、凝聚"人"以及用好"人"的现实路径。概括而言，主要有三点：党管人才原则下的"选育用"全过程培养；一专多能需求下的"传帮带"立体化培养；科学育才理念下的"学评比"开放式培养。由此，逐渐形成了以"党管人才"为核心的选贤任能模式，保障了社区治理人才的挖掘与培养以及社区治理主体的动员与整合，为社区党建育才的使命定位提供了价值基础，为社区党建育才的科学运行提供了机制保障，也为社区党建育才的持续发展提供了动力支撑，有效转化为国家与社会治理的显著成效。

在治理主体间关系方面，党建引领社区治理形成"一核多元"新格局。本书以合作治理与元治理的理论视角分析社区治理主体之间的关系。研究表明，在我国社区治理的实践中，各地基本形成了"一核多元"的治理结构，即以社区党委为核心，社区多元主体共同参与，党组织作为社区治理和服务的主心骨，在社区治理中发挥着"一核多元"与"一核多能"的治理核心作用和多重服务功能。在社区治理内部，基层党组织作为社区治理"三驾马车"的方向盘，具有法定的领导地位，对于社区居委会、业委会与物业公司的职能分工、主体间关系具有指导作用，呈现出党组织全面领导、社区治理内部主体融合深度发展的趋势。在社区治理外沿，基层党组织充分链接政府、社区社会组织、辖区企业、驻区单位等主体及资源，为社区治理筹集力量。总而言之，在以社区党组织为核心的"一核多元"治理结构中，基层党组织以"促进居民参与、巩固居民自治"为本位，通过发挥党组织在"平台搭建、自治引领、联动整合"等方面的核心作用，实现"引外助内、以外活内、共融共治"，推动社区治理体系和治理能力现代化。

（二）发展与升级：党全面领导社区合作治理的治理维度提升

近年来，党建引领城市基层治理逐渐显露优势，在社区文化、社区空间、社区自治、社区能力方面发挥了重要作用，党全面领导社区合作治理推动了社区治理各个维度的发展与升级。

在社区文化建设方面，党全面领导社区治理实现了社区"软服务"与"软治理"的双维提升。当前，社区文化治理中存在行政主导下自上而下的"文化下乡"和社区内部自下而上的"文化饥饿"两者之间的结构性困境，以及社区文化治理资源向文化治理优势转化的功能性困境，导致社区文化服务和文化治理存在着结构性和功能性短板。本书以文化治理理论视角切入，采取综合主义的进路，兼顾文化治理的功能性、服务性、过程性和场域性，对党建引领下的社区文化治理现状、优势、困境与途径进行解析。研究发现，党建引领社区文化治理能够实现政治、社会与市场三大面向下的治理目标，其原理在于：一是通过党建引领社区文化治理，增强了社区政治认同，确立了政治统治的合法性目标，维护了政治制度和政治秩序。二是通过党员带动社区居民参与文化治理，一方面，在社区树立起新的社区风尚，融合了社区关系，调和了利益冲突，提升了社区凝聚力，推动了社区治理共建共治共享目标的实现；另一方面，社区党组织凭借情感优势和信任优势，通过党员干部的带头示范，充分调动社区居民参与社区文化建设的积极性，为社区文化定性、方向定位、原则定调，推动社区公共文化服务的自主性和内部性生产。三是通过社区党组织的统筹协调监督，克服了行政主导下"不经济"的文化服务供给，保障了市场主体的文化服务质量。总之，党建引领社区文化治理能够从社区外部建构起政府、市场与社会三者协同联动的主体架构与合作模式，从社区内部培植和繁育出满足社区公共文化治理需要的先进文化和治理资本，极大推动了社区共建共治共享的社会治理体系建设，提升了社区公共文化服务质量和水平，实现了社区"软服务"与"软治理"的双维提升。

在社区空间建设方面，党全面领导社区治理实现了社区公共空间生产与社会建设。本书以空间生产为理论基础，阐释了空间生产视角下党全面领导基层治理的逻辑，回应社区公共空间改造这一社会实践问题背后所映射的国家治理格局演变的趋势。研究发现，在城市基层治理场域中，中国共产党是重要的助推主体，在城市空间更新过程中扮演着重要角色，也具有先天性优势。第一，党建引领基层治理意味着权力与资源的同步下沉；第二，党建引领城市基层治理彰显了党的组织与治理能力；第三，党建引领城市基层治理的过程也是提升合法性认同的过程。在城市社区空间改造过程中，党建引领城市社区空间通过政党权威在场建构社区政治空间、社区文化记忆唤醒邻里情感空间、多元主体参与凝结基层社会空间实现了权力体系、参与体系与文化体系有机链接，赋予了城市社区空间多重属性。在这一过程中，形成了基于政党权威在场的政治空间、多元主体参与的社会空间以及文化联结邻里的情感空间，三者相互作用。城市社区空间从个体孤立、隔绝的单元空间逐渐转换建构成为整体相通、黏合的社区公共空间，由此基层党组织完成了对于社会主体的凝结，即党建社会的过程。

在社区自治方面，党全面领导社区推进社区公共事务实现自主治理。本书在自主治理理论的基础上分析党组织有效介入社区治理并梳理社区自治的内在逻辑，揭示社区作为"共治"场域通过中国特色治理机制突破公共事务有效治理困境的内在逻辑。研究表明，党全面领导社区公共事务治理呈现出一种统合型自主治理的态势，党组织的治理嵌入能够以公共权威的身份作为社区的外生力量，在社区内生力量不足的情况下充当驱动器、构建赋权机制，使得社区自主治理转动起来，破解自主治理和公共事务解决的内生性困境。具体而言，第一，通过党组织动员引导社区制度供给，实现权威服从创造自治前提；第二，党组织嵌入达成社区可信承诺，实现权威在场生成治理信任；第三，通过党组织裁判助推社区监督，实现权威认同化为遵守动力。由此，基于党建动员、党建嵌入和党建权威的支撑，社区的集体行动得以达成，自主治理得以实现。

在社区组织能力方面，党全面领导社区治理实现行动赋能。本书基于动态能力理论，解释了基层党组织对社区"行动赋能"的过程，包含"外部静态要素输入"与"内部力量整合"两大维度，刻画了要素输入、组织学习、建构合作网络、有效激励四大行动赋能机制。研究表明，社区组织能力的提升是一个动态的过程，且具有复杂性。社区组织能力深深嵌入资源、制度、文化等组织内外部环境中，资源、制度等外部要素的输入，经过组织学习等内部力量的整合便可以转化为组织的内生动力与核心资产，一方面可以促进组织目标的实现；另一方面可以推动组织能力的提升。社区组织能力的提升还会催发新一轮合作网络的达成与组织学习的开始以及有效激励的进行，组织由此进入发展的新循环，组织能力在此过程中也会得到及时发展，从而完成党建引领社区实现能力提升的过程。

三　本书的理论意义、政策启示与未来展望

新时代背景下，党建引领社区总体上呈现出以党组织为核心的合作治理态势，发展过程中也难免存在一些过程性问题，大部分存在于治理体制扭转不彻底、治理资源集聚不到位、治理理念不匹配以及治

理主体间关系尚浅薄等方面。这些问题并不是不可解决,而是在党全面领导社区合作治理过程中所必须经历的障碍。认清这些障碍对于加快实现新时代党建引领社区治理具有重要意义,也对未来的研究提出了要求。

(一)本书的理论意义

党全面领导社区合作治理是新时代背景下国家治理的重要向度,研究这一课题对于理解国家治理格局的变革趋势具有重要意义。本书注重以实践路径观察党全面领导社区治理格局的形成与变化,同时注意理论的关切,具有较强的理论与实践意义。

第一,本书有助于理解党全面领导社区治理的概念、内容以及特征。本书在学界研究的基础上,对于党全面领导社区合作治理的各个维度进行了细致的剖析。研究表明,党通过纵向组织结构、横向组织结构、治理机制、人才干部队伍选拔模式、治理主体间格局等方面的变革初步构成了党全面领导社区的基本框架,而后对社区空间、社区文化、社区自治以及社区能力等维度进行了系统研究。由此,通过本书的阐释,读者对于党全面领导社区治理有了一个比较清晰、全面的认知,打开了党全面领导社区治理的"黑箱",也有助于实践管理者准确把握党全面领导社区治理的"牛鼻子",在借鉴其他地区经验的基础上,完善升级党全面领导社区治理的格局。

第二,本书有助于学界追踪党全面领导社区治理的实践动态。进入新时代以来,党全面领导社区治理出现了许多新的发展形态、新的治理模式、新的趋势走向,这对于理论研究而言既是挑战也是机遇。本书立志于追踪党全面领导社区治理的前沿变化,对于党全面领导社区治理过程中的新现象、新变化进行了过程追踪,并以适恰的理论视角与框架进行解释分析,从而进一步凝练党全面领导社区治理的经验。

第三,本书有助于开拓中国治理情境下党全面领导社区治理的原创理论。从理论角度而言,本书致力于探索中国治理语境下党全面领导社区治理的实现路径与内在逻辑。针对当前研究的国际对话薄弱问题,本书围绕政党治理和民主治理开展中西学术对话,回应和矫正政治偏见和意识形态偏见，从而有助于我们增强道路自信、理论自信、制度自信、文化自信。再者，本书试图从克服人类集体行动困境这一问题出发，基于合作治理理论的基本思路，观察我国党全面领导社区治理的实践，扩展并修正合作治理理论，解释中国共产党全面领导社区治理的优势，形成了关于这一问题的国际对话。

（二）本书的政策启示

如前所述，党建引领社区治理具有独特优势，在纵向治理体系、横向治理格局、治理机制、人才队伍建设、社区治理主体间关系等方面实现了全新的改革与转型，而后在社区文化、社区空间、社区能力以及社区自治等方面充分发挥了党全面领导社区合作治理的优势与作用，形成了党全面领导社区合作治理的新格局。目前来看，党全面领导社区合作治理机制仍有一些地方需要优化。

第一，坚持党建引领，强化共建共治共享价值认同建设。社区党组织应通过政治领导、组织引领、价值引导等手段，将共建共治共享价值深植于社区居民的价值观念中，这对于增强基层社会治理共同体认同以及群众公共价值共享具有重要意义。与此同时，加强对社区生活中大小事宜和文化诉求的回应反馈，以此不断提升社区居民的认同感与归属感。

第二，理顺主体间关系，完善合作治理资源链接。着重以多种方式激活潜在治理主体的参与动机，降低治理主体参与社区治理的障碍与成本，促进治理主体深度参与社区公共事务的治理，以中国共产党为领导核心，进一步优化党与各组织之间的关系网络，充分调动各方力量参与社区治理。与此同时，加强以党为核心的资源链接与整合，实现社区各主体的增量发展，在社会影响力、社会声誉、市场价值和各类资源良性发展的基础之上，实现资源的"交换"和有效利用，并扮演好引导者、组织者和协调者的角色，运用这些资源并将其转化为惠及社区居民的服务项目和志愿活动。

第三，继续深化合作治理体制，增强合作治理能力。进一步完善社区纵向、横向结构体制，通过建立区域化党建工作的反馈机制，积极联动各成员单位结合自身特色、优势与资源，开展专业化、精细化服务供给，激发组织创造力，促进合作治理体制走向制度化与规范化。深度挖掘各治理主体的作用与能力，寻求各方主体合作治理的契合点，在推动党建引领社区合作治理体制完善的基础上，增强党全面领导社区合作治理的能力。

第四，创新社区治理方式，推动社区服务转型升级。首先，拓展服务内容，与时俱进，以清单制、项目制等创新形式开展社区治理工作，增大社区服务活动的渗透性与覆盖面，建构完善的服务体系。其次，充分结合技术赋权的时代优势，加强社区服务的技术创新，利用互联网、大数据等信息技术手段，引入人工智能、算法推荐等前沿信息技术，打造并完善社区智慧党建平台，创新线上线下资源的联接与配置方式，以资源供给精准化、多元化推进社区服务精细化、丰富化。

（三）本书的未来展望

党的十九届六中全会决议指出，坚持党的领导是中国共产党百年奋斗的历史经验，强调"充分发挥党的领导政治优势，把党的领导落实到党和国家事业各领域各方面各环节"。这提示我们，加强和创新基层社会治理，进一步推进基层治理体系和治理能力现代化，关键是要加强党的全面领导。研究表明，党全面领导社区治理具有深刻的理论背景与时代背景，时代的巨变带来经济与社会的快速发展，也进一步加速国家与社会治理格局的变迁，党全面领导社区合作治理处于重要的"窗口期"。

第一，建立社区时空链接，开拓立体化研究。党全面领导社区合作治理过程中，时间与空间都是非常重要的元素。本书表明，从空间上来讲，党全面领导社区治理融合物理空间、政治空间、社会空间与情感空间，实现了空间的多维度统一，这一发现将党全面领导社区合作治理的空间纵深变化充分展现出来。与此相对应，党全面领导社区合作治理这一治理实践在各个时间点与不同发展阶段呈现出不同的发展特点。这也是应该重点关注的，也是本书未来拓展的重要方向，即建立社区时空链接，将时间维度的社区与空间维度的社区充分结合，从而开展党全面领导社区合作治理的立体化研究。

第二，深度挖掘合作治理细节，尝试精细化研究。对于任何一项治理实践而言，既有外沿大框架的阐释与理解，也应有内在细节的描述与挖掘。党全面领导社区治理作为一项成功的治理实践，其中各项制度与政策的执行过程都值得挖掘，特别是国家治理过程中涌现出来的新政策与制度。与此同时，从制度与政策执行细节入手，给予党全面领导社区治理这一治理实践以更深刻的理论洞察，对于挖掘党全面领导社区合作治理的细节、尝试开展精细化研究具有重要意义，也是未来研究的重要走向。

第三，拓展社区治理研究视域，开展类型化研究。党全面领导社区治理，意味着在社区治理领域开展研究，而社区虽小，研究内容却不少。对于当前党全面领导社区治理的研究而言，仍有许多治理内容、治理机制与治理模式没有容纳进来，仅靠一项研究无法穷尽所有类型的社区治理方式，且随着时代的发展，经济社会的快速发展必然还会带来更多的社区治理新图景。因此，在党全面领导社区治理的后续研究开展过程中，应该进一步拓展社区治理的研究视域，观察各类创新实践与治理模式，开展类型化研究。

第四，融合多学科与理论视野，进行创新化研究。本书基于治理与合作治理理论，对党全面领导社区治理进行了全景描述与深度阐释。对于当前党全面领导社区治理的实践而言，这一理论背景与框架具有较强的适恰性，能够很好地解释党全面领导社区治理的概念、内容、维度等。在多学科融合发展的现代社会科学研究中，党全面领导社区治理也可以从其他学科与理论流派中汲取营养，创新治理模式与机制，这对于增进党全面领导社区治理的创新化研究具有重要意义。

主要参考文献

一 著作类

《毛泽东选集》第 2 卷，人民出版社 1991 年版。

《习近平谈治国理政》第 2 卷，外文出版社 2017 年版。

包亚明：《现代性与空间的生产》，上海教育出版社 2003 年版。

韩福国：《开放式党建：协商民主与群众路线的融合》，上海人民出版社 2013 年版。

何艳玲：《人民城市之路》，人民出版社 2022 年版。

胡鞍钢：《中国集体领导体制》，中国人民大学出版社 2013 年版。

黄宗智：《经验与理论：中国社会、经济与法律的实践历史研究》，中国人民大学出版社 2007 年版。

李侃如：《治理中国：从革命到改革》，中国社会科学出版社 2014 年版。

林尚立：《中国共产党与国家建设》，天津人民出版社 2017 年版。

罗峰：《嵌入、整合与政党权威的重塑：对中国执政党、国家和社会关系的考察》，上海人民出版社 2009 年版。

司汉武：《制度理性与社会秩序》，知识产权出版社 2011 年版。

孙江：《空间生产——从马克思到当代》，人民出版社 2008 年版。

田凯：《组织理论：公共的视角》，北京大学出版社 2020 年版。

王海峰：《干部国家——一种支撑和维系中国党建国家权力结构及其运行的制度》，复旦大学出版社 2012 年版。

夏建中：《中国城市社区治理结构研究》，中国人民大学出版社 2012 年版。

俞可平等:《中国公民社会的兴起与治理的变迁》,社会科学文献出版社2002年版。

张永宏主编:《组织社会学的新制度主义学派》,上海人民出版社2007年版。

[美]张郦:《城市里的陌生人:中国流动人口的空间、权力与社会网络的重构》,袁长庚译,江苏人民出版社2013年版。

[丹麦]扬·盖尔:《交往与空间》,何人可译,中国建筑工业出版社2002年版。

[法]亨利·列斐伏尔:《空间的生产》,刘怀玉等译,商务印书馆2022年版。

[法]亨利·列斐伏尔:《空间与政治(第二版)》,李春译,上海人民出版社2015年版。

[法]米歇尔·福柯:《个体的政治技术》,汪民安等编,北京大学出版社2010年版。

[法]让·马克·夸克:《合法性与政治》,佟心平、王远飞译,中央编译出版社2002年版。

[加]贝淡宁:《贤能政治:为什么尚贤制比选举民主制更适合中国》,吴万伟译,中信出版社2016年版。

[美]埃莉诺·奥斯特罗姆:《公共事务的治理之道》,余逊达、陈旭东译,上海译文出版社2012年版。

[美]丹尼斯·朗:《权力论》,陆震纶、郑明哲译,中国社会科学出版社2001年版。

[美]费佛等:《组织的外部控制:对组织资源依赖的分析》,闫蕊译,东方出版社2006年版。

[美]加布里埃尔·A.阿尔蒙德:《比较政治学:体系、过程和政策》,曹沛霖等译,上海人民出版社1987年版。

[美]莱斯特·M.萨拉蒙:《公共服务中的伙伴》,田凯译,商务印书馆2008年版。

[美]尼古拉斯·伯格鲁恩、内森·加德尔斯:《智慧治理:21世纪东西方之间的中庸之道》,朱新伟等译,格致出版社、上海人民出

版社 2013 年版。

［美］乔尔·S. 米格代尔：《社会中的国家》，李杨、郭一聪译，张长东校，江苏人民出版社 2013 年版。

［意］安东尼奥·葛兰西：《狱中札记》，葆煦译，人民出版社 1983 年版。

［英］彼得·桑德斯：《社会理论与城市问题》，郭秋来译，江苏凤凰教育出版社 2018 年版。

［英］卡尔·波兰尼：《大转型：我们时代的政治与经济起源》，冯钢、刘阳译，浙江人民出版社 2007 年版。

［英］曼纽尔·卡斯特：《网络社会的崛起》，夏铸九等译，社会科学文献出版社 2003 年版。

［英］托尼·本尼特：《文化与社会》，王杰译，广西师范大学出版社 2007 年版。

［德］马克斯·韦伯：《经济与社会》（第 1 卷），阎克文译，上海人民出版社 2010 年版。

Arendt H., *The Human Condition*, University of Chicago Press, 2013.

Castells M., *The City and the Grassroots: A Cross-Cultural Theory of Urban Social Movements*, University of California Press, 1983.

De Certeau M., *The Practice of Everyday Life. Berkeley and Los Angele*, University of California Press, 1984.

Edward W. Soja, *Seeking Spatial Justice*, University of Minnesota Press, 2010.

Elinor Ostrom, *Governing the Commons: The Evolution of Institutions for Collective Action*, Cambridge: Cambridge University Press, 1990.

Geddes P., *Cities in Evolution: an Introduction to the Town Planning Movement and to the Study of Civics*, London, Williams, 1915.

Karl Polanyi., *The Great Transformation: The Political and Economic Origins of Our Time*, Boston: Beacon Press, 2001.

Lefebvre H., *The Production of Space*, Translated by Donald Nicholson-Smith, Blackwell Ltd, 1991.

Lieberthal, K., Oksenberg, M., *Policy Making in China: Leaders, Struc-

tures, *and Processes*, Princeton: Princeton University Press, 1988.

Martina Low., *The Sociology of Space*: *Materiality*, *Social Structures and Action*, New York: Palgrave Macmillan Press, 2016.

Massey, D., *Spaces of Politics in Human Geography Today*, Cambridge: Polity Press, 1999.

Nelson, Richard ed and Winter, SG., *An Evolutionary Theory of Economic Change*, Cambridge, MA: The Belknap Press of Harvard University Press, 1982.

Seamon D., *A Geography of the Lifeworld*: *Movement*, *Rest and Encounter*, New York: St Martin's Press, 1979.

Tuan, Y. F., *Topophilia*: *A Study of Environmental Perception*, Englewood Cliffs, N J: Columbia University Press, 1974.

二 论文类

曹海军:《党建引领下的社区治理和服务创新》,《政治学研究》2018年第1期。

曹海军、曹志立:《新时代村级党建引领乡村治理的实践逻辑》,《探索》2020年第1期。

曹海军、鲍操:《社区治理共同体建设——新时代社区治理制度化的理论逻辑与实现路径》,《理论探讨》2020年第1期。

曹海军、刘少博:《新时代"党建+城市社区治理创新":趋势、形态与动力》,《社会科学》2020年第3期。

曾莉、周慧慧、龚政:《情感治理视角下的城市社区公共文化空间再造——基于上海市天平社区的实地调查》,《中国行政管理》2020年第1期。

陈柏峰、石建:《党建引领嵌入社区治理的机制研究——以豫东B街道"红色物业"为例》,《江苏大学学报》(社会科学版)2022年第5期。

陈翠芳:《葛兰西"文化领导权"的中国解读》,《马克思主义研究》2011年第10期。

陈东辉:《基层党建引领社会治理创新的探索与路径》,《理论与改革》2019年第3期。

陈辉：《选贤任能干部制度效能及其实现机理解析》，《行政论坛》2020年第2期。

陈家喜：《反思中国城市社区治理结构——基于合作治理的理论视角》，《武汉大学学报》（哲学社会科学版）2015年第1期。

陈家喜：《百年大党的干部选拔任用制度：历史脉络与经验解构》，《上海大学学报》（社会科学版）2021年第4期。

陈亮、李元：《去"悬浮化"与有效治理：新时期党建引领基层社会治理的创新逻辑与类型学分析》，《探索》2018年第6期。

陈明：《村民自治："单元下沉"抑或"单元上移"》，《探索与争鸣》2014年第12期。

陈潭：《第三方治理：理论范式与实践逻辑》，《政治学研究》2017年第1期。

陈伟东、李雪萍：《社区行政化：不经济的社会重组机制》，《中州学刊》2005年第2期。

陈伟东：《赋权社区：居民自治的一种可行性路径——以湖北省公益创投大赛为个案》，《社会科学家》2015年第6期。

陈秀红：《从"治理共同体"到"生活共同体"：党建引领基层治理的社会整合功能实现逻辑》，《北京行政学院学报》2022年第3期。

陈毅、阚淑锦：《党建引领社区治理：三种类型的分析及其优化——基于上海市的调查》，《探索》2019年第6期。

成为杰：《从空间意识到党建规划：党的建设的空间政治视角解析》，《中共福建省委党校学报》2016年第6期。

程熙：《嵌入式治理：社会网络中的执政党领导力及其实现》，《中共浙江省委党校学报》2014年第1期。

邓帅：《党的选贤任能制度：探索历程、价值效能、优化路径——基于国家治理现代化视角的考察》，《宁夏社会科学》2022年第6期。

范明林：《非政府组织与政府的互动关系——基于法团主义和市民社会视角的比较个案研究》，《社会学研究》2010年第3期。

方亚琴、夏建中：《社区治理中的社会资本培育》，《中国社会科学》2019年第7期。

符平、卢飞：《制度优势与治理效能：脱贫攻坚的组织动员》，《社会学研究》2021 年第 3 期。

傅才武、秦然然：《中国文化治理：历史进程与演进逻辑》，《兰州大学学报》（社会科学版）2022 年第 3 期。

高恩新：《技术嵌入城市治理体系的迭代逻辑——以 S 市为例》，《江苏行政学院学报》2020 年第 6 期。

郭晟豪、萧鸣政：《以选贤任能促进国家治理效能提升》，《国家现代化建设研究》2022 年第 4 期。

韩冬雪、胡晓迪：《社区治理中的小区党组织：运作机理与治理效能——基于党、国家与社会关系的研究》，《行政论坛》2020 年第 3 期。

韩燕、何欢、张琴、郭艳：《宗族组织、权威人物和农民进城对农村公共物品供给的影响——以川南乡村筹资修建"户户通"公路为例》，《公共管理学报》2021 年第 2 期。

何瑞、吴旭红：《从商品空间到权利空间：制度化社区空间的再生产——基于湖畔社区"车位之争"的案例分析》，《甘肃行政学院学报》2021 年第 5 期。

何绍辉：《党建引领与城市社区治理质量提升》，《思想战线》2021 年第 6 期。

何艳玲：《中国行政体制改革的价值显现》，《中国社会科学》2020 年第 2 期。

何艳玲、王铮：《当代中国社会治理变迁逻辑分析》，《国家现代化建设研究》2022 年第 1 期。

胡惠林：《国家文化治理：发展文化产业的新维度》，《学术月刊》2012 年第 5 期。

胡敏中：《论公共价值》，《北京师范大学学报》（社会科学版）2008 年第 1 期。

胡平江、刘思：《便于自治：探索村民自治基本单元的组织基础》，《内蒙古大学学报》（哲学社会科学版）2018 年第 2 期。

胡小君：《从分散治理到协同治理：社区治理多元主体及其关系构建》，《江汉论坛》2016 年第 4 期。

黄六招、顾丽梅：《超越"科层制"：党建何以促进超大社区的有效治理——基于上海Z镇的案例研究》，《经济社会体制比较》2019年第6期。

黄培伦、尚航标、李海峰：《组织能力：资源基础理论的静态观与动态观辨析》，《管理学报》2009年第8期。

黄晓星：《"上下分合轨迹"：社区空间的生产——关于南苑肿瘤医院的抗争故事》，《社会学研究》2012年第1期。

黄晓春：《党建引领下的当代中国社会治理创新》，《中国社会科学》2021年第6期。

黄意武、李露：《城市基层党建与社会治理创新的互动关系研究》，《中州学刊》2017年第10期。

黄宗智：《集权的简约治理——中国以准官员和纠纷解决为主的半正式基层行政》，《开放时代》2008年第2期。

贾晓芬：《文化治理视域下的公共文化服务供给能力》，《国家治理》2016年第30期。

姜晓晖：《公共部门的组织学习何以优化？——基于"学习进程—角色互动—知识管理"的思考》，《学习与实践》2019年第9期。

姜晓萍、田昭：《授权赋能：党建引领城市社区治理的新样本》，《中共中央党校（国家行政学院）学报》2019年第5期。

靳永翥、赵远跃：《辐射型多元诉求与前瞻性权威介入：公共政策如何在公共价值冲突中实现"软着陆"》，《行政论坛》2020年第6期。

景小勇：《国家文化治理体系的构成、特征及研究视角》，《中国行政管理》2015年第12期。

景跃进：《党、国家与社会：三者维度的关系——从基层实践看中国政治的特点》，《华中师范大学学报》（人文社会科学版）2005年第2期。

景跃进：《将政党带进来——国家与社会关系范畴的反思与重构》，《探索与争鸣》2019年第8期。

孔凡义、阮和伟：《动员、嵌入和整合：党组织引领基层社会治理的三种机制》，《学习与实践》2022年第2期。

孔娜娜、张大维：《嵌入式党建：社区党建的经验模式与路径选择》，《理论与改革》2008年第2期。

兰旭凌：《风险社会中的社区智慧治理：动因分析、价值场景和系统变革》，《中国行政管理》2019年第1期。

李斌、王杰：《政党整合社区：从生活共同体到治理共同体的社区建设进路》，《广西社会科学》2022年第2期。

李春根、罗家为：《从动员到统合：中国共产党百年基层治理的回顾与前瞻》，《管理世界》2021年第10期。

李浩、原珂：《新时代社区党建创新：社区党建与社区治理复合体》，《科学社会主义》2019年第3期。

李浩昇：《城市社区治理结构中的主体间冲突及其协调》，《东岳论丛》2011年第12期。

李华胤：《走向治理有效：农村基层建制单元的重组逻辑及取向——基于当前农村"重组浪潮"的比较分析》，《东南学术》2019年第4期。

李朔严、王名：《政党统合与基层治理中的国家—社会关系》，《经济社会体制比较》2021年第2期。

李威利：《从职域到区域：中共百年城市基层组织建设的转型发展》，《党政研究》2021年第2期。

李艳丰：《走向文化治理：托尼·本尼特文化研究理论范式的转型》，《华南师范大学学报》（社会科学版）2017年第3期。

李友梅、肖瑛、黄晓春：《当代中国社会建设的公共性困境及其超越》，《中国社会科学》2012年第4期。

李增元、葛云霞：《动员式治理：当代农村社区建设逻辑及后果分析》，《中州学刊》2015年第2期。

李兆瑞：《社区治理结构"逆扁平化"层级扩张的逻辑研究》，《宁夏社会科学》2021年第3期。

梁敏玲：《治理单元重构视角下城市基层治理的困境与进路——基于历史脉络的思考》，《中国行政管理》2022年第2期。

廖胜华：《文化治理分析的政策视角》，《学术研究》2015年第5期。

林闽钢：《超越"行政有效，治理无效"的困境——兼论创新社会治理体系的突破点》,《中共浙江省委党校学报》2014年第5期。

林尚立:《社区党建:中国政治发展的新生长点》,《上海党史与党建》2001年第3期。

刘安:《市民社会?法团主义?——海外中国学关于改革后中国国家与社会关系研究述评》,《文史哲》2009年第5期。

刘凤、傅利平、孙兆辉:《重心下移如何提升治理效能?——基于城市基层治理结构调适的多案例研究》,《公共管理学报》2019年第4期。

刘刚:《农地纠纷中的乡村权力与权威——对一起农地纠纷的调查分析》,《东南学术》2008年第6期。

刘红凛:《管理、服务与治理功能的政治衡平——从历史变迁看新时代基层党组织功能的新定位新要求》,《治理研究》2018年第1期。

刘厚金:《基层党建引领社区治理的作用机制——以集体行动的逻辑为分析框架》,《社会科学》2020年第6期。

刘建军:《新型精英与使命政治:共产党执政体系的干部制度基础》,《探索与争鸣》2010年第11期。

刘威、王碧晨:《流量社会:一种新的社会结构形态》,《浙江社会科学》2021年第8期。

刘笑言:《党治社会:区域化党建过程中的内卷化倾向研究》,《社会科学》2020年第6期。

刘正周:《管理激励与激励机制》,《管理世界》1996年第5期。

陆军、丁凡琳:《多元主体的城市社区治理能力评价——方法、框架与指标体系》,《中共中央党校(国家行政学院)学报》2019年第3期。

路风、慕玲:《本土创新、能力发展和竞争优势——中国激光视盘播放机工业的发展及其对政府作用的政策含义》,《管理世界》2003年第12期。

罗家德、李智超:《乡村社区自组织治理的信任机制初探——以一个村民经济合作组织为例》,《管理世界》2012年第10期。

麻宝斌、仇赟:《中国竞争性选拔干部制度变迁问题研究》,《湖南社会科学》2012年第6期。

马俊:《论智能技术对社会治理变革的影响》,《行政论坛》2022年第4期。

毛一敬:《党建引领、社区动员与治理有效——基于重庆老旧社区治理实践的考察》,《社会主义研究》2021年第4期。

孟天广、王烨:《国家治理现代化的"新叙事":转型中国的党建与国家建设》,《华中师范大学学报》(人文社会科学版)2020年第6期。

闵学勤:《社区协商:让基层治理运转起来》,《南京社会科学》2015年第6期。

彭勃、杜力:《"超行政治理":党建引领的基层治理逻辑与工作路径》,《理论与改革》2022年第1期。

彭惠青:《城市社区自治中居民参与的时空变迁与内源性发展探索》,《当代世界与社会主义》2008年第3期。

祁述裕:《国家文化治理建设的三大核心任务》,《探索与争鸣》2014年第5期。

渠敬东、周飞舟、应星:《从总体支配到技术治理——基于中国30年改革经验的社会学分析》,《中国社会科学》2009年第6期。

邵娜、张宇:《政府治理中的"大数据"嵌入:理念、结构与能力》,《电子政务》2018年第11期。

宋道雷、丛炳登:《空间政治学:基于空间转向分析框架的空间政治》,《东岳论丛》2021年第7期。

孙锋、王峰:《城市社区治理能力:分析框架与产生过程》,《中国行政管理》2019年第2期。

孙琦、田鹏:《社区文化治理体系转型及重建的实践逻辑——基于苏北新型农村社区的实地调查》,《南京农业大学学报》(社会科学版)2022年第1期。

孙涛:《新时代城市基层党建引领社会治理创新路径探析》,《新疆大学学报》(哲学·人文社会科学版)2018年第4期。

谭英俊:《批判与反思:西方治理理论的内在缺陷与多维困境》,《天府新论》2008年第4期。

谭祖雪、张江龙:《赋权与增能:推进城市社区参与的重要路径——

以成都市社区建设为例》，《西南民族大学学报》（人文社会科学版）2014年第6期。

汤玉权、徐勇：《回归自治：村民自治的新发展与新问题》，《社会科学研究》2015年第6期。

唐皇凤：《新贤能政治：我国干部选拔制度的民主化与现代化》，《复旦学报》（社会科学版）2016年第4期。

唐皇凤、赵吉：《为新贤能政治正名与辩护》，《探索与争鸣》2016年第8期。

唐皇凤、赵吉：《我国党政领导干部选拔任用制度的调适与优化》，《中共福建省委党校学报》2016年第8期。

唐文玉：《区域化党建与执政党对社会的有机整合》，《中共中央党校学报》2012年第1期。

唐文玉：《从单位制党建到区域化党建——区域化党建的生成逻辑与理论内涵》，《浙江社会科学》2014年第4期。

唐亚林：《使命—责任体制：中国共产党新型政治形态建构论纲》，《南京社会科学》2017年第7期。

唐亚林：《新中国成立以来中国共产党领导的制度优势与成功之道》，《复旦学报》（社会科学版）2019年第5期。

唐亚林：《使命型政党：从概念到理论范式的生成过程》，《开放时代》2023年第1期。

汪卫华：《群众动员与动员式治理——理解中国国家治理风格的新视角》，《上海交通大学学报》（哲学社会科学版）2014年第5期。

汪玉凯：《从习近平治国使命看全面深化改革》，《人民论坛·学术前沿》2015年第13期。

王名、蔡志鸿、王春婷：《社会共治：多元主体共同治理的实践探索与制度创新》，《中国行政管理》2014年第12期。

王浦劬、汤彬：《基层党组织治理权威塑造机制研究——基于T市B区社区党组织治理经验的分析》，《管理世界》2020年第6期。

王思斌：《中国社会工作的嵌入性发展》，《社会科学战线》2011年第2期。

王星：《利益分化与居民参与——转型期中国城市基层社会管理的困

境及其理论转向》,《社会学研究》2012年第2期。

王杨:《单位社区再组织化的网络建构逻辑——对北京市海淀区学院路街道的案例研究》,《北京行政学院学报》2021年第2期。

王永伟、马洁、吴湘繁等:《变革型领导行为、组织学习倾向与组织惯例更新的关系研究》,《管理世界》2012年第9期。

魏娜:《我国城市社区治理模式:发展演变与制度创新》,《中国人民大学学报》2003年第1期。

吴建平:《理解法团主义——兼论其在中国国家与社会关系研究中的适用性》,《社会学研究》2012年第1期。

吴理财:《文化治理的三张面孔》,《华中师范大学学报》(人文社会科学版)2014年第1期。

吴晓林:《治权统合、服务下沉与选择性参与:改革开放四十年城市社区治理的"复合结构"》,《中国行政管理》2019年第9期。

吴晓林、谢伊云:《国家主导下的社会创制:城市基层治理转型的"凭借机制"——以成都市武侯区社区治理改革为例》,《中国行政管理》2020年第5期。

吴晓林:《党如何链接社会:城市社区党建的主体补位与社会建构》,《学术月刊》2020年第5期。

吴晓林、谢伊云:《强组织的低成本撬动:党建引领城市基层群众自治制度效能转化的机制》,《广西师范大学学报》(哲学社会科学版)2021年第1期。

向德平:《社区组织行政化:表现、原因及对策分析》,《学海》2006年第3期。

谢洪明、刘常勇、陈春辉:《市场导向与组织绩效的关系:组织学习与创新的影响——珠三角地区企业的实证研究》,《管理世界》2006年第2期。

熊竞、陈亮:《城市大型社区的治理单元再造与治理能力再生产研究:以上海市HT镇基本管理单元实践为例》,《中国行政管理》2019年第9期。

徐迪、赵连章:《社区治理中基层党组织建设的功能、挑战与对策》,《社会科学战线》2015年第9期。

徐选国、吴佳峻、杨威威:《有组织的合作行动何以可能?——上海梅村党建激活社区治理实践的案例研究》,《公共行政评论》2021年第1期。

许爱梅、崇维祥:《结构性嵌入:党建引领社会治理的实现机制》,《党政研究》2019年第4期。

许晓、季乃礼:《村级党建、治理重心下移与乡村振兴——基于Y村党员"包片联户"制度的田野调查》,《西南民族大学学报》(人文社会科学版)2021年第3期。

颜玉凡、叶南客:《文化治理视域下的公共文化服务——基于政府的行动逻辑》,《开放时代》2016年第2期。

杨贵华:《重塑社区文化,提升社区共同体的文化维系力——城市社区自组织能力建设路径研究》,《上海大学学报》(社会科学版)2008年第3期。

杨其静:《企业成长:政治关联还是能力建设?》,《经济研究》2011年第10期。

杨涛:《基层社会区域化党建的治理转型运作探索——以南京市华侨路街道为例》,《中南大学学报》(社会科学版)2012年第4期。

叶敏:《政党组织社会:中国式社会治理创新之道》,《探索》2018年第4期。

易臻真:《城市社区治理的内卷化危机及其化解——以上海市J街道基层治理实践为例》,《人口与社会》2016年第1期。

詹国彬、江智灵:《组织再造、机制嵌入与党员参与基层社会治理——基于N市B区"红领之家"个案的分析》,《行政管理改革》2021年第11期。

张汉:《地域导向的党组织建构与中国新城市空间的治理——对宁波天一广场的个案研究》,《人文地理》2012年第2期。

张虎祥:《社区治理与权力秩序的重构对上海市KJ社区的研究》,《社会》2005年第6期。

张紧跟:《论使命型政党的治理机制》,《四川大学学报》(哲学社会科学版)2019年第2期。

张静:《社会治理为何失效?》,《复旦政治学评论》2016年第1期。

张康之：《政治文化：功能与结构》，《中国人民大学学报》1999年第1期。

张良：《论国家治理现代化视域中的文化治理》，《社会主义研究》2017年第4期。

张良、冷向明：《"内卷化"外的建构叙事：资源下乡与文化网络重构》，《南京农业大学学报》（社会科学版）2020年第6期。

张平、隋永强：《一核多元：元治理视域下的中国城市社区治理主体结构》，《江苏行政学院学报》2015年第5期。

张琼文、韦克难、陈家建：《项目化运作对社区社会组织发展的影响》，《城市问题》2015年第11期。

张汝立、陈书洁：《西方发达国家政府购买社会公共服务的经验和教训》，《中国行政管理》2010年第11期。

张曙光、王晓娜：《党建引领：物业纳入社区治理体系的逻辑和路径——基于北京实践的分析》，《中共福建省委党校（福建行政学院）学报》2022年第2期。

张勇杰：《多层次整合：基层社会治理中党组织的行动逻辑探析——以北京市党建引领"街乡吹哨、部门报到"改革为例》，《社会主义研究》2019年第6期。

张云翔：《区域化党建的治理价值》，《党政论坛》2017年第12期。

张振洋、王哲：《行政化与社会化之间：城市基层公共服务供给的新尝试——以上海市C街道区域化大党建工作为例》，《华中科技大学学报》（社会科学版）2017年第1期。

张振洋：《破解科层制困境：党建引领城市基层社会治理研究——以上海市城市基层党建实践为例》，《内蒙古社会科学》2020年第3期。

赵浩华：《利益分析视角下社区治理主体间的冲突及其化解》，《行政论坛》2021年第4期。

赵秀玲：《"微自治"与中国基层民主治理》，《政治学研究》2014年第5期。

郑建君：《公共参与：社区治理与社会自治的制度化——基于深圳市南山区"一核多元"社区治理实践的分析》，《学习与探索》2015

年第 3 期。

郑震：《空间：一个社会学的概念》，《社会学研究》2010 年第 5 期。

钟起万、邬家峰：《文化治理与社会重建：基于国家与社会互动的分析框》，《江西社会科学》2013 年第 4 期。

周建勇：《新时代党建中的嵌入治理问题研究》，《上海交通大学学报》（哲学社会科学版）2021 年第 1 期。

朱光喜：《居民自治与业主自治：两种社区自治机制的比较——基于公共事务自主治理理论的视角》，《广东行政学院学报》2012 年第 4 期。

朱健刚、王瀚：《党领共治：社区实验视域下基层社会治理格局的再生产》，《中国行政管理》2021 年第 5 期。

祝灵君：《再组织化：中国共产党引领基层治理的战略选择》，《长白学刊》2016 年第 6 期。

祝灵君：《党领导基层社会治理的基本逻辑研究》，《中共中央党校（国家行政学院）学报》2020 年第 4 期。

［加］贝淡宁：《贤能政治是个好东西》，《当代世界》2012 年第 8 期。

［加］贝淡宁：《中国政治模式：贤能还是民主》，《中央社会主义学院学报》2018 年第 4 期。

Ann Marie Thomson and James L. Perry, "Collaboration Processes: Inside the Black Box", *Public Administration Review*, Vol. 66, 2006.

Ansell, C. and A. Gash, "Collaborative Governance in Theory and Practice", *Journal of Public Administration Research and Theory*, No. 4, 2008.

Bennett, Tony, "Civic laboratories: Museums, Cultural Objecthood and the Governance of the Social", *Cultural Studies* Vol. 19, No. 5, 2005.

Calantone R. J., Cavusgil S. T. and Zhao Y. S., "Learning Orientation, Firm Innovation Capability, and Firm Performance", *Industrial Marketing Management*, Vol. 31, No. 6, September 2002.

Davis P. R. and Walker D. H. T., "Building Capability in Construction Projects: A Relationship-based Approach", *Engineering Construction and Architectural Management*, Vol. 16, No. 5, September 2009.

Dierickx, I. and Cool K., "Asset Stock Accumulation and the Sustainability of Competitive Advantage: Reply", *Management Science*, Vol. 35, No. 12, December 1989.

Eisenhardt K. M. and Schoonhoven C. B., "Resource-based View of Strategic Alliance Formation: Strategic and Social Effects in Entrepreneurial Firms", *Organization Science*, Vol. 7, No. 2, March 1996.

Erik-Hans Klijn et al., "Trust in Governance Networks: Its Impacts on Outcomes", *Administration & Society*, Vol. 42, No. 2, 2010.

Giovanni G. and Daniel L., "Looking Forward and Looking Backward: Cognitive and Experiential Search", *Administrative Science Quarterly*, Vol. 45, No. 1, March 2000.

Granovetter M., "Economic Action and Social Structure: The Problem of Embeddedness", *American Journal of Sociology*, Vol. 91, No. 3, Nov. 1985.

Kazadi K., Annouk L. and Dominik M., "Stakeholder Co-creation during the Innovation Process: Identifying Capabilities for Knowledge Creation among Multiple Stakeholders", *Journal of Business Research*, Vol. 69, No. 2, May 2016.

Keith G. Provan and Patrick Kenis, "Modes of Network Governance: Structure, Management, and Effectiveness", *Journal of Public Administration Research and Theory*, Vol. 64, No. 2, 2008.

Mark C. Suchman, "Managing Legitimacy: Strategic and Institutional Approaches", *The Academy of Management Review*, Vol. 20, No. 3, 1995.

Pahl R. E., "Urban Social Theory and Research", *Environment and Planning A*, Vol. 1, No. 2, 1969.

Ranjay Gulati et al., "How Do Networks Matter? The Performance Effects of Interorganizational Networks", *Research in Organizational Behavior*, Vol. 31, 2011.

Robert Agranoff and Michael McGuire, "Big Questions in Public Network Management Research", *Journal of Public Administration Research and Theory*, Vol. 11, No. 3, 2001.

Stoker and Gerry, "Governance as Theory: Five Propositions", *Internation-

al Social Science Journal, 1998.

Teece D. J. , Gary P. and Amy S. , "Dynamic Capabilities and Strategic Management", *Strategic Management Journal*, Vol. 18, No. 7, August 1997.

Teece D. J. , "Profiting from Technological Innovation: Implications for Integration, Collaboration, Licensing and Public Policy", *Research Policy*, Vol. 15, No. 6, December 1986.

Van Slyke, D. M. , "Agents or Stewards: Using Theory to Understand the Government-nonprofit Social Service Contracting Relationship", *Journal of Public Administration Research and Theory*, Vol. 17, No. 2, 2007.

Zollo, Mand Winter, S. G. , "Deliberate Learning and the Evolution of Dynamic Capabilities", *Organization Science*, Vol. 13, No. 3, June 2002.

后　记

本书是 2020 年度国家社科基金一般项目"合作治理视角下健全党全面领导社区治理的制度研究"（项目编号 20BGL241）的结项成果。基层治理是国家治理的基石，统筹推进乡镇（街道）和城乡社区治理，是实现国家治理体系和治理能力现代化的基础工程。进入新时代以来，党全面领导下的社区治理出现了许多新的发展形态、新的治理模式、新的趋势走向，这对于理论研究而言，既是挑战也是机遇。如何阐释党全面领导社区治理的逻辑原理、方法路径、条件形式等组织智慧、制度智慧、机制智慧，并同基于西方实践经验和政策话语的治理理论进行对话，提振道路自信、理论自信、制度自信、文化自信，是新时代必须回应和解决的理论和实践课题。基于这样的考量，笔者申报了 2020 年度国家社会科学基金项目。提交项目申报书后不久，新冠疫情暴发了。在接下来的伟大"战疫"中，中国国家治理的制度优势得到充分彰显，基层治理体系和治理能力的基础性地位也更加充分地被人们所认识。与此同时，基层治理体系的一些短板、漏洞和不足也表现了出来。随后《中共中央 国务院关于加强基层治理体系和治理能力现代化建设的意见》出台，推动治理中心下移，夯实国家治理根基。

为了对世界百年之大变局中的城市基层治理变迁留下记录，并为提炼和构建中国治理的原创性理论、讲好中国治理故事提供事实依据和数据基础，2020 年 10 月，笔者和团队成员一起，在所在单位华中师范大学公共管理学院、政府治理与公共政策研究院的支持、领导之下，正式启动并组织实施了"百社十年"观察项目（2021 年纳入华中师范大学政治学一流学科建设任务）。该项目初期拟在湖北省武汉市选择一百个社区（逐步覆盖全国）进行为期十年的跟踪观察。一方面，在研究视角上，聚焦"社区中的国家"，不再把社区视为一个单一的治理单元，而将其视为城市管理和城市治理问题发生的场域，把城市治理、城市政策以及城市公共管理作为基本的分析对象，开展调查结构化设计工作。另一方面，在研究设计上，为了解决当下研究实证倾向不足、研究碎片化以及数据结构不完整等问题，调查拟以武汉社区作为基本的分析对象和单元，做一套"理想数据"，可以做多类型的分析、跨层次的分析；既满足定量研究需要，也满足定性研究需要。首先，根据定量研究的需要，按照随机抽样的原则，在武汉1000多个社区中，抽取一定数量的社区进行问卷调查。"百社十年"观察中的"百社"，就是从这个意义上讲的。其次，根据定性研究案例选取的准则要求，选取一定数量的街道和社区，进行深度观察。调查人员不仅进入田野现场，而且长期"驻点"，进行参与式、体验式观察。再次，长期追踪观察。无论是问卷调查，还是深度观察，都做长期、连续、追踪式调查，把数据做成时间序列数据。"百社十年"观察中的"十年"，是从这个意义上讲的。

2020年9月，国家社科基金项目评审结果在经历了"史上最漫长"的一次等待后公布了，笔者有幸第三次得到资助。项目研究的三年，正是"百社十年"观察从无到有、从小到大、由浅入深的过程。发展至今，"百社十年"观察已有200多位本硕博学生、30多位教师参与其中。学生累计驻点社区，尽管不断有疫情的影响，依然达到了4000多天，撰写观察日志37万多字，还有学术论文、咨询报告、学术专著等多项成果产出，从而发展成为一个党建引领的科研、学科、育人综合集成大平台。项目研究就是基于"百社十年"观察平台开展的。基于平台，笔者和团队得以走进基层政府和社区的田野，"实证研究"党在社区治理中的组织结构、组织方式、组织功能以及在社区空间营造、人才培育、文化治理、公共服务、克服集体行动困境、提升社区自治能力等方面的实践机理，探讨不同条件和形式下党领导社区合作治理的实践模式和运行样态，分析党全面领导社区合作治理效能的现实梗阻和制约条件，总结提炼党领导社区治理的方法和优化策略，以及党全面引领社区治理的组织优势、制度优势转化为社区治理优势和治理效能的机理路径等。

　　本书的完成，离不开"百社十年"平台所有教师和同学的付出，离不开调查过的街道和社区干部的支持。在与基层干部打交道的过程中，常常为那种"让人泪流满面的力量"所激励。让人难以忘怀的事情太多，例如，2020年最困难的时期，社区干部帮居民到超市排队，赤手空拳地"抢"肉，待到交钱时发现没有"抢"到袋子，只好懊恼地铩羽而归；第二天，改变"战术"，肉菜米面以及袋子分工"抢"，终于得偿所愿。在听这一段往事的时候，我脑海中的画面感是如此强烈，如此感动和震撼，而市面上的影视作品所呈现出来的真实和感人程度大概不到其十分之一。责任、担当、使命、勇敢、坚韧……这是笔者对基层干部的画像。

　　感谢课题组成员所付出的努力，尤其是我指导的博士生吴旦魁、郭淑云、陶珊珊、普戬倪，以及硕士生顾爽、曾爽。跟他们合作开展研究的过程，是一个令人愉悦的教学相长的过程。还要感谢的人很多，在此不一一列出。

　　笔力所限，书中疏漏不足之处在所难免，敬请各位读者批评指正。

冷向明

2023年10月26日于武汉华中师范大学